# LA VIE ET LA MORT

## SYNTHÈSE

DES

### PRINCIPALES DÉCOUVERTES MODERNES

PAR

A.-E. LAIR

---

PARIS
EN VENTE A LA LIBRAIRIE B. TIGNOL
53 BIS, QUAI DES GRANDS-AUGUSTINS, 53 BIS

# LA VIE ET LA MORT

## AVIS AU LECTEUR

Les opinions émises dans cet ouvrage sont absolument personnelles à l'auteur, et la librairie Bernard Tignol, chargée de la vente du livre, entend n'assumer à cet égard aucune responsabilité.

# LA VIE ET LA MORT

## SYNTHÈSE

DES

## PRINCIPALES DÉCOUVERTES MODERNES

PAR

## A.-E. LAIR

---

**PARIS**
EN VENTE A LA LIBRAIRIE B. TIGNOL
53 BIS, QUAI DES GRANDS-AUGUSTINS, 53 BIS
—
1898

## AVANT-PROPOS

Ce travail qui s'efforce de rester dans la note des articles de revue, c'est-à-dire de vulgariser, sans abstractions ni formules, l'étude de la plupart des phénomènes de la nature, se trouvera parfois en contradiction apparente avec les idées répandues dans l'enseignement supérieur. L'auteur n'en fait pas moins appel à la bonne volonté des lecteurs, plus à même d'en rectifier les données.

Il veut espérer que, préférant l'amour pur du progrès aux stériles critiques, chacun d'eux se plaira à contribuer à la solution définitive des grands problèmes posés, sans trop se hâter de traiter d'absurde, cet à-peu-près de synthèse universelle.

Etudier à la fois le mouvement probable des mondes sur ellipses de diamètres conjugués ; l'intervention de l'électricité et du magnétisme dans les lois de la pesanteur et l'électro-dynamique de l'univers ; la force dynamique de l'électricité atmosphérique; les causes directes des perturbations météorologiques; la dynamique des atomes et la constitution chimique et mécanique de l'écorce et du relief terrestres à travers les âges, tout cela peut sembler présomptueux. Passer de là aux propriétés vitales de la cellule, à la physiologie générale, et aux actions électro-magnétiques intervenant dans l'histologie elle-même : analyser les principaux fléaux qui frappent l'humanité : oser aborder les grandes causes de maladie et de mort : jeter un coup d'œil sur la question sociale, les religions comparées, l'avenir du globe : tenter d'expliquer les phénomènes de l'occultisme et du spiritisme, paraîtra plus présomptueux encore. Mais l'audace d'une pareille tentative de synthèse des découvertes modernes a son excuse dans le but même du livre.

Il n'a pas été écrit dans l'espoir d'attirer l'attention par un vain étalage de nouveautés étranges. Trop complexe d'ailleurs, il n'est sans doute pas exempt d'erreurs mathématiques, physiques, chimiques et autres. Il n'a qu'une ambition : celle d'éveiller chez quelques-uns l'idée de synthèse, de faire appel chez un petit nombre de lecteurs à une fraternité scientifique plus étroite, de les provoquer à soulever enfin, d'un effort commun, le poids de tant d'incertitudes qui pèsent encore sur ces recherches et sur l'esprit humain.

# CHAPITRE PREMIER

## COSMOLOGIE

La lutte pour le progrès. — Le soleil. — Ères primaire et secondaire, âge chimique. — Ère tertiaire, âge de transition. — L'Électromagnétisme universel : L'âge des actions mécaniques. — Le refroidissement terrestre et le Quaternaire. — La lumière — Le système mécanique.

### I

#### La lutte pour le progrès

Depuis peu de siècles, la science procède à la recherche du vrai avec une sage lenteur, qui a fait présumer sa faillite. Mais rien n'inquiète sa foi qui jamais ne désespère. Ce n'est qu'après l'étude approfondie de faits isolés, étroitement enchaînés les uns aux autres, que, progressivement, nous pourrons nous élever de l'analyse à la synthèse. C'est en s'appuyant sur le principe d'identité d'essence de l'univers, partout manifestée, malgré ses agents physiques multiples, que cette synthèse peut s'entreprendre. C'est enfin par la solidarité de nos lumières pour un progrès réel, digne de survivre au naufrage insensible des croyances anciennes, que peut se fonder l'avenir.

Tous apportent leur rayon à l'édifice lumineux bâti sur les ténèbres : alors même que les doctrines se contredisent, elles ont chacune leur côté vrai. Toutes les théories sorties de l'analyse de faits spéciaux, généralisées avec cette audace qui est une des armes de l'esprit humain, attendent une conception synthétique de l'Univers, qui, découvrant les liens intimes de leurs pensées diverses, leur en découvre l'harmonie qui les mettra d'accord.

Neptuniens après Werner, Plutoniens suivant Hutton, partisans de grandes convulsions géogéniques depuis Cuvier, Philosophes constatant des écrasements latéraux et des dislocations de la croûte terrestre, susceptibles selon Descartes d'entraîner le refroidissement de notre planète, Positivistes remontant avec Lyell et en vertu d'une continuité visible de phénomènes, des causes actuelles aux causes premières, tous ont entrevu la vérité. Disciples de Laplace et d'un système qui voit les origines de l'univers dans une concentration de nébuleuses et une contraction de sphères gazeuses, ou qui considèrent les corps atomiques de l'espace comme séparés entre eux par le vide absolu ; Disciples d'Elie de Beaumont et de l'école qui veut une symétrie géométrique dans le plan morphologique d'ensemble de la terre, ainsi que des coordonnées, suivant certains arcs de grand cercle d'un réseau pentagonal, aux fissures sismiques du globe, qui sont ses cicatrices ; Adeptes des théories d'Helmoltz, de sir William Thomson et de Warterston, sur l'élasticité, la pression, la rotation des atomes tourbillons, d'après les lois élémentaires de la mécanique, et sur le renouvellement de l'énergie solaire par absorption de masses météoriques, tous ont soulevé un coin du voile des siècles d'ignorance.

Après Képler, Galilée, Newton, Pascal, Huyghens, Euler, Herschel, Franklin, Sir Humphry Davy, Priestley Lavoisier, Arago, Volta, Ampère, Humboldt, Halley, Faraday, Leverrier, Edison, Kirchner, Roentgen, après tant d'autres laborieux, les ouvriers de la pensée humaine, sur les assises posées par les maîtres, ont bâti le temple de la science. Sans se voir pour ainsi dire, et chacun selon son génie, tous ont affirmé, par l'ensemble de leurs lumières, l'unité du principe vivant qui lutte pour la conquête de l'idéal humain. Tous ont marché en tête de l'armée du progrès à la victoire de la pensée sur le néant, au triomphe de l'âme, qui se méconnaît encore, sur les ténèbres, les maladies, les vices et la misère ; et qui sait ? à celui de la lumière sur l'ombre et de la vie sur la mort.

Les ouvriers de la dernière heure n'auront d'autre travail à exécuter que celui d'enlever les échafaudages d'hypothèses sur lesquels leurs devanciers auront construit. Ils découvriront l'éblouissant édifice à la foule incrédule : Et l'on s'étonnera de voir que l'Astronomie, la Chimie, la Physique, la Mécanique, la Météorologie, la Géologie, la Géodésie, la Physiographie, l'Histoire naturelle, la Biologie, la Micrographie, l'Electricité, l'Electro-Magnétisme, toutes les sciences exactes ou positives, ont participé à sa construction : On saura qu'elles suffisent à expliquer la nature.

De même qu'il sera toujours impossible d'apercevoir à la fois toutes les faces du monument ; de même, il deviendra de plus en plus évident qu'il est impossible d'en comprendre toutes les harmonies par une abnégation quelconque de l'entité humaine. On reconnaîtra graduellement que le véritable constructeur, que la pensée vivante de l'univers scientifique est l'homme. On admettra dans l'avenir qu'en tout homme, qui cherchera la vérité par le travail, puisse vivre, se transmettre et se survivre quelque lumière nouvelle, quelque divinité de l'espérance, meilleure que la nature et les spéculations de l'esprit, qui guérisse l'une et éclaire les autres. Devant cette cosmogonie encore incomprise, malgré la marche incessante du progrès vers la fin de nos maux, devant ces mondes et ces forces naturelles en mouvement suivant des lois mécaniques invariables, productrices et destructrices d'elles-mêmes par elles-mêmes, on acceptera peu à peu qu'aucune science infuse n'a pu ni les produire, ni les conduire, ni les tirer de leur état de nature bercée par le rêve et attendant l'éveil. — En vain la science les définit, les enregistre, les explique, elle n'y sent point le progrès En vain la foi chrétienne y veut un Dieu hors de son cœur, elle n'y sent qu'un néant sans l'homme. En vain le passé les réclame, elles ont l'avenir. La matière perfectionnée, la nature, la vie organique, tout, jusqu'au monde inorganique, est perfectible et gouvernable par l'homme : Rien n'est perfectible que par lui.

## II

### Le Soleil

Le premier des phénomènes physiques qui se manifestent dans l'Univers a donné lieu à cette définition : La lumière est l'origine du mouvement. La découverte de Volta, la pile productrice de lumière, a transformé l'affirmation en question. De simples attractions et répulsions d'atomes, d'affinités diverses, ont-elles fait jaillir la lumière ? Faraday semble avoir résolu le problème. Sans nous attarder ici à une discussion, oiseuse, comme on le verra par l'ensemble de ces études, et préférant expliquer le commencement par la fin, plutôt que la fin par le commencement, nous admettrons, provisoirement, que la lumière existe au principe des choses sans principe. L'avenir pour nous l'emporte sur le passé. Nous entreprendrons d'analyser les principaux phénomènes, successivement chimiques, physiques, électro-magnétiques et mécaniques, produits pendant les âges, de formations planétaires : De cette analyse et de cette conception rationnelle de l'Univers ressortira le fait que, parmi les idées de Laplace, celle de la concentration de nébuleuses ou matières cosmiques, et parmi les idées d'Helmholz et de Waterston, celle de l'absorption de masses météoriques par le soleil, se concilient et s'expliquent, que la lumière intervienne ou non, au principe d'un système planétaire nouveau.

La lumière, dont le mouvement d'atomes, ou le mouvement d'atomes, dont la lumière, intervient. Mort et vie, dans les deux cas, la lumière existe. Elle vibre, elle développe la chaleur, le feu, la réaction du froid, le mouvement mécanique, le travail. Elle concentre les nébuleuses et les météorites de l'infini, éternellement constellé dans l'ombre et dans toutes les directions, en profondeur comme en hauteur, en largeur comme en longueur, de constellations noires en suspension dans le vide. Pierres cosmiques, amalgame incréé de fer, d'oxyde magnétique de fer, de silice, alumine, manganèse, nickel, soufre, chrome, potassium et sodium, carbone et cobalt, auquel, par l'analyse, s'ajoutent l'arsenic, l'étain, le cuivre, le phosphore et le plomb. Dans ce néant météorique la vibration lumineuse allume un soleil dont se détacheront des planètes. Attiré par le mouvement de la nébuleuse au centre de laquelle les pressions du vide déterminent un axe de rotation, le néant provoqué par la transformation de la chaleur en actions mécaniques, se précipite sur le foyer calorifique comme pour l'éteindre : de la fusion météorique résulte une ébauche de pile thermo-électrique, dont les calories, sans cesse accrues, vont se convertir en travail de plus en plus loin assurant l'approvisionnement indéfini du moteur en combustible cosmique, accumulant les pierres météoriques dans les limites d'attraction de la nébuleuse devenue sphère matérielle immense. L'infini cosmolithique agit alors comme le fer sur l'aimant : il entraîne ce soleil naissant avec une vitesse initiale rectiligne de quelques secondes. Mais elle est antérieure à celle des masses ignées qui, se détachant de ses zones équatoriales, au fur et à mesure qu'elles entrent dans le plan de l'équateur solaire, saisies par la force centrifuge développée par l'axe de rotation du soleil, conjuguent virtuellement leurs foyers elliptiques avec le sien. Lorsque, provoqué par le mouvement calorifique du générateur encore sombre, le courant électrique qui les fait osciller sur leurs axes, prend naissance, les planètes s'inclinent sur leurs orbites. Centre ou plutôt moteur mécanique d'un système planétaire, le soleil cesse désormais de s'accroître en volume, et, tandis qu'il poursuit sa route, derrière lui, pendant des milliers d'années, une organisation auto-agissante se fait.

Puis il s'appauvrit chimiquement de tous les emprunts que lui font les planètes à la faveur de sa rotation rapide renouvelant sans cesse leurs éléments constituants. Son pouvoir magnétique s'accroît, développant une immense attraction stellaire : Il passe à l'état d'incandescence blanche, son énormité diminue en volume, proportionnellement à l'accroissement de densité en poids des masses du système. Mais lentement, d'autres milliers d'années plus tard, sous l'influence des courants électriques engendrés par le travail mécanique et les réactions du calorique et du froid au sein des météorites d'oxyde de fer magnétique, qui paraissent surabonder dans la matière du néant, de son centre à ses pôles, il devient un aimant colossal. Déjà les énergies cinétiques de sa chaleur, passant du rouge vif au blanc, avaient dû dès l'origine, constituer son attraction magnétique, celle du fer de l'infini sur lui, la sienne sur tous les aimants qui le suivent ; l'électro-magnétisme intervient à son tour. Quand le vide relatif, fluidifié, sans atmosphère encore bien définie, l'a placé comme au centre d'un œuf électrique, ou d'un immense tube de Geissler ; quand les attractions, les répulsions multipliées par les millions de calories et les tensions frigorifiques consécutives ont fait leur œuvre, le soleil vibre dans l'espace ; ses pôles électriques, et électro-magnétiques, positif et négatif, négatif et positif, s'opposent enfin, alternés avec les pôles planétaires. Les uns sont déterminés par son axe de rotation sur lequel les planètes conjuguent leurs foyers d'ellipse, les autres sont déterminés par sa ligne de marche au nord ou son méridien magnétique et font évoluer les astres. Déjà les courbes magnétiques se prononçant au travers des ondes d'un océan fluide, ont éclairé les étoiles qui suivaient dans l'ombre. Sur la sphère solaire, d'autres circuits se forment, les métaux de transmutation jouent le rôle de pile colorante, les pierres chaotiques celui de charbons : La lumière définitive du soleil éclate en spirales et en milliers d'arcs lumineux. Elle éclate à condition que les planètes entraînées par lui dans sa translation rectiligne, angulaire de 59" par jour, trouvons-nous, par rapport au système, soient dans une période de gravitation moins pénible, autrement dit de pesanteur spécifique normale. Nous ne saurions concevoir la lumière actuelle du soleil avant la fin des phénomènes plutoniens et neptuniens primitifs, la fin des actions mécaniques qui ont dessiné le relief ; en un mot avant qu'il y ait eu, entre les actions externes et internes, équilibre définitif dans le système entier. Mais nous comprenons qu'elle se soit manifestée automatiquement, dès que la terre et surtout les énormes planètes d'un espace ellipsoïdal déblayées par le moteur du système qui ne doit guère avoir — nous expliquerons pourquoi — plus de 700 millions de kilomètres de section par l'axe, sur environ 900 millions de kilomètres en section longitudinale, ont pu lui fournir, suffisamment pourvues elles-mêmes, assez de leur hydrogène désormais inutile.

Ces torrents d'hydrogène planétaire amèneront la concentration des actions électro-chimiques latentes, éparses jusque-là, les envelopperont d'une chromosphère, les transformeront en pouvoir lumineux. Ils ne contribueront pas seulement à l'entretien des merveilleux éléments de cette pile sèche : leur continuelle impulsion, visible dans la photosphère, sous la puissante aspiration qui met en œuvre leur soufflet, va s'exercer dans un sens perpendiculaire à sa marche. S'accordant avec cette marche d'angle, qui doit mettre constamment le soleil en dehors du reste de l'univers visible, et dissimuler à nos yeux, ses 59 secondes de vitesse initiale, ils vont par là même se répartir selon les saisons. Déjà l'équilibre est établi: d'un côté, les arcs électriques du soleil tourneraient parallèlement aux plans des écliptiques dans le sens de sa course au Nord et en sens inverse du combustible qu'il absorbe, c'est-à-dire dans le sens de sa plus grande aimantation : de l'autre, les courbes magnétiques planétaires et stellaires tourneraient les unes de Nord-Nord-Ouest en Sud-Sud-Est, les autres de Nord-Nord-Est en Sud-Sud-Ouest, longitudes magnétiques, opposées aux latitudes électriques. A son tour, l'impulsion des torrents d'hydrogène, gaz comprimé par le vide traversé et les tensions du froid magnétique, gaz enveloppant l'électricité, finira par avoir raison de la masse. La régularité de son action équilibre les attractions et les répulsions vibratoires du calorique et du vide fluidifié : Elle impose un équivalent mécanique, un rapport constant et réciproque entre le travail mécanique externe produit par la chaleur dans le néant et la chaleur interne détruite par le travail mécanique des mondes : elle détermine un retard dans l'accélération du mouvement : Le soleil tourne un peu plus lentement sur lui-même. Sa rotation autour de son axe qui traverse ses pôles électriques, d'après des calculs en concordance avec les colonnes d'hydrogène surabondant qu'il rejette, et le déplacement de ses taches, scories des masses météoriques du plus fort volume qu'il engloutit, s'effectuerait un peu plus parallèlement à l'équateur céleste, qu'il n'est admis ; à peu près perpendiculairement aux plans des écliptiques et aux axes des mouvements d'occident en orient, mais en sens inverse, de la terre et des planètes dans leurs orbites et sur elles-mêmes. De cette opposition continuelle d'hémisphères, il résulte que, n'apercevant jamais l'hémisphère Nord du soleil, nous ne pouvons voir les pierres météoriques qu'il aimante, qu'il attire, que l'énergie cinétique consume, si ce n'est quand, arrivant de trop loin, et l'ayant manqué au passage, elles deviennent, par l'effet de son mouvement d'angle ascensionnel, étoiles filantes en vue de notre atmosphère, d'autant plus visibles que nous

nous éloignons des équinoxes, ou que nous nous approchons des solstices. Quant à sa marche rectiligne au Nord, qu'il déplace de quelques secondes tous les jours vers l'occident, elle n'est angulaire que par rapport à l'année sidérale du système planétaire qu'il entraîne dans l'infini.

Si l'on rapproche les découvertes de Schwabe, de Sabine, et les expériences de Bunsen et Kirchhoff, de de La Rive et Pluker, des travaux de Humboldt, de Halley, de Faraday, de Marsh, de Maury, et d'autres travaux plus récents, l'on se rend compte que cette translation, presque perpendiculaire à l'inclinaison de la terre sur le plan de l'écliptique et aux lignes sans déclinaison du magnétisme terrestre, est le grand régulateur, et a été l'unique foyer de l'aimantation que la chaleur électrique solaire a développé dans la Cosmogonie aux premiers âges. A en juger par les innombrables observations sur les déclinaisons décennaires, séculaires, orientales, occidentales, locales surtout, de l'aiguille aimantée, la terre et les planètes, tout en ayant chacunes leurs pôles magnétiques séparés, ont le soleil pour grand pôle magnétique central. Si bien que l'angle de déclinaison de notre aiguille aimantée, mesurée à sa valeur sur le disque solaire, ne devrait pas seulement, au point de vue scientifique, déterminer les plans verticaux, qui menés tous deux par le centre du soleil, permettraient de mesurer les angles d'intersection que font entre eux son méridien magnétique et sa ligne de vitesse, identiquement peut-être à notre méridien et à notre boussole, mais cet angle de déclinaison, tout en permettant de dresser peu à peu la carte du soleil, devrait indiquer constamment suivant la longitude et la latitude du point d'observation, l'état magnétique, équilibré ou déséquilibré, du lieu auquel l'on se trouve. La grande déclinaison de l'aiguille aimantée lors du développement maximum décennaire des taches du soleil, coïncidant avec les plus grandes excentricités simultanées de plusieurs planètes qui sollicitent à la fois plus de chaleur, correspond certainement à un coefficient maximum d'intensité magnétique ou de froid solaire, réciproque d'un coefficient maximum d'intensité électrique et d'éclat des étoiles accusant les rapports entre eux des astres et du soleil.

C'est évidemment des pôles universels du soleil, grand consommateur des métaux les plus magnétiques, le fer, le nickel et le chrome — cette conviction étudiée est devenue une certitude — que partent les courbes magnétiques, qui, dès le principe, l'ont relié aux planètes et aux astres. Toutes les étoiles, oxyde de fer en suspension dans le vide, aimantées dans la nuit des temps, comme autant d'aiguilles d'acier, sous l'influence verte, violette ou bleue des rayons alternatifs du spectre en formation, soit en raison de la matière brûlée, soit au travers de quelque prisme dû à des vitrifications siliceuses, sont restées longtemps sombres, et n'ont illuminé l'espace que quelques milliers d'années avant le ralentissement de révolution du soleil. Toutes ces étoiles polarisées, attirées par un pôle, repoussées par l'autre, de matière identique à celles des mondes, se consumant dès lors lentement entre leurs pôles et de leur lumière propre, transmettent leurs vitesses lumineuses dans l'inélasticité du flux ambiant, en raison inverse du carré des distances, mais *au carré des vitesses électriques* : toutes, elles scintillent sous l'irradiation de l'électro-magnétisme, sorte de stupéfiant de la pesanteur qui les transforme dans le vide en autant de soleils sans poids spécifique, appréciable : toutes, elles sont restées où elles se trouvaient à l'origine, aux extrêmes limites d'attraction calorifique, loin de tout centre de gravité du système, de toute poussée kilogrammétrique, de toute quantité de travail pouvant déterminer l'effet utile, ou la valeur mécanique. Sans autre attraction que celle du courant spiriforme qui tient leur enveloppe métallique comme par un fil isolé dans le vide, les étoiles décrivent d'orient en occident des paraboles hélicoïdes parallèles au méridien magnétique du soleil et perpendiculaires aux axes des planètes. Elles sont mises en marche par le cylindre de révolution solaire passant par l'axe du grand cercle astronomique qui le coupe, suivant une hélice dont la sphère céleste est la projection horizontale, et elles évoluent en spirales perpendiculaires à tous les méridiens magnétiques sous un angle de propulsion de 90°. Est-ce l'action du courant électrique sur les spirales métalliques enveloppant l'étoile et devenant incandescentes, est-ce l'étincelle d'induction sur la matière graphitique des météorites stellaires, qui ont allumé les étoiles? L'expérience sur l'aérolithe en décidera. Mais toutes, suivant les courbes qui les traversent et les nuancent différemment, d'après les influences polarisantes premières, conduites avec les révolutions diurnes du système, multiplient leurs intensités par les kilogrammètres de leur translation hélicoïdale rapide, dans le vide fluidifié du véritable océan magnétique de l'espace. Bien plus elles transmettent l'énergie mécanique qu'elles développent à la dynamo solaire qui la transforme en électricité, ferme le circuit en se déplaçant et la renvoie à l'état de lumière.

La révolution des astres en 24 heures sidérales, ou la rotation uniforme des étoiles autour de l'axe du monde n'est pas un mouvement apparent, n'est pas plus une illusion que les trois mouvements composés du globe. Tout marche d'un bloc selon des lois mécaniques que nous tenterons d'expliquer. L'Etoile-Soleil est un rêve, l'angle d'aberration attribué aux vitesses de la lumière et de la terre serait un angle nul dû aux 90° de propulsion de l'hélice, aux trois mois de retard des astres sur la translation. La déclinaison de l'aiguille, l'angle plus ou moins ouvert formé entre eux par les plans du méridien astronomique et du méridien magnétique est une base d'étude, sa concordance avec les intensités magnétiques du soleil et des astres est le but de l'étude. Que la déclinaison de l'aiguille aimantée soit orientale comme aux siècles précolombiens, ou occidentale comme elle l'est aujourd'hui, déplaçant de 23° environ, en notre faveur, depuis la mise en valeur de l'Amérique, notre méridien magnétique terrestre, la boussole témoignera toujours plus du soleil comme de son pôle définitif, que des masses de fer oligiste et d'oxyde magnétique de fer que l'on suppose enfouies dans les régions du pôle. Il ne nous suffit pas de mesurer l'angle que font entre eux les plans verticaux qui passent par le centre de la terre, la ligne des pôles et la direction de l'aiguille horizontale de déclinaison. Les perturbations de l'aiguille, plus sensibles sur terre que sur mer, ses agitations lors des tremblements de terre, ses oscillations annuelles suivant les positions du soleil aux équinoxes et aux solstices, l'évidence d'une force magnétique selon l'axe du monde, signalent, comme le croyait Humboldt, l'activité du globe exaltée jusqu'à l'orage et aux phénomènes lumineux. La rotation de nos courbes autour de l'axe magnétique, en sens opposé à celle du globe a été entrevue par Zürcher. Tout ce qui atteste le lien intime, et par courant induit, de notre méridien magnétique avec la courbe magnétique solaire, doit nous en faire chercher les causes et les effets.

Ce lien par courant induit, dont l'action n'est pas seulement mathématique, proportionnelle à son intensité, ne serait-il pas également proportionnel à l'état de culture et de circulation générale atmosphérique de la terre? Ne serait-ce point, dans l'atmosphère, quelque mystérieux frisson de la vie nerveuse du globe? Cette proportionnalité à l'avantage de l'Orient avant ce siècle de développement de la culture du sol et de recherches patientes, qui peu à peu font pencher la balance de la salubrité et de l'hygiène terrestres vers l'Occident, n'indiquerait-elle pas combien il reste à faire pour paramagnétiser nos couches d'air et amener l'aiguille dans la ligne des pôles au Nord parfait? Dans l'air raréfié du pôle Nord, la terre par ses aurores boréales, dont les rayons stellaires suivent, invisibles, les courbes magnétiques terrestres jusqu'au pôle Sud, ne traduit pas seulement un surplus inutilisé des activités magnétiques du soleil et du globe.

Ces derniers témoins d'une période antérieure à la contraction de notre sphère gazeuse en couches géologiques autour d'un noyau igné, lentement refroidi aux pôles, ne manifestent pas seulement que notre planète fût elle-même un soleil naissant, une incandescence de matière cosmique ; identité d'essence du fini et de l'infini, un aimant sous son manteau splendide. Ils affirment surtout son malaise, l'inutile danger des forces sans emploi du magnétisme solaire et terrestre, la mauvaise circulation, la rareté de l'oxygène, ce gaz paramagnétique, qui fait sa vie comme la nôtre. Ils prédisent le refroidissement lent dont ils sont cause. Inconscients prophètes, ensevelisseurs grandioses et couronnés, ces rayons polaires brillent inutiles au loin, sur la préoccupation exclusive de l'or, l'indifférence générale pour les phénomènes de la nature, l'oubli des déserts, dont la transformation en champs et en forêts nous guérirait avec le globe, en vertu du principe de plus en plus accrédité de l'unité de la matière.

Quoi qu'il en soit du système stellaire et de son lien intime avec le magnétisme universel, sur lequel nous reviendrons, la loi de Newton, la pesanteur universelle ou la force d'attraction proportionnelle aux masses en raison inverse des carrés des distances, ne suffit plus à expliquer à elle seule les phénomènes cosmogoniques. Calculer exactement des décimales, développer les coordonnées des astres suivant les puissances des masses, sont des méthodes anciennes et stationnaires, qui ne sauraient résister à la marche du temps et aux investigations de l'esprit humain. Etudier les inégalités séculaires selon les méthodes nouvelles des équations différentielles linéaires à coefficients constants ne résout point le problème de l'accord manifeste entre la translation du système et la gravitation planétaire. Comparer les mouvements de la terre à ceux d'une lanterne qu'un homme, sur un bateau, ferait tourner horizontalement au-dessus de sa tête, tandis qu'il décrirait une circonférence et que le bateau ferait le tour du monde, ne conduit la pensée, par aucune déduction, à se rendre compte d'un mouvement perpétuel du bateau.

Si l'on estime que le propulseur solaire soit ce qu'il est, une machine en mouvement uniforme, son travail moteur est constamment égal au travail résistant. Si nous admettons que les grandeurs fondamentales de la mécanique ordinaire puissent être appliquées à la cosmogonie, nous reconnaîtrons que les ellipses képlériennes sont des ellipses mobiles aux diamètres conjugués et que, par conséquent, ces diamètres conjugués de toute ellipse planétaire, qui sont aussi ses axes, forment toujours entre eux un angle de 90°. Autrement dit, nous accepterons qu'à toute distance, l'angle formé entre le soleil et la planète, invariable et constant, puisse seul expliquer la mobilité du système. Nous l'accepterons surtout lorsque, par une figure détaillée (voir fig. 4, page 81) nous nous serons rendu compte que l'ellipse ne se meut point suivant un plan horizontal, mais suivant la normale d'une hélice. Les diamètres conjugués ne mettent pas seulement d'accord la translation solaire ascensionnelle, infiniment plus lente que la prodigieuse vitesse du mouvement stellaire dans le vide fluidifié ne porte à le croire, et la gravitation, avec des vitesses de 400 kilomètres environ à la minute pour la translation solaire, contre 1767 kilomètres pour la gravitation terrestre. Ils répondent point pour point à la formule astronomique. La terre décrit, dans une année, autour du soleil, d'occident en orient et selon la loi des aires, une ellipse dont elle occupe l'un des foyers et dont le soleil occupe l'autre ; tandis que le soleil, toujours au centre du système, semble également décrire d'occident en orient et dans le plan de l'écliptique une orbite semblable.

Si nous traçons cette ellipse horizontalement, comme on la voit tracée dans les cosmographies, son grand axe devra se présenter dans un plan horizontal. Mais si nous raisonnons le système, ou si, par des calculs plus ou moins justes, nous trouvons que des ellipses mobiles d'un mouvement uniforme autour d'un axe de translation doivent forcément se résumer en une ellipse totale annuelle, nous tracerons son grand axe dans un plan vertical. L'axe de rotation du soleil, perpendiculaire ou presque au plan de l'écliptique, selon le sens horizontal des cosmographies et perpendiculaire ou presque au petit axe des ellipses, ce qui, faisant mouvoir le moteur d'occident en orient, nécessiterait sa marche à l'orient, deviendra par conséquent, perpendiculaire ou presque au plan de l'éclip-

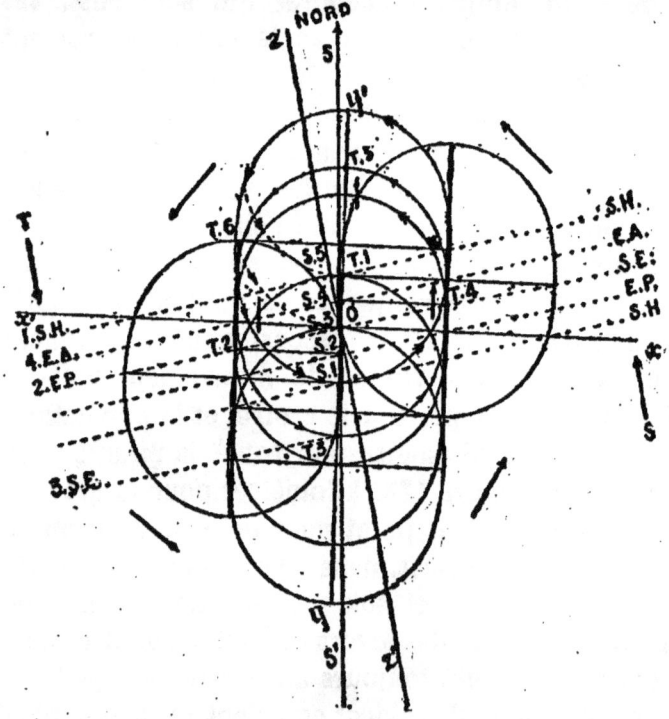

Fig. 1

tique suivant un sens vertical, et perpendiculaire ou presque au grand axe des ellipses tout en impliquant sa marche réelle au Nord, sans que, par l'effet de la conjugaison des diamètres, rien dans l'exactitude mathématique des calculs se trouve changé.

Dans cet ordre mécanique d'idées, très imparfaitement reproduites par le graphique ci-dessus, nous sommes amenés à constater que l'orbite elliptique képlérienne des planètes, est une orbite géométrique, pouvant aussi bien laisser supposer le soleil immobile au centre du système, que le faire croire emporté dans l'espace. Tandis que, dans la réalité, la terre et les planètes tourneraient mécaniquement sur une ellipse autour du soleil, qui, lui-même, centre des moments, avancerait sur un plan rectiligne. Et tous les moments résultants du système, toutes les valeurs numériques des secteurs perpendiculaires aux plans des écliptiques, tous les axes des couples résultants de la translation des forces planétaires au centre des moments, menés par tous les points d'une seconde ellipse solaire fictive, identique à la première, correspondraient, point pour point, aux arcs décrits par la planète ; autrement dit, la somme algébrique des projections sur les trois axes serait nulle. L'un des diamètres conjugués serait toujours parallèle aux cordes que l'autre diviserait en parties égales.

Ainsi, quand la terre serait au solstice d'hiver au point T. 1, le soleil serait au point S. 1. Pendant que la terre viendrait en T. 2, à l'équinoxe de printemps, le soleil monterait en S. 2. Pendant qu'il monterait en S. 3, la terre descendrait en T. 3, au solstice d'été. Pendant que la terre viendrait en T 4, à l'équinoxe d'automne, le soleil monterait en S. 4. Les équations de $y$ approchant alors du maximum, la vitesse solaire approcherait du minimum en arrivant au sommet de la parabole. Lorsqu'enfin le soleil atteindrait le point S. 5, précédemment occupé par la terre en T. 1, celle-ci monterait en T. 5, à son second solstice d'hiver qui, géométriquement parlant, serait le point T. 1, déplacé d'une distance égale au mouvement ascensionnel. Puis le soleil, continuant à monter, elle redescendrait l'année suivante en T. 6, à l'équinoxe de printemps et en S. 3, au solstice d'été et ainsi de suite, de telle sorte que la terre reviendrait rigoureusement à son point de départ d'un solstice d'hiver à un solstice d'hiver, et d'un solstice d'été à un solstice d'été, les deux points ayant monté de 12 millimètres chacun.

Dans le même temps, le travail moteur des forces elliptiques du soleil dans la direction indiquée par une double flèche, et leurs moments représentés par une flèche perpendiculaire au plan, s'opposeraient constamment au travail résistant de la planète dans son ellipse suivant la direction marquée par une flèche simple. Quand T. 1 descend en T. 2, S. 1 au contraire, monte au 1$^{er}$ moment sur le parallèle S. E. Quand T. 2 descend encore en T. 3, le travail moteur monte au 2$^e$ moment sous le point T. 5. Quand T. 3 monte en T. 4, le travail moteur descend alors sur la ligne des $x$ ou des petits axes près du point T. 2, et il descend au point S. I, lorsque T. 4 monte en T. 5. Mais, dans la réalité, ce point S. 1, en raison du mouvement ascensionnel, se trouve transporté au point S. 5, auquel se trouve alors le soleil, et le travail passant par $y'$ au sommet des grands axes revient en S. 5 quand la terre va de T. 4 à T. 5. De même, dans la réalité qu'il est impossible de figurer, la ligne des solstices tourne et celle des équinoxes avance; de sorte que lorsque la ligne des solstices qui ne se confond point avec la ligne de vitesse angulaire du soleil au Nord, coïncide avec les $y$ passant par les grands axes, on est aux solstices. Egalement, lorsque la terre est en T. 2 à l'équinoxe de printemps, elle devrait être géométriquement sur la ligne pointillée, immédiatement au-dessous, mais en vertu du travail constant du soleil, proportionnant la quantité de mouvement de haut en bas, aux forces ascensionnelles, l'équinoxe vient mécaniquement un peu plus tôt. Par contre, lorsque les deux sphères montent, la terre, qui devrait être à l'équinoxe d'automne sur laligne pointillée S. 3, S. E., est, en fait, en T. 4, sur la ligne S. 4. E. A., à l'intersection, comme à l'équinoxe de printemps, de tous les plans elliptiques de l'année. Selon le système mécanique étudié, chacune des ellipses mobiles et successives, quoique toujours distinctes, du soleil et de la terre, auraient alternativement leur foyer géométrique au-dessus du petit axe pour la terre, quand elle descend, au-dessous quand elle monte. Inversement, le soleil occuperait toujours le foyer inférieur de son ellipse égale, opposée à l'ellipse planétaire par un diamètre commun conjugué des mêmes cordes lorsque la terre descend, et le foyer supérieur lorsqu'elle monte. De sorte qu'au point d'aphélie par exemple, la terre occupant le foyer supérieur de son ellipse mécanique et le soleil le foyer inférieur, le travail moteur et le travail résistant se trouveraient à leur maximum d'intensité et d'éloignement. Au point de périhélie, au contraire, la terre occupant le foyer inférieur et le soleil le foyer supérieur, la quantité de mouvement des deux points matériels, ou le produit $mv$ des masses par les vitesses, serait à son minimum d'accélération et les points, par conséquent, plus rapprochés. Cela rétablirait la distance normale entre foyers des deux ellipses couplées et considérées comme n'en formant qu'une, chaque millimètre du soleil valant un mois. L'avantage ou l'inconvénient de ce système de mécanique céleste, difficile à figurer avec les projections usuelles, est que tous les théorèmes de la mécanique s'y trouvant appliqués et se pressant en foule devant l'esprit, ceux des mouvements composés comme ceux du travail et des forces vives, il est préférable de laisser à chacun le choix de ses méthodes de calcul sans en développer aucune.

## III

### Ères primaire et secondaire, âge chimique

De ce qui vient d'être soumis à la discussion, il résulte qu'il dût y avoir pour le soleil une première période de translation très lente au nord-est, et de rotation rapide autour de l'axe presque perpendiculaire aux plans elliptiques, période de feu sombre, rouge, acidifié, et de chaleur intense, correspondant à la liquéfaction des gaz et à leur première approche des écumes minérales de la fusion terrestre. Bien des siècles durent s'écouler avant que la chaleur fût tempérée par l'acide carbonique dégagé et les vapeurs sulfureuses combinées avec les premières molécules d'oxygène, d'hydrogène et de charbon. La lumière du soleil obscurcie, celle de la terre rongée par les acides, ne pouvaient produire encore que des combinaisons peu stables. Tout au plus l'électrisation des corps en électro-positifs et électro-négatifs, pouvait-elle préparer des associations lointaines. L'action électrique puissante eut indéfiniment ajourné, comme elle le fait pour le soleil, l'association chimique des roches, et, partiellement au moins, transformé le globe en sphère métallique par transmutations indéfinies. Ce fut donc uniquement par combinaisons d'oxygène avec la silice et l'alumine d'une part, le potassium, le sodium, le calcium, bases métalliques d'alcalis minéraux, de l'autre, et par refroidissements consécutifs dans les vapeurs fluorhydriques isolantes, que les premières cristallisations, denses sous d'énormes pressions, purent s'agglomérer en granits et en porphyres, dont les substructions profondes révèlent, avec leur origine ignée, les premières contractions de notre sphère gazeuse. Lentement se forme une mer chimiquement active, sans cesse en vapeur ou en ébullition. Cette mer archéenne, la marche ascensionnelle dans l'espace la tempère seule ; la terre la vaporise ; le soleil en aspire avidement les gaz. Sous les grandes pressions du froid résultant des deux combustions, l'hydrogène s'empare de l'oxygène et se résout en eau : le carbone s'empare, à la chaleur développée, de plus d'oxygène encore et se résout en acide carbonique, aussitôt liquéfié par les pressions refroidissantes : l'azote se combine à l'oxygène en poids équivalent et se résout, à des pressions moindres, en acide azotique, bientôt décomposé lui-même par la lumière, dont les vapeurs vont rubéfier les silicates d'alumine des granits et des porphyres.

L'intervention de l'oxygène dans la cristallisation par fusion, sublimation, dissolution, son association avec les corps premiers cosmiques, en carburant le métal qu'ils contiennent, produisent des métalloïdes ; chlore sous les rayons verts, brome sous les rayons rouges, iode sous les rayons violets, phosphore sous les rayons jaunes, fluor sous les rayons blancs. Celui-ci, résumant plus de couleurs et par conséquent plus avide d'oxygène, s'efforce de résister au mouvement lumineux qui l'a mis en liberté, au refroidissement qui le sépare de son carburateur. Il attaque les cristaux en formation et les taille polyédriquement en vertu de la divergence des rayons solaires, symétriquement en vertu de l'égalité des angles d'incidence et de reflexion et à angles ou arcs d'autant plus ouverts que le diamètre lumineux est plus grand, d'autant plus ou moins polyédriques que les corps cristallisés réfractent plus ou moins de rayons affectant leur substance. Toutes les formations de la mer chimique archéenne se réduisent donc à la réduction par le feu des métaux météoriques premiers, à la cristallisation de quelques types primitifs, à la lutte et à la combinaison pénible de l'écume de l'incandescence terrestre avec les éléments liquéfiés de l'air. Mais dès que la mer a pu approcher, créer les premières roches silicatées, les premiers terrains non stratifiés, les précipitations de gaz liquéfiés disparaissent. Le soleil est impuissant à évaporer la masse des eaux, 50 à 60 siècles, peut-être, se passent dans une gravitation presque nulle à défaut de pesanteur spécifique. Point matériel d'application de toutes les forces planétaires de sens opposés ayant la même ligne d'action, les mêmes bras de levier prêts à constituer leur couple avec sa force, le moteur solaire les déplace. Son équilibre instable leur donne plutôt une résultante $x$ qu'une résultante $y$, les dirige sur son centre et sur son axe de rotation, plutôt que sur les axes de translation générale. Elles accélèrent son mouvement sur lui-même, le fixent, le gênent, ajournent l'équilibre parfait ; mais les sphères s'approvisionnent de tout son combustible cosmique qu'il renouvelle à grand'peine.

Ce n'est plus qu'à l'arrivée infiniment lente, et pour la première fois de la terre au périhélie, que la mer chimique de l'âge primaire dût se volatiliser à nouveau sous l'action des atomes alcalins, provoquant aussitôt par le refroidissement une contraction générale de l'écorce, et des phénomènes plutoniens qui durent soulever et dessiner les continents ébauchés. La mer aurait alors formé les premiers terrains stratifiés, et déterminé dès ce temps, après chaque chute, approximativement millénaire, coïncidant toujours avec un retour au périhélie, quelque stratification nouvelle. Elle roule et serpente en courants d'autant plus violents que sont brusques les alternatives entre la chaleur centrale, qui s'est frayé des issues par d'innombrables cratères de soulèvement, et le froid atmosphérique causé par les torrents d'acide carbonique vomis par les volcans. Elle charrie et va déposer, au gré des eaux sinueuses, des débris végétaux qui se stratifient, qui, après avoir fixé dans les demi-ténèbres irrespirables de la fumée volcanique, l'acide carbonique de l'air, se sont chimiquement combinés à des températures moyennes, sans doute, avec l'oxygène et l'hydrogène, liquéfiés auparavant, et désormais moins rares. Ainsi s'étage le terrain de transition carbonifère, et se prépare peu à peu le transformisme végétal de la houille à la lignite, et de la tourbe au bois. Cette première période géognosique, pour la terre et pour les autres planètes, depuis le premier mouvement du soleil, sa première manifestation calorifique, en passant par les terrains archéens non stratifiés et stratiformes, et les terrains de transition, y compris le terrain houiller, jusqu'à l'âge secondaire, pourrait alors n'avoir duré que de onze à douze mille ans.

La seconde période solaire, période d'incandescence, puis de rotation accélérée et d'attraction magnétique prédominante, doit correspondre très exactement à notre ère secondaire depuis la transition du terrain carbonifère au terrain permien, jusqu'au terrain éocène. C'est l'âge véritablement constitutif des écorces résistantes du globe et des planètes : celui des refroidissements réguliers, des cristallisations plus fines, des dépôts sédimentaires plus considérables, des stratifications plus uniformes. Les cratères de soulèvement de la période précédente sont des condenseurs insuffisants pour équilibrer l'action du soleil et le calorique terrestre par une atmosphère de vapeurs. La chaleur enveloppante calcine, mais le travail volcanique se ralentit partout : l'activité de la lune et de tous les satellites planétaires qui devait contrarier les mouvements dans l'orbite, disparaît ; les planètes se refroidissent à mesure qu'augmente l'incandescence solaire ; la mer est moins instable. Ici, la mer chimique de l'ère primaire, privée de la plupart de ses éléments d'activité, paraît avoir fait place à une mer plus sédimentaire mais aussi plus stagnante, dans laquelle, avec les détritus et débris organiques, domineront le carbone, la silice, le manganèse, l'alumine, parmi les principaux corps simples de la matière cosmique. Rejetés comme surabondants, cristallisables et refroidissants, ou comme agents de dynamique externe, principes de chlorures insolubles et de fluorescence, ils sont entraînés dans l'atmosphère par les évaporations. Volatilisés, composés, décomposés, recomposés à la chaleur ou au froid par des associations, des dissociations, des réassociations multiples, mais invariables, ces sédiments constitueront définitivement les cinq couches du secondaire.

A leur faveur, la vie évolutive, que nous étudierons plus loin, jusqu'alors réduite à des articulés rudimentaires, va se produire faite d'oxygène, d'hydrogène, d'azote et de charbon, ou peut-être, sous certaines réactions du soufre, de l'oxyde de fer, du sodium et potassium, du carbone, des corps premiers de l'infini et de leurs transmutations réciproques. En tous cas, l'affinité du fer pour la rouille, similaire à l'affinité de l'hydrogène, ce radical métallique, pour l'oxygène, de tout carburé pour son carburateur, tend à faire croire que l'hydrogène ne serait qu'un gaz ferrique, du fer volatilisé. Schistes ou bitumes, pétroles, marnes ou argiles, la nature n'a dû faire que dissocier chimiquement et réassocier l'alumine, la silice, le chrome, ou tout autre des quelques corps simples météoriques du néant. A ces métaux premiers, nos 67 corps chimiquement simples se ramèneront sans doute un jour, par les progrès déjà merveilleux de la chimie ; se transmuteront pour le progrès industriel et social, la production et la consommation économiques, le travail de l'argent et sa circulation.

L'explication la plus probante de la netteté de division des cinq grandes formations des temps secondaires, en terrains permien, trias, lias, jurassique et crétacé, temps de repos et de prépondérance des phénomènes neptuniens sur les plutoniens, paraît être celle-ci. Nous sommes à une période bien antérieure à l'établissement de l'équilibre stable dont résultent les lois de gravitation, d'attraction, de mécanique céleste fondées sur la pesanteur, découvertes ou posées par Képler et Newton, en vue de corps planétaires, moléculairement organisés, après constitution définitive de leurs écorces. A cet âge du secondaire, l'attraction, plus magnétique encore que moléculaire du soleil incandescent, et bien que les diamètres des ellipses futures fussent conjuguées en principe, ne devait comporter de rotation diurne pour aucune planète. Les planètes, avec des excentricités nulles, ne pouvaient décrire que des cercles, millénairement elliptiques. Le soleil, marchant alors au Nord-Est, restant toujours dans le plan de l'écliptique, ne devait les éclairer sur un seul hémisphère qu'en raison d'une section, oblique par leurs axes : du 23° ou 24° parallèle Nord, au 23° ou 24° parallèle Sud, pour la terre, par exemple. L'Amérique du Sud, de Lima à Rio, l'Afrique équatoriale et méridionale, du Cap Blanc à l'île Maurice, l'Australie centrale et méridionale, l'Océanie, l'ancien continent austral, devaient, avec le pôle austral, être encore sous la nuit. Dans le flux magnétique développé à outrance par ses effluves incandescentes, le soleil devait attirer, repousser, accélérer par sa force centrifuge, pour retarder aussitôt par sa force centripète, des planètes sans pesanteur normale et, par conséquent, sans forces parfaitement égales et opposées suivant les sommets du losange rigide formé entre les solstices et les équinoxes actuels. Satellite alors comme les autres planètes, et se mouvant tout d'une pièce sur un cercle à peine mobile, la terre ne recevait très probablement de lumière que sur la majeure partie de ses continents orientés au Nord-Est par rapport à l'ascension du soleil. Déjà la quantité d'océans qui enveloppent le pôle austral, la disparition du continent austral, à défaut sans doute d'assises solidifiées par le refroidissement externe cristallisant, d'écorces calcinées par la lumière, prêtes aux grands soulèvements sous les actions mécaniques, indiquent l'humidité d'une nuit chaude, la force du feu central, à l'abri des réactions de l'hémisphère froid, la prépondérance, faute d'évaporations, des océans sur les terres. Ce n'est pas tout. L'inépuisable fécondité des crues périodiques du Nil, dont le limon n'est vraisemblablement qu'un dépôt archéen d'oxydes alcalins et terreux, soude et potasse, bases peut-être de l'azote en présence d'oxydes plus oxygénés, tels que l'oxyde magnétique de fer; silicates d'alumine en petite quantité, ne peut uniquement provenir des montagnes d'Abyssinie ravinées par les pluies solsticiales. La teinte jaune et rouge des eaux d'inondation, témoigne que le limon qu'elles transportent, n'est ni jaune ni rouge, puisque le sol, aussitôt desséché, reste grisâtre, crevassé, poudreux, sans une trace de cristaux. Elle témoigne que les terrains primaires non stratifiés, drainés par les sources profondes du fleuve, n'ayant été à aucun moment, en tant que terrains, sous l'influence d'un jour même sombre, l'azote incorporé s'acidifie lentement au contact de la lumière d'un soleil de juillet, qui le décompose, met en liberté l'oxygène, jaunit et rubéfie passagèrement le limon, et nous fournit un autre indice des nuits préhistoriques du Sud de L'Equateur. Il y a plus : la difficulté pour les chercheurs américains, aux prises avec le Lignitic group, d'établir où finit le secondaire et où commence le tertiaire, la mobilité des étages dans certaines régions plus éloignées des effluves directes du soleil, la violence des courants qui désagrégeait et emportait des couches entières comme au Vénézuela par exemple, où les terrains primaires sont à fleur de sol, tout cela n'est qu'un commencement d'indication. Mais la faune naine et comme hâtive de l'Amérique centrale et méridionale ; la disproportion entre l'exiguïté des vertébrés chauds et le développement souvent exagéré des invertébrés froids ; l'énormité primitive, éruptive des végétaux, sans les corollaires voulus d'un étage carbonifère puissant dans le passé, d'un tapis de mousses et de graminées dans le présent ; la faune tertiaire australe entravée dans son évolution ; les points de départ, dans la zone tropicale ou presque, des plus grands fleuves du monde : Nil, Niger, Congo, Zambèse, Amazone, Missouri, Mississipi, Gange ; les immenses forêts de l'Afrique équatoriale et du Brésil : tous ces symptômes concordants sont des indices. Ils sembleraient établir, non seulement le fait admis de centres différents d'origine animale à étudier, mais celui d'une origine d'espèces moins évolutives, tantôt arrêtées à des types inférieurs à défaut de lumière, tantôt retardées ou démesurément développées par l'ombre tiède et moite, sous l'influence électrique faible ou magnétique puissante des premières vibrations du soleil. Ajoutons-y l'excès de miasmes du sous-sol africain si mal oxygéné, faute d'oxydations lentes, les carbures d'hydrogène accumulés, qui peut-être entretiennent comme un souvenir des nuits prégénétiques dans le pigment de la race ? Toutes ces observations qui demanderaient à être complétées, deviennent dès lors presque des preuves de l'obscurité qui dût couvrir au sud du plan de l'écliptique l'hémisphère austral jusqu'au postpliocène. La seule objection formelle à ces données, serait d'ordre cosmographique. Avec la marche actuelle du soleil et les ellipses ascensionnelles, le pôle Nord se trouve dans la nuit, de l'automne au printemps, et le pôle austral à la lumière : ce qui contredirait la thèse des nuits australes. Mais, avec une ascension d'angle du soleil au Nord-Est, et même à l'Est-Nord-Est, dont nous essaierons d'expliquer la cause à la fin de ces études, il suffisait d'un déplacement du soleil vers l'Orient, égal à un diamètre terrestre lorsque la terre allait d'un équinoxe d'automne à un équinoxe de printemps fictifs, pour que l'hémisphère boréal seul fût constamment éclairé.

Lors du secondaire, en raison d'une translation lente, d'une rotation démesurément rapide du soleil, et d'une sphère gazeuse terrestre appauvrie, dégonflée en quelque sorte, peu résistante aux énormes pesées du vide sans élasticité, qui seraient une explication paléontologique de l'existence des grands fossiles détruits, produits selon les pressions qu'ils avaient à supporter, l'attraction magnétique solaire ne pouvait se combiner encore qu'avec une gravitation presque insensible. Les molécules du système, qui gravitent mutuellement l'une vers l'autre, en raison directe des masses et inverse du carré des distances, au travers de toutes les couches qu'elles soudent intimement, ne gravitaient encore qu'en proportion des terrains constitués. En principe, toute attraction cosmogonique semble ne pouvoir arriver que par transition, des attractions et répulsions magnétiques stellaires et de l'état météorique premier, à un état supérieur de la matière identique, celui de l'attraction moléculaire définitive fondée sur la pesanteur, réglée par la mécanique appliquée. Immense anneau de Saturne, sauf la concentration d'amas cosmolithiques, et sauf le sens de direction des forces parallèles, la sphère céleste lui ressemblait quant aux mouvements analogues. Organisée, aimantée, sinon produite et formée comme lui, par accumulation probable de flux magnétique sur les nébulosités de matières diverses attirées par la planète, concentrées par elle, résolues en cercles de révolution semblable par ses mouvements combinés, la sphère céleste était comme lui maintenue par les mêmes attractions et répulsions magnétiques. Et il témoigne pour elle d'une dynamique alors grossière.

Il n'est donc pas trop osé de conclure, qu'antérieurement au dépôt complet de toutes nos couches géologiques, les forces électro-magnétiques intervenaient presque seules et sans frein, dans une mécanique céleste élémentaire dont les ellipses étaient des cercles. Il est également permis de conclure que pendant l'ère secondaire, chaque évaporation de la mer chimique, suivie de condensations lentes, se serait effectuée lors des cinq retours, à intervalles à peine décroissants, de la terre au périhélie, dans un espace total d'environ quatre mille cinq cents à cinq mille ans. En vertu de l'équilibre des liquides, les eaux de l'hémisphère austral envahissaient aussitôt en partie notre hémisphère desséché et s'évaporaient également. Entre l'incandescence solaire calcinante et l'activité terrestre surexcitée, la mer devait envelopper les planètes d'épaisses vapeurs sédimentaires, semblables à l'anneau permanent qui entoure l'équateur, jusqu'à ce que les globes se fussent péniblement éloignés du soleil. Les bandes équatoriales de Jupiter et de Saturne ne sont aussi, sans doute, que les nuages résultant à l'équateur de la rencontre des courants d'air saturés à des températures différentes. Leur persistance serait attribuable, comme autour de la terre, à des végétations tropicales exubérantes et aux masses d'eau qu'elles sollicitent.

Les vapeurs du secondaire ne se résolvaient plus en précipitations torrentielles, mais en pluies ordinaires seulement. Nous en avons la preuve dans les cristallisations moindres du silicium combiné avec l'oxygène, lors des formations quartzeuses, indices de refroidissements moindres ; dans le tassement compact du calcium magnésien combiné avec l'oxygène, et la non-mise en liberté de l'acide carbonique dans les carbonates calcaires ou les chaux éteintes des sédiments inférieurs ; dans les hydrosulfates et hydrosilicates de magnésie des formations rocheuses ; enfin dans la dernière apparition considérable de schistes et de bitumes, écume minérale huileuse du globe, association de deux éléments de carbone pour un d'hydrogène et d'une petite quantité d'oxygène. Or, le charbon du soleil et de la terre, et l'eau des nuages, ne pouvaient se convertir en huile, en carbures d'hydrogène, et se solidifier ensuite dans un silicate d'alumine quelconque, ou dans des décompositions végétales marines, que par de simples pluies sur un terrain brûlant.

Vu la chaleur torride, ces pluies se résolvant chacune en un dépôt du terrain permien, ne devaient se produire que tous les cent ans environ, quand l'orbite de la lune, coupant l'écliptique en nœud ascendant, pour venir dans l'hémisphère boréal éclairé, éclipsait particllement le soleil. Au-dessus de chaque série de dépôts du terrain permien, une mer nouvelle, toujours chimique, se reformait, déposant sa silice, se remplissant de végétaux sous-marins dont les débris, charriés par les mers suivantes de moins en moins chimiques, allaient accidentellement, et pour la dernière fois, devenir du combustible, quelque mille à douze cents ans plus tard, dans le terrain suivant.

Il ne résulte cependant point de ce qui vient d'être étudié, que ce furent les eaux de notre hémisphère boréal qui, par évaporations régulières lors des retours au périhélie, formèrent seules chaque étage du terrain secondaire, ni que leurs condensations successives par éclipses du soleil, en constituèrent seules chaque dépôt sédimentaire. La répétition du phénomène, motivé par l'absence presque totale de condenseurs, dût se produire par les causes indiquées, mais en donnant lieu à des effets différents.

Sous un jour éblouissant, calcinant, continuel, l'évaporation de la mer chimique boréale devait se transformer en vapeurs vésiculaires de plus en plus petites, dont les plus élevées abandonnaient leur hydrogène. Ces vapeurs s'élevant en spirales tourbillonnantes, ce qui expliquerait sommairement la production spiriforme de tant de coquillages fossiles, protégeaient seules de leur anneau polaire la vie animale monstrueuse et la vie végétale terrestre, contre l'incandescence du soleil. Et pourtant, sans les eaux de l'hémisphère austral, produites, accumulées dans l'ombre, qui durent se précipiter pour remplacer les eaux de l'hémisphère éclairé, tout eût probablement péri. Ces eaux, chimiquement moins riches, à défaut de lumière, s'évaporaient bien à leur tour, malgré l'interposition des premières devant le foyer d'incandescence. Mais, du fait de cet anneau polaire de cumulus, elles enveloppaient le globe de brouillards, le maintenaient dans une température équatoriale, se condensaient en vésicules plus grosses dès la première éclipse, et se résolvaient successivement, avec leurs sédiments, en pluies graduellement plus fines, qui reformaient une mer chimique moins oxydante et moins étendue. Chaque évaporation, suivie de condensations lentes, se serait donc résolue par un terrain et des étages, un peu moins difficilement constitués que ne l'entrevoient les théories seulement fondées sur la concentration des nébuleuses et la cristallisation par métamorphisme indéfini des sédiments.

## IV

### Ère tertiaire, âge de transition

La troisième période solaire, à dater au moins des faluns du terrain miocène, qui dénotent une vie animale d'invertébrés très active, provoquée sans doute par des excès d'acide carbonique dans les eaux en contact avec un sous-sol brûlant, semble avoir été une période de transition dans les énergies lumineuses. De l'incandescence blanche, produite par le fer, le nickel, le chrome, l'oxyde de manganèse, le sodium et le potassium, en présence, le soleil, plus électro-négatif qu'électro-positif au sud, plus étoile jusqu'alors, va présenter par degrés un commencement d'équilibre. Son passage de l'ignition à l'énergie électro-magnétique, s'était déjà manifesté depuis le trias et surtout lors du crétacé, par les grès verts de l'étage inférieur, les marnes grises et bleues du gault, les craies blanches et grises et les calcaires désacidifiés de l'étage supérieur. Cette lumière éclatante extérieure, véhicule d'un calorique intérieur excessif, va se traduire encore par les gypses, les calcaires, les argiles plastiques, les marnes siliceuses des terrains du tertiaire. Mais bientôt le soleil qui avance à peine, qui ne reçoit successivement de matière cosmique et fort peu, que sur l'hémisphère qu'il oppose au néant ; qui est électro-positif contre l'infini, ralentira sa révolution. Depuis sa rotation emportée, il n'est plus qu'un océan d'incandescence se conformant à la loi de l'équilibre des liquides. Réduit par les sollicitations planétaires, il a considérablement diminué de volume. Mieux approvisionné d'hydrogène, il passera à son état actuel par l'achèvement de la constitution moléculaire des planètes, qui régularisera ses forces électro-magnétiques perturbatrices, qui, surtout, organisera définitivement et mécaniquement les grandes lois de la pesanteur découvertes par Képler et par Newton. Evolution qui dût s'accomplir vers la fin du pliocène.

Au début du tertiaire, où nous sommes, le rayonnement calorifique et l'irradiation lumineuse sont toujours formidables. Le calorique solaire ne se perd point dans le vide interplanétaire, inatomique sinon invibratoire : Le calcul y a constaté un froid normal de 100 à 150 degrés, attribuable à une rigidité contractile du flux magnétique réfrigérant, en raison directe du carré de la dilatation calorifique ; évaluable par conséquent, si la constante solaire est de 25 calories par mètre carré et par minute, à 625 tensions frigorifiques par mètre carré et par minute. Les aéronautes parvenus à 6 et 7.000

mètres, constatent tous qu'au delà de notre atmosphère et en vue du soleil, l'espace est absolument noir. Le mouvement lumineux, la vibration solaire, et le mouvement calorifique, la dilatation des molécules élastiques convertie en travail mécanique, sont par conséquent utilisés pour leur presque totalité par la terre et les planètes seulement ; circonscrits à leurs seules atmosphères. L'équivalent mécanique de la chaleur du soleil leur est certainement transmis par un système de forces parallèles, égales et de sens contraire, forces appliquées au centre de gravité terrestre en direction de l'équateur quant à la translation, en direction des pôles quant à la rotation, forces constituant un véritable couple, dont le bras de levier serait en un point $x$, zéro du couple nul, auquel passeraient également des courants électro-magnétiques se coupant à angles aigus. Les couples de molécules élastiques d'où les actions et réactions égales, superposées en proportion du poids de chaque planète et de la course à obtenir, limitées par suite à la consommation et à la production de la planète, auraient donc le soleil pour ressort, et, proportionnellement à leur pesanteur, leur volume, leur position dans l'espace, la force, le bras de levier, le sens, un nombre équivalent de degrés de son axe, pour tronc de cône. Liées à l'infini, parties intégrantes, intimes, des couches qu'elles ont formées, véhiculées par les pluies et l'électricité, analysables dans la rosée, approvisionnant l'hiver notre planète pour ses floraisons, ses moissons, ses fructifications, du printemps, de l'été, de l'automne, ces molécules, où domineraient les oxydes alcalins et terreux, le carbone, le tartre et l'hydrogène, vont et viennent mécaniquement : les plus chaudes et les plus lourdes, sollicitées par les végétations planétaires, se répandant au sein des sphères gazeuses, les plus légères et les plus froides allant se brûler au soleil. L'hydrogène en quantités trop faibles, les impuretés résultant sur terre de la combustion agricole et animale; l'ammoniaque, l'acide carbonique par milliards de mètres cubes, d'abord entrainés par les vents, puis noyés et fixés par les eaux, puis évaporés, enlevés dans les hautes couches atmosphériques où ils reprennent l'état gazeux, en refroidissant l'atmosphère, tout cet air irrespirable et vicié monte au soleil, et ne ressert plus normalement, quoi qu'on en ait dit, à la respiration diurne des plantes. « Rien ne se perd rien ne se crée » serait sujet à revision comme les constitutions. S'il en était autrement la terre vivrait sur elle-même, fatalement détruite à la longue, comme l'animal sauvage qui jeûnerait trop longtemps.

L'ammoniaque toujours abondamment mêlé aux eaux de pluie, puisqu'il se liquéfie sous de faibles pressions, s'unit sans doute aux vapeurs d'eau fréquemment provoquées par les étincelles électriques solaires éclatant dans l'hydrogène et l'oxygène des régions supérieures de l'air acidifié. Il contribue assez probablement de loin à la coloration azurée de notre voûte céleste, plutôt attribuable à l'azoture de carbone de l'incandescence électrique du soleil. L'horizon deviendrait rouge soir et matin et en temps d'orage, lorsque non seulement les molécules de l'atome solaire dissoutes par l'acide azotique, mais toutes les couleurs des ondes lumineuses non absorbées par les plantes, c'est-à-dire superflues, cessent d'être, ou ne sont pas encore amenées au bleu par des combinaisons d'un volume d'azote pour trois d'hydrogène. Nous apercevrions alors dans le cyanogène de l'espace la nuance pourpre de ses ondes quand les acides émanés du globe rougissent également l'horizon. Le bleu de l'air solidifié des expériences, doit être produit par de l'azote, du carbone et des traces d'alcali volatil.

A l'intersection mobile de l'écliptique et de l'équateur, sous un angle de 23' 27" en moyenne, et à une hauteur évidemment très supérieure à notre ballon atmosphérique, auquel le flux magnétique, l'éther de la physique, servirait d'enveloppe inélastique et transparente, notre sphère gazeuse doit présenter la forme, d'ailleurs invisible, d'un col de matras. En cet endroit de rayons X et de continuel échange d'éléments, nous arriveraient dans l'électricité solaire et toujours mêlées d'azotates de cuivre, les molécules d'oxyde de carbone, de sulfure de carbone et autres, véhicules du calorique transformé du soleil, et de sa lumière dont les vibrations nous parviennent électriquement, mais plus vite que l'atome du fil atomique qui les transmet. A ces molécules infinitésimales seraient mêlées, par couples superposés, affectés à chaque point correspondant d'attraction du globe, des molécules d'oxyde d'azote provenant, à notre sens, des métaux alcalins, potassium et sodium du soleil. Tous ces atomes réduits par les acides, noyés par les vapeurs d'eau, conduits par les effluves lumineuses, pénétrant les rosées de leur acidité, seront nécessaires, indispensables, après extinction du calorique par l'azote ou l'eau, dissociation des uns, réassociation des autres, à la vie organique et végétale de la terre. La terre ne nous fournit que de l'oxygène mis en liberté à la lumière par les plantes et les mers, et de l'hydrogène provenu de la désoxygénation des eaux de l'Océan par les molécules d'azote, autrement dit de sodium et de potassium qui les réchauffent. Mais elle ne nous donne ni le carbone, ni l'azote; ni la chair, les os, les muscles et les nerfs : Le sang et l'eau seulement. Encore le fer, l'azote, les chlorures, les sulfates, les phosphates du sang, viennent-ils indirectement du soleil ou pour mieux dire de la matière cosmique de l'infini.

Tout l'hydrogène, volatilisé dans les hautes couches de l'air, ne monte cependant point dans la chromosphère. Indépendamment de celui qui se recombine en route avec l'oxygène pour rentrer dans la circulation générale en vapeur d'eau, une quantité considérable de ce gaz, arrivant sous une température élevée à la sortie du col de matras, au point zéro du couple que nous avons décrit, y abandonnerait son oxygène, et rencontrant l'azote, formerait avec lui de l'alcali, des acides, sans cesse interposés entre la mer magnétique de l'espace et nous. Si, faute d'emploi par l'hydrogène, l'azote élastique et froid, sollicité par la vie végétale terrestre, luxuriante sous les tropiques, surabonde dans les régions élevées de l'atmosphère ; il se combine plus facilement à poids égal avec l'oxygène. Ce n'est plus le champ fertilisé seulement, dont les échanges d'oxygène et d'azote vibrent et fument comme par une chaude journée d'été : c'est l'atmosphère supérieure au haut des landes et des déserts. La nature trop négligée nous avertit alors par des teintes jaunes, des vapeurs rougeâtres, des nuages ronds, que des couches d'azote et d'acide azotique se forment en haut, plutôt qu'à proximité du sol. Dans son langage éloquent de muette dédaignée, la nature, la nôtre, nous montre ses ennemis, s'armant pour toutes les dilatations et précipitations d'acides, qui d'un instant à l'autre, peuvent renverser les lois de l'échelle calorimétrique des airs, les raréfier en révolutionnant les courants, fondre sur elle et sur nous en tempêtes, en cyclones et, en perturbations de toute sorte.

Mais à l'époque de transition solaire à laquelle nous sommes restés, celle de transformation de la lumière électro-magnétique, qui dût faire jaillir l'étincelle entre les pôles des astres aux temps de formation des sables verts et chlorités, des marnes grises et bleues de l'étage intermédiaire du terrain crétacé, les phénomènes météorologiques sont pour ainsi dire nuls. A cet âge de transition d'une incandescence mortelle à un foyer plus vital et à une lumière électrique hydrogénée, l'excès de flux magnétique est encore noyé dans la chaleur tropicale ambiante. Le soleil est chimiquement appauvri de tous les électro-positifs, de toutes les bases salifiables, qui se sont portés au pôle Sud négatif qu'il nous oppose constamment, et de tous les emprunts que lui en ont fait la terre et les planètes pour constituer leurs écorces. Il est réduit à brûler des oxydes magnétiques de fer, du manganèse, du soufre, du nickel, du chrome, tous électro-négatifs, qui finiront par se substituer, par changer le rôle des corps restants et porter au Nord le pôle négatif de la pile solaire. Emané sous une lumière aveuglante, d'une chaleur torride, mais baigné dans une atmosphère humide et moite, le flux magnétique affaibli se prête mal aux tensions excessives, d'où résultent par réactions les phénomènes météorologiques ou sismiques. Aussi, les rares alternatives de chaud et de froid, lors des éclipses ou des approches du soleil, ne permettent-t-elles plus les cristallisations profondes. Les molécules de silice et de calcium, mêlées par l'incandescence solaire aux vapeurs de la mer tertiaire, chimiquement pauvre, s'entassent déjà plus grossièrement au fond des eaux, les oxydations manquent d'énergie. Par contre l'accélération des planètes dans leurs ellipses mobiles dut s'accroître, à mesure que se ralentissait la rotation du moteur autour de son axe. Les éclipses et les retours au périhélie un peu plus fréquents, durent produire successivement les bassins nombreux mais peu étendus du tertiaire.

Ici encore, le phénomène paléothermal nous parait attester, à la fois l'inclinaison stable de l'axe de la terre sur le plan de son orbite, alors circulaire, cela par attraction magnétique vers le Nord, électriquement transmise au principe, et l'absence de révolution diurne antérieurement au postpliocène. Le climat tropical discontinu révélé par les fossiles, l'évolution végétale, qui des fougères et des conifères, avait depuis longtemps passé à l'ordre supérieur des plantes à fleurs et à feuilles caduques, les flores boréales, la transition de longue date des grands sauriens aux petits mammifères, tout s'explique si l'on conçoit le Nord de l'équateur seul à la lumière : rien ne se comprend plus mécaniquement si l'on imagine qu'une révolution diurne ait été possible avant l'équilibre stable et la régularisation de toutes les forces de la mécanique céleste.

L'un des principaux agents de cet équilibre, le régulateur par excellence de la dynamique interne terrestre avec l'oxygène, de la dynamique solaire externe avec l'électro-magnétisme, est l'hydrogène. Vers la fin du tertiaire, les écorces planétaires affermies, électro-négatives par le silicium, l'aluminium, le carbone, le fer, le manganèse, le sodium, le potassium, et leurs dérivés ; électro-négatives par l'oxygène, l'azote et l'hydrogène de leurs atmosphères, ont tellement appauvri le soleil, tout en désaccélérant l'unité, la force rotative de sa masse, des unités de longueur et de temps de leurs masses respectives accélérées, que les combinaisons d'électro-positifs salifiables, qu'il ne suffit pas à leur fournir, n'ont plus lieu. L'équilibre électrique qui s'était établi par les composés, et par contact d'atomes, se rompt par décompositions partielles d'une enveloppe qui cesse de s'accroître. Une séparation aussi énergique des activités électro-chimiques de la terre et du soleil, une substitution aussi fondamentale des lois de la pesanteur et de la gravitation à l'attraction aimantée brutale, ne se feront pas sans déterminer un mouvement calorifique puissant et des actions mécaniques subséquentes. Mais le premier résultat de l'évolution vers l'équilibre, est de tempérer par l'hydrogène l'incandescence magnétisante de la masse solaire.

Sous les dilatations de la chaleur dégagée, l'hydrogène se volatilise par torrents ; les mers diminuent, les continents déjà dessinés, mais encore envahis par place, se sèchent ; de grands courants se produisent ; des étages entiers sont emportés çà et là. En changeant de constitution par influence de l'hydrogène des planètes, qui brûle en flammes d'or dans la chromosphère, le soleil s'attiédit. Les énergies cinétiques de ses calories s'affaiblissent, sa translation ou son mouvement vers le sommet du losange rigide se dessine, sa rotation désordonnée, se ralentit. Avec le refroidissement de la croûte terrestre, une contraction générale se produit, accusant des ruptures d'écorce en directions déjà définies à travers toutes les couches. Les actions mécaniques vont créer au globe des condenseurs nombreux, qui par une atmosphère incessante de vapeurs, établiront, conjointement avec les océans, un équilibre permanent entre l'action solaire et la chaleur terrestre. Cette période solaire de transition pourrait n'avoir duré que de trois à quatre mille ans.

## V

### L'Électro-Magnétisme Universel, l'âge des actions mécaniques.

De l'accélération initiale du soleil autour de son axe et du mouvement de translation rectiligne, presque nul à défaut de forces équilibrant son *pouvoir rotatoire*, nous avons passé à la désaccélération de sa révolution et à une ébauche de mouvement relatif, identique à celui d'un système au repos, c'est-à-dire en équilibre. De la désaccélération des forces centrifuges planétaires à défaut de pesanteur, et de l'attraction magnétique, nous avons passé à l'action parallèle des forces indépendantes des planètes sur le point matériel solaire, par la pesanteur et à une composition possible des mouvements relatifs du système permettant de calculer le mouvement absolu du moteur. Déjà les planètes gravitent conjuguant les diamètres de leurs ellipses, bientôt elles révolutionneront sur elles-mêmes.

Nous sommes au commencement de la quatrième période solaire, celle de la concentration des actions chimiques, des effluves magnétiques et des énergies électriques, en un seul foyer d'incandescence et de lumière. L'électro-thermo-chimie des âges précédents paraît avoir été le facteur principal des associations, dissociations, réassociations, transmutations, combinaisons et décompositions moléculaires de nos corps simples ou composés, tous sortis de l'aérolithe, matière identique du néant. Cette force naturelle indéfinie, explosion réflexe des dilatations et des tensions parallèles surexcitées de la chaleur et du froid, virtuellement issue de leur lutte, mais qui semble obéir à des lois physiques et mathématiques invariables, indépendantes d'aucune volonté, est devenue par la science, l'un des éléments de travail les plus indispensables à la reconstitution cosmologique.

La pile, l'incomparable découverte de Volta, n'est-ce pas le soleil, avec ses bases d'oxydation multiples, ses pôles, où la silice, le potassium, le sodium, le fer transmuté avec du manganèse du cobalt ou du nickel, jouent le rôle d'électro-positifs, d'agents universels de cristallisation en présence de l'oxygène terrestre? Où le carbone, l'hydrogène, l'aluminium, le soufre alcalinisé qui précipite en noir le fer transmuté, jouent celui d'électro-négatifs, d'agents universels oléifiants ? L'électro-aimant, imaginé par Sturgeon, n'est-ce pas le Soleil avec ses courants électriques, son axe de fer doux aimanté par eux, autour duquel s'enroule le fil moléculaire des azotates de cuivre, ou tout autre fil de molécules métalliques ? Dans le flux magnétique isolant, inatomique, inélastique, adipeux, sorte d'éther cyanhydrique mélangé d'acétène ou de méthane, fumée de l'incandescence solaire, ce qui court au long du fil, n'est-ce pas le fluide électrique de nos appareils, vibration de l'incréé, fantôme fugitif de la pensée vivante transmise à la mort? L'action du gros fil sur l'aimant, la merveilleuse découverte d'Arago, n'est-ce point, par ce va et vient moléculaire décrit précédemment, formant circuit et traversant nos pôles, car le globe est un autre aimant, l'action du courant solaire continu, auquel l'oxygène tire des étincelles au passage, qui maintient l'équilibre entre les forces centrifuges et centripètes du système? Qui règle les longueurs et les temps des gravitations dans l'ellipse en direction du Nord au total des arcs de cercle annuels, sur la translation rectiligne et le mouvement d'angle du soleil? Qui régularise les variations d'excentricité, les déplacements insensibles mais continuels des sphères, du foyer géométrique de leurs ellipses mobiles? Qui ne détermine point, mais qui provoque la substitution des lois de la dynamique à celles trop rudimentaires de la pesanteur, au temps auquel nous sommes restés, et donne le signal des rotations diurnes planétaires vers la fin du pliocène? Car la masse solaire centre des forces parallèles accrues dans des rapports mutuels constants, désaccélérée dans sa rotation par l'accroissement continu de densité des planètes, s'équilibre. Le centre de gravité du système prolongé dont les axes d'ellipse forment une progression géométrique décroissante de Neptune à Mercure, n'est plus au centre du soleil comme au temps des translations circulaires, il est sur l'axe. Et lorsque l'abscisse du centre de gravité de chaque arc de cercle elliptique, décrit par la planète, se projette sur le rayon moyen $ox$, à une distance du centre égale à la quatrième proportionnelle entre l'axe, la corde et le rayon, la planète tourne sur elle-même. L'action du gros fil sur le fil fin, l'induction, la découverte de Faraday, n'est-ce pas, par induction du courant principal, qui relie les axes de la terre et des planètes à la ligne des pôles électriques stables du soleil, autour de laquelle sa rotation s'effectue, n'est-ce pas l'action, par courant induit sur les courbes magnétiques planétaires, formant circuit avec les pôles magnétiques plus ou moins stables du soleil?

Ce courant induit dont les énergies lumineuses boréales nous préviennent des dangers d'une mauvaise circulation atmosphérique et d'une négligence coupable de l'état général du globe, ne nous offre-t-il pas le remède à côté du mal? L'attestation par le thermo-multiplicateur du soleil, que le mal par excès de chaleur sur son disque, correspond mathématiquement, point par point, au mal, par excès de stérilité ou de froid interne de la sphère? La vérification par les déclinaisons locales de l'aiguille, de chaque degré d'abaissement maladif de la température intérieure locale? Nous sommes sans cesse malades, pourquoi en irait-il différemment du globe? En attendant que, par des calculs plus cosmogoniques, nos astronomes aient vérifié la valeur du mouvement d'angle du soleil, que nous trouvons être de 59 secondes par 24 heures, la météorologie ne pourrait-elle déjà commencer à pénétrer les mystères du moteur secret de l'aiguille aimantée ? Recourir à un moyen quelque peu empirique, en présence de l'instabilité et des sursauts de l'aimantation générale, dont les tremblements de terre accusent manifestement l'excès d'intensité ? Tracer à l'aide de l'aiguille des cercles de déclinaison, des méridiens magnétiques célestes, qui faciliteraient par des arcs de grands cercles perpendiculaires à l'équateur, successivement mesurés jour par jour, la détermination approximative des points de latitude céleste où se trouve le soleil ? Les lignes sans déclinaison, probablement telles parce qu'elles nous relient aux autres planètes qui font équilibre au magnétisme solaire, n'assureraient-elles pas la précision mathémathique du calcul à ce contrôle de la valeur indiquée du mouvement d'angle ou de la vitesse initiale du moteur des mondes ?

Le trembleur, l'intermittence du courant, la belle découverte de de La Rive, ne seraient-ce point ces atomes d'oxyde magnétique de fer qui abondent dans les molécules gazeuses du soleil ? Ils entrent dans notre atmosphère et au contact des atomes gazeux de soufre, croyons-nous, ils abandonnent leur oxyde pour former un oxygène grossier, respiré la nuit par les plantes, élaboré, restitué à la lumière dès le lendemain par elles sous forme d'oxygène vivifiant. De son côté, l'atome gazeux de fer désoxydé formerait de l'hydrogène, et dans notre atmosphère seulement : Mais avant d'y entrer, ne seraient-ce point ces atomes qui s'aimanteraient, au passage du courant continu, et à leur entrée par une sorte de col de matras dans notre atmosphère ? A ce point du circuit où s'établissent les lois de la mécanique rationnelle du globe, n'interrompraient-ils point mathématiquement le courant électrique pour produire le courant d'induction du flux magnétique ? Ne serait-ce pas à ces ruptures isochrones de courant, sans influence d'ailleurs sur la gravitation mécanique ni sur l'attraction moléculaire des planètes, régulatrice du travail solaire, qu'il conviendrait d'attribuer l'oscillation terrestre présage de vieillesse et de mort, qui fait diminuer lentement l'obliquité de l'écliptique en confondant les saisons ? La continuité de cette diminution séculaire de 27' au total, depuis les premières observations remontant à 3.000 ans, n'indiquerait-elle pas malgré sa lenteur, le peu de progrès fait pour l'assainissement de la terre ? Ne dit-elle pas tout ce qu'il reste à faire pour transformer chacun de nos grands cercles magnétiques en lignes sans déclinaison, isoclines avec notre axe, témoignant à la fois que le refroidissement terrestre interne est conjuré, et que les orages magnétiques perturbateurs, qui sont à la base des tremblements de terre, sont à jamais vaincus par le travail humain ?

Nous allons saisir les véritables causes de ces trépidations du sol en étudiant les actions mécaniques qui ont profondément modifié le relief du globe. L'absence de révolution diurne avant le quaternaire va nous faire comprendre encore que des soulèvements considérables se soient naturellement produits du fait même de la transition progressive de l'attraction aimantée prépondérante auparavant, qui ne comporte aucune rotation, à l'attraction moléculaire supérieure et à la dynamique, qui ne peuvent s'en passer. Nous nous expliquerons par là qu'ils se soient continués en s'affaiblissant, jusqu'au triomphe définitif de la gravitation et de la rotation par la pesanteur établissant l'équilibre mécanique dans la cosmogonie. Tant que la terre, faisant fonction d'armature au noyau de l'électro-aimant du soleil, constituait avec lui un circuit magnétique, dont le courant était sa plus forte attache, et auquel le courant électrique continu des actions chimiques, servait de circuit d'excitation, elle devait se trouver sous l'influence d'un magnétisme résiduel. Cette rémanence devait contrarier l'attraction moléculaire en voie d'organisation, et ralentir par suite la gravitation du globe. Elle pouvait aller jusqu'à paralyser le mouvement faible dans l'orbite : Elle pouvait l'amener même à sursauter plus près du noyau, en raison d'une aimantation provisoire exagérée — phénomène de nutation dégénérée en mouvement propre, qui peut-être a lieu pour certains astres — si le circuit d'excitation se fût trouvé plus fort. Aussi, le magnétisme résiduel fréquent parmi les étoiles, croyons-nous, dût-il être neutralisé par l'interposition des molécules de fer volatilisé du calorique solaire, entre la terre et le soleil. De sorte qu'au travers de cet oxyde de fer volatile, fixé pour ainsi dire sur les pôles magnétiques du globe, et faisant fonction de « lame de Stupakoff », il ne dût heureusement passer que la quantité de flux nécessaire pour maintenir la puissance attractive de l'électro-aimant solaire. Le surplus inutilisé par l'attraction remplissait la sphère gazeuse. La surabondance de flux magnétique emprisonné dans une atmosphère dont la force moléculaire allait croissant, distendu par la moiteur ambiante, prêt néanmoins à reprendre ses tensions aux premières réactions brusques de chaleur et de froid, ne pouvait, comme de nos jours, se résoudre en simples aurores boréales, orages magnétiques ou tremblements de terre. Chaleur vibrant jusqu'à l'effluve électrique ? Froid tensionné jusqu'au flux magnétique ? Fluides inélastiques de la combustion en tous cas, qui, tensionnés par les pressions du néant jusqu'au travail utile, allaient donner l'essor à des forces mécaniques puissantes. De ces forces paraissent être sorties, en conséquence de la contraction produite, en direction des crevasses du globe, par ses premiers refroidissements réels, les grandes modifications de l'écorce terrestre vers le temps du pliocène. Mécaniquement donc, et selon des arcs de grand cercle, qui ne pourront, pensons-nous, être géométriquement coordonnés, que lorsque toutes les lois du magnétisme terrestre seront connues, un phénomène identique a dû se produire, lors de chaque soulèvement successif.

Partons d'abord de ce principe théorique que le mouvement des mondes est au fond celui d'une trombe colossale. La force dynamique de l'électro-magnétisme, impossible à constater sous les pressions de notre atmosphère élastique, doit être par conséquent le produit naturel et réciproque du choc de l'effluve électrique et du flux magnétique, parallèles et de sens contraire, enfermés dans le vide inélastique, soit qu'ils en déterminent la rotation, soit qu'ils travaillent eux-mêmes. La force ne serait qu'une question de dilatation dans un sens ou dans l'autre, autrement dit de réduction totale de l'élasticité du vide toujours relatif dans la nature, inélasticité qu'il s'agirait de produire, et qui, forcée de tourbillonner, serait contrainte ou contraindrait au travail. Que les courants développés, d'un côté par la pile, avec transmission au fer doux isolé par fil de cuivre, de l'autre, par l'électro-aimant avec transmission à l'aimant isolé, par fil de cuivre également, ou de tout autre façon, soient ou non produits dans un appareil distinct, le fond du problème consiste toujours à produire le choc, à lancer les courants parallèles et de sens inverse réunis en un seul, dans une pièce d'acier en état de supporter des pressions, des raréfactions ou des tensions équivalentes à un million de grammes au moins par centimètre carré, et à produire le travail du vide ou des courants. Les dispositifs de percuteurs, interrupteurs, régulateurs des mouvements en tous sens, à imprimer au canon lui-même et au système enveloppant qu'il emporterait, car il ne saurait être question que de déplacements d'axes, mais non d'ailes ou d'hélices avec une force pareille, ne dépendraient plus que de l'esprit inventif des ingénieurs.

Toujours est-il que les forces électriques et électro-magnétiques ne sont pas gouvernées par la même loi. L'électricité, lumière, force, vibration vocale même, se transmet à l'air libre en raison directe de son intensité et inverse du carré de la distance : L'Electro-Magnétisme, lumière ou force, se transmettrait dans le vide en raison directe de l'intensité, multipliée par elle-même, soit en raison directe du carré de l'intensité des tensions inélastiques du fluide enveloppant, ce qui revient à dire que dans le vide il se transmettrait en raison inverse du carré de la distance, mais au carré des vitesses électriques dans l'air. Un bloc de métal transmet instantanément à toutes ses parties le choc reçu, un bloc de terre la leur transmet moins vite. L'espace est du métal fluidifié, l'air est de la terre gazeuse. L'un qui est dilaté, vibre au carré de l'autre, qui est comprimé et vibre par percussion. En un mot la lumière stellaire qui d'après la détermination de la parallaxe ou d'après le calcul photométrique, nous serait parvenue en un an, pour telle étoile rapprochée, en neuf et même quinze ans pour d'autres perdues au fond de l'espace, nous serait parvenue en 2 h. 26' pour la première, en 21 h. 54' pour la seconde, en 36 h. 30' pour la dernière. Il existerait donc entre la quantité de mouvement magnétique, ou le produit de la masse du flux magnétique de l'univers par la vitesse de translation mécanique et lumineuse du système stellaire, et le mouvement électrique, ou le produit de la masse d'effluves électriques du soleil et des planètes par la vitesse de translation mécanique et lumineuse du système planétaire, la même proportion arithmétique qu'entre le flux et l'effluve combinés dans le vide, ou combinés à l'air libre, ou si l'on veut, qu'entre la foudre et l'éclair. C'est-à-dire que la force mécanique qui produit la lumière stellaire et se développe dans le vide, se propage et travaille au carré des intensités de la même force développée dans les atmosphères planétaires.

L'analyse des phénomènes d'un orage, va nous en faire raisonner les lois physiques. Lorsque deux nuages, chargés d'électricités différentes se rencontrent, ils s'attirent, se repoussent; il y a étincelles, c'est-à-dire travail mécanique produit par la chaleur, travail mécanique produit par le froid du flux magnétique, qui détruirait le travail de l'effluve et obligerait son courant à décrire des zigzags : géométrie descriptive élémentaire qui remet en lumière l'inélasticité métallique de l'agent frigide et son action sur les forces cristallisantes de la nature.

Lorsque dans les hautes couches, invariablement portées, en temps d'orage, au maximum de chaleur, soit à deux volumes d'hydrogène pour un d'oxygène, ou seulement saturées d'hydrogène, le courant électrique traverse le mélange détonant, il y a tonnerre. Lorsqu'enfin deux blocs de vapeurs, électrisés d'électricités contraires, en attirent deux autres, aimantés de flux magnétiques contraires, il se formerait deux courants verticaux, en sens inverse de bas en haut, de haut en bas, entraînant des atomes de soufre, de nitre, et des oxydes, que la contraction congelante du vide établi précipite, et qui seraient la foudre. Sa loi doit être celle-ci : La réaction du froid, la raréfaction d'air intensifiée, produit un vide relatif, dont la pression sur les courants fulminants, ou sur le globe, est à l'atmosphère ce que la pression de l'espace sur l'atmosphère est à la pression atmosphérique sur le globe, 1.067.089 grammes par centimètre carré. Donc le travail dans le vide est plus puissant que le travail dans l'air, puisque la résistance est nulle.

Ayant admis que la réaction du froid est plus énergique que celle du chaud, que le froid saisit plus vite, que la chaleur n'échauffe et ne pénètre, appliquons à la nature l'expérience déjà ancienne du D$^r$ Bonzano de la Nouvelle-Orléans, rapportée par le commandant Maury ; à cette différence qu'au lieu de trombes atmosphériques, il s'agira de trombes météoriques constitutives du relief terrestre. Le soleil étant la machine électrique, et la terre, la boule du Docteur, l'atmosphère fluide, grasse, résineuse, isolante, de la fin du tertiaire, étant son essence de térébenthine, contenue dans une large coupe dont la pression extérieure à notre enveloppe gazeuse d'air comprimé fait l'office ; l'électricité positive, émanée du soleil, s'accumule au plus haut de la sphère atmosphérique, comme au-dessus de la térébenthine de l'expérience. Aussitôt une colonne atmosphérique moléculaire proportionnelle à l'intensité d'accumulation électrique, s'élève et forme un cône. Le flux magnétique solaire, surabondant dans notre enveloppe gazeuse, tensionné par la raréfaction d'air, flux négatif froid, tourbillonne autour de l'électricité positive, chaude, puisque les contraires s'attirent et que les semblables se repoussent. L'électricité l'attire en faible quantité d'abord, et se forme en cône, mais la pointe en bas, semblable à la foudre globulaire, si ce n'est qu'elle figure un obus dont la pointe conique en acier ou la fusée percutante serait une aigrette de flux magnétique, jusqu'à ce que les deux cônes, moléculaire et électrique, se touchent par eurs pointes. L'oxygène paramagnétique de la colonne atmosphérique fait jaillir l'étincelle comme nous la tirerions d'une machine électrique, où il allume l'aigrette. Immédiatement toute l'électricité accumulée en façon d'obus et tout le flux magnétique répandu dans l'enveloppe supérieure, se forment en courants parallèles et verticaux qui font rapidement tourbillonner la colonne d'air. Comme à cet âge, l'atmosphère terrestre ne contient pas encore deux volumes d'hydrogène pour un d'oxygène, dans les hautes couches, il ne s'y produit ni détonation, ni maximum calorifique, ni foudre, ni éclairs. Mais la terre douée d'un rayonnement considérable, surchargée de sa propre électricité négative, entrant dans une phase de refroidissement qui tensionne le flux magnétique positif, inférieur, le plus proche, le sollicite à son tour par induction. Ses courants électro-magnétiques, provoqués par les courants d'électricité positive solaire que l'oxyde de fer rend diamagnétiques, se dessinent aussitôt. Ils se précipitent à leur tour à l'intérieur de la trombe d'air ascendante, comme pour la protéger, jusqu'à rencontre des courants solaires verticaux, où ils sont obligés de prendre une position axiale selon la ligne des pôles.

Les deux électricités sont similaires, mais l'une a été comprimée par son passage au travers de l'espace : émanée de l'aimant tout-puissant, elle est diamagnétique, parallèle à l'équateur, perpendiculaire à la ligne des pôles, analogue aux gaz incandescents et aux flammes, elle est plus forte. L'autre, soulement magnétique, n'a été comprimée que par l'atmosphère, elle est attirée par l'aimant solaire et plus faible. Dans leurs attractions et répulsions alternatives, elles sont arrivées, peut-être par l'effet du fluor plus avide d'oxygène et qui taille, à transformer la trombe d'air conique, en un prisme rhomboïdal, tantôt tétraédrique, tantôt hexatétraédrique, voisin de la contexture sphérique, en tant que trombe moléculaire cristallisable, sphérique en tant que trombe météorique spiraliforme. Lorsque les vibrations par attraction et répulsion, réitérées, multipliées, dépassent le coefficient de résistance moléculaire élastique, l'électricité négative et ascendante terrestre, incapable de protéger son atmosphère jusqu'à lui faire supporter la charge de rupture, fléchit. Le rhombe moléculaire se brise, l'électricité glisse, l'abandonne et va se reformer plus loin, dans une direction définie par les cicatrices antérieures de l'écorce du globe, au centre d'une nouvelle colonne d'air attirée. L'électricité positive et diamagnétique descendante la refoule de nouveau, l'écrase de plus en plus, jusqu'à épuisement de ses accumulations supérieures. Mais l'effluve ascendante glisse et résiste toujours jusqu'à tant qu'énergiquement et sans cesse réapprovisionnée par la terre, elle ait enfin réduit les ruptures de surcharge des colonnes d'air, aux derniers contreforts des chaînes de montagnes.

Que l'on se figure deux toupies rassemblées, soudées sens dessus dessous par leur côté large, composées de deux ressorts en spirale d'inégale force, et terminées par des pivots solides, dont l'intérieur homogène serait un rhombe en plâtre, à quatre ou dix pans taillés ? Si l'on exerçait de haut en bas sur elles des pressions successives trop fortes, le pivot s'enfoncerait, le ressort inférieur glisserait dans un sens ou dans l'autre ; mais le rhombe intérieur de plâtre, toujours renouvelé, se briserait à chaque pression. De même le rhombe moléculaire d'air, emprisonné dans le vide spiraliforme simulant des ressorts et intimement lié aux couches géologiques inférieures, a moulé, en se brisant, une montagne dont le pivot, ou les racines, suivant les colonnes de soulèvement, s'enfoncent comme une dent jusqu'au feu circulaire. Les nappes souterraines de l'écorce, perdant leur coefficient de résistance élastique, sont tombées sur les couches ignées dans la forme même dessinée par le sommet du rhombe capricieux. Ainsi qu'Arago l'a indiqué, en attribuant certains transports de métal par l'électricité, à la vaporisation subite de l'eau, des dilatations effroyables de vapeurs et de gaz ont soulevé les terrains et les roches, dans les formes croissantes, puis décroissantes, mécaniquement imposées, et, suivant la direction des crevasses de l'écorce. Elles les ont ensuite abandonnés aux refroidissements et aux tassements, qui devaient affaisser en écrasements latéraux les roches feldspathiques à base phanérogène ou les protogines du Mont-Blanc. De ces actions mécaniques, vraisemblables sinon certaines, ininterrompues jusqu'au refroidissement complet du globe, est sorti l'équilibre atmosphérique actuel entre la dynamique solaire et la dynamique terrestre. Equilibre, imparfait du reste, que les condensations de vapeur d'eau des montagnes et la proportionnalité telle qu'elle entre la tension hygrométrique et la pression barométrique, dont résulte l'élasticité insuffisante de l'air, ont alors établi. De ces forces puissantes ont dû provenir successivement presque toutes les ondulations de grande amplitude, l'Himalaya, le Caucase, les Alpes, les Pyrénées, qui, en dehors des formations volcaniques des ères primaire et secondaire, telles que les monts d'Auvergne, et antérieurement à la révolution diurne, auraient, en ce qui est de l'hémisphère boréal, dessiné le relief de la terre.

## VI

### Le refroidissement terrestre et le Quaternaire.

D'aussi puissantes actions de dynamique solaire auraient-elles pu s'accomplir sans un refroidissement définitif et des contractions très antérieures ? Nous aurions peine à le croire. La croûte terrestre devenue trop large pour son noyau, était, sans aucun doute déjà coordonnée par ses crevasses primitives en un réseau géométrique selon les fissures de l'écorce. Ses déchirures sismiques pénétrant toutes les couches, prêtes à se traduire, lors du tertiaire, par des chaines de montagnes, des ondulations amples, des filons métallifères, des vallées de rupture, se présentaient symétriquement, opposant diamétralement les continents aux mers. Il n'y avait là qu'un phénomène consécutif en apparence des lois de la chaleur et de l'électricité. Elles exigent que la cristallisation par dissolution, fusion, ou sublimation, se réduise géométriquement à quelques types principaux, concordant plus ou moins avec les sept couleurs du spectre solaire, toutes dérivées, parait-il, du bleu, du blanc, du rouge, suivant l'isomorphisme ou le polymorphisme des corps cristallisés procédant tous de l'unité de la matière cosmique. Il est difficile néanmoins de ne point y trouver une manifestation animée du globe, une sorte d'intention vivante et vague semblant s'exprimer du dedans au dehors.

Ce fut un trait de génie des maitres de la science géologique d'avoir comparé le refroidissement terrestre à une cristallisation et révélé par là le péril de trop d'insouciance de la nature. Toutefois l'inscription, suivant Elie de Beaumont, d'un dodécaèdre pentagonal dans la sphère, réseau protecteur qui, par la multiplicité des cercles dérivés, garantirait le globe contre les frissons nerveux de son atmosphère, ne suffit pas à faire voir un plan d'ensemble dans les grandes lignes de moindre résistance. Le système tétraédrique ou plutôt hexatétraédrique, d'abord indiqué par Elie de Beaumont, puis abandonné par lui, puis repris par M. Lowthian Green, donne, il est vrai, la plus grande surface au plus petit volume, et répond à première vue à la conformation pyramidale de la plupart des grands sommets. Mais il ne tient compte que d'un type de cristallisation, et non de tous les agents physiques qui paraissent avoir géométriquement et automatiquement concouru, quant à l'exécution, sinon quant à l'idéal lointain d'harmonie générale, aux actions chimiques, volcaniques, électro-magnétiques et mécaniques dont s'est formée la terre.

Il semble indispensable de rechercher s'il ne faudrait point faire intervenir la mécanique appliquée plutôt que la géométrie appliquée, dans l'histoire géogénique évolutive. Le présent démontre à l'excès que les écrasements latéraux sont bien, comme le pensait Descartes, des symptômes redoutables de refroidissement séculaire, et que les plans géométriques, basés sur la cristallisation, sont des hypothèses vraies de mort possible du globe par le froid interne, la négligence humaine et le triomphe de la destruction. L'avenir et le progrès démontreront peut-être un idéal futur moins décourageant, sur lequel reposeraient la physiographie de la terre et la victoire de l'humanité par le travail.

De même qu'avec un feu violent sous une chaudière, lorsque la pression est trop forte, l'eau du générateur prend l'état sphéroïdal, de même par la pression de leurs laves contre leurs premières enveloppes gazeuses, vaporisées, solides, les masses météoriques en fusion ont pris la forme sphérique. Mais, de même que si l'intensité du feu diminue sous la chaudière, et que l'introduction de liquide dans le générateur continue, la chaudière éclate, de même les sphères eussent toutes fait explosion, si leur abaissement de température interne, coïncidant avec l'infiltration d'eau fluviale dans les nappes souterraines, n'avaient eu pour soupapes de sûreté les déchirures de leurs écorces et les volcans. Ces cicatrices salutaires jouent par conséquent, un rôle prédominant dans la dynamique terrestre interne. Elles sont géométriquement coordonnées, parce que n'importe quelle sphère se prête à l'inscription de toutes les figures géométriques. Elles déterminent des écrasements latéraux de la croûte terrestre, à la suite des actions mécaniques qu'elles ont facilitées, parce qu'ainsi que les études de M. Daubrée l'ont fait ressortir, leurs cassures coordonnées ne sont que la répétition de l'ordre dans lequel se présentent les filons métallifères utiles à notre industrie humaine. Elles sont surtout voisines des mers, parce que l'attraction moléculaire, changeant de nature entre les eaux et leurs rivages, c'est aux premières lignes de résistance moindre qu'ils rencontrent, que les phénomènes éruptifs paraissent devoir se produire, surexcités, sinon causés, par une intensité calorifique du foyer circulaire, plus active sous les continents que sous les mers. Mais elles doivent être surtout en rapport direct avec les actions dynamiques internes et externes et par conséquent correspondre à des arcs de grand cercle électriques, parallèles à l'écliptique et mobiles.

Au point de vue de la dynamique interne, nous voyons les déchirures pénétrantes de l'écorce, résumées par de hautes chaines de montagnes, dirigeant leur relief diagonalement ou perpendiculairement à ces arcs de grand cercle présumés, vers l'Orient sur l'hémisphère oriental, vers l'Occident sur l'hémisphère occidental. Opposant leurs masses aux océans et aux mers, elles condensent l'humidité perdue dans leurs régions pour la restituer à l'évaporation générale dans les cours d'eau qu'elles alimentent. Elles facilitent l'écoulement dans leurs vapeurs de l'électricité atmosphérique surabondante qu'elles restituent à l'électricité terrestre interne, soit à ces arcs de grand cercle que nous croyons nécessaires. Ceux-ci, conducteurs de la chaleur terrestre à travers toutes les couches, agents des phénomènes thermiques ou des changements de température pressentis par l'organisme, et des changements brusques de temps pressentis par les oiseaux principalement, ne se prêteraient pas seulement, vu la continuité de leur réseau, à toutes les variations d'inclinaison de l'écliptique sur l'horizon, à l'extrême mobilité des diamètres conjugués de l'ellipse, et à toute variation de l'excentricité. Ils désoxyderaient et décomposeraient le combustible solaire en dissolution dans l'eau et dans les fluides, que les plantes et les récoltes élaborent pour le restituer sous une forme assimilable. En dehors des chutes pluviales insuffisantes au débit des sources et des fleuves, ils combineraient l'oxygène et l'hydrogène du sous-sol. Ils assureraient la respiration de la sphère par les eaux souterraines, qui de toutes parts enveloppent ses couches ignées ; car elle respire comme ses végétaux. Ils la protégeraient enfin dans la mesure du travail humain, contre la déperdition de son calorique par un excès de rayonnement, en accumulant encore l'oxygène et l'hydrogène combinés en nappes profondes sous les espaces les plus négligés. Ils sont nécessaires, ils provoquent l'infiltration dans l'humidité de l'électricité du soleil. En développant la faculté de rayonnement du globe, ils contribuent à la sérénité du ciel, au refroidissement des corps placés à la surface du sol, et par suite aux rosées abondantes qui sont en quelque sorte la sueur de leur travail.

Au point de vue de la dynamique externe, les arcs de cercle électriques régleraient, selon les mouvements du globe et ses saisons sous chaque latitude, les variations de chaleur, la rotation des vents, les pluies, et les nuages qu'elle détermine. Lutteraient contre l'action perturbatrice de la matière cosmique mal réduite sur le disque solaire : protégeraient, par leur direction, dans leur mesure et dans celle de l'inactivité humaine, contre l'excès de flux magnétique, que les accumulations électriques transforment en foudre, en fulgurites dans les déserts, en vitrifications sur les pics abruptes. Ils équilibreraient, en un mot, l'état atmosphérique et la vie extérieure du globe, plus mécaniquement que ne le ferait un plan géométrique, uniquement basé sur le refroidissement fatal. Bien plus, ils pondéreraient les forces dynamiques de l'électricité solaire, et gouverneraient les lois de la pesanteur des corps de l'espace, plus que relative dans le vide interplanétaire acidifié. Ils neutraliseraient les actions mécaniques de l'électro-magnétisme sur les axes des sphères, tout en atténuant les réactions magnétiques et les torsions des segments d'hélice stellaires. Ils engendreraient avec toutes les planètes, la véritable hélice directrice des mouvements dont la translation solaire serait génératrice. Nous irions enfin jusqu'à attribuer à ces arcs électriques la régularisation mécanique de la pesanteur et des forces centrifuges de la gravitation, l'éveil donné par induction à la rotation électro-magnétique autour de l'axe en vertu du poids acquis, la marche d'un bloc du système entier, et l'équilibre définitif entre les deux mouvements propres du globe dès le début du quaternaire.

Malgré les savants travaux de M.M. Geikie, Wood, de Mercey, de Lapparent, sur la période tourmentée du quaternaire, le sujet reste obscur, à défaut de l'intervention dans les théories émises, d'actions mécaniques autres que les transports par courants marins, pluies diluviennes, glaces flottantes, et d'actions chimiques autres que les influences du soleil et de la pluie, du gel et du dégel. Trois problèmes principaux préoccupent les géologues : Quelles sont les véritables causes des phénomènes glaciaires du quaternaire paléolithique ? Comment expliquer par des courants, si violents qu'ils aient pu être, le transport de certains blocs erratiques gigantesques loin de tout glacier ? A quels phénomènes attribuer le dépôt du *loess* ou limon fin, jusqu'à des altitudes de 2 et 3000 mètres, son amoncellement près des pentes, sa coloration jaune, son oxydation, la provenance des argiles rubéfiées et décalcifiées, pleines de silex éclatés, recouvrant des dépôts d'ordre différent, la provenance du diluvium gris et du diluvium rouge ?

Les actions mécaniques décrites précédemment n'auraient pu s'effectuer si la terre eût tourné sur elle-même, pour ce dernier motif que l'accumulation immense d'électricité solaire qu'elles nécessitaient, ne pouvait se produire que sous une température généralement tropicale, que la révolution diurne ou le refroidissement des zones terrestres, proportionnellement à leur proximité de l'axe de rotation, ne pouvaient comporter. Il n'existe, en outre, aucune raison physique, bien au contraire, pouvant s'opposer à la reproduction d'actions identiques sur l'hémisphère austral, au sud de l'Afrique et en Australie, où le relief est d'ailleurs faible, à cette différence qu'elles se seraient effectuées dans la nuit. Avec la révolution diurne, le refroidissement commence : le rayonnement terrestre est encore très actif ; les condenseurs montagneux, sortis sales des profondeurs de la terre, et dont les roches de soulèvement sont couvertes de silicates d'alumine fins, de sodium, de potassium, dépôts de l'âge primaire, s'entourent de vapeurs tièdes ; elles ruissellent sur leurs flancs, elles vont dans toutes les pentes déposer le *loess* des plus hautes cimes, que les actions électriques oxydent, que l'acide azotique naissant jaunit.

Peu à peu le froid augmente, les sommets se couvrent de glaces ruisselantes, en torrents, qui ravinent les contreforts et les pics moins élevés, qui entraînent les argiles du secondaire, rubéfiées par combinaisons d'azote et d'oxygène, en éteignant leur chaux. Le froid augmente toujours, les glaces descendent; les glaciers étendent leurs moraines ; les silex dont l'oxygène électrisé, emprisonné dans la silice, ne peut supporter la pression, éclatent, et leurs fragments roulés par les fontes vont se mêler aux argiles. Profondément troublé par les sollicitations continuelles de vapeurs des condenseurs nouveaux, l'atmosphère, appauvri d'oxygène, précipite des couches d'azote dont les courants se rencontrent, tourbillonnent, s'élèvent en spirale jusqu'à la région froide. L'air ou les vapeurs enveloppés se condensent aussitôt, dégagent une chaleur excessive dont résulte une raréfaction d'air, puis le froid intense, le vide au centre de la spirale. Rejetées soit au Nord soit au Sud par la température plus élevée de la zone équatoriale, ces couches dilatées se trouvent naturellement portées à l'Ouest, à l'encontre de la rotation, qui amène un air plus dense, donc moins déséquilibré, lequel les force à décrire une parabole. Elles vont ainsi d'Est en Ouest sur l'une des branches de la parabole, d'Ouest en Est sur l'autre, transformant peut-être, par induction du magnétisme terrestre, leur énergie mécanique en électricité. Elles emprisonnent en tout cas dans le vide créé l'électricité atmosphérique qui tend à s'échapper, accélère le tourbillon de leurs spirales et lui imprime une force croissante. Elles entraînent tout ce qu'elles trouvent, jusqu'à rencontre d'un courant d'air humide, qui délivre l'accumulation électrique et qui les jette à terre. Ce genre de trombes, au temps du quaternaire paléolithique, eût, croyons-nous, aussi facilement transporté un bloc erratique de quinze mille tonnes, qu'un ballon porte sa nacelle. L'électricité positive ferait office de tige de piston sur le bloc négativement électrisé par l'électricité terrestre qui le soulèverait. Elles l'amorceraient, tandis que, la trombe faisant office de corps de pompe, la contraction du froid interne le saisirait dans sa griffe.

La pénétration des phénomènes du quaternaire paléolithique et néolithique, n'est rien moins que démontrée. Le diluvium gris et le diluvium rouge proviennent à notre avis, du lavage par les vapeurs, condensées au pied des montagnes, de leurs premiers escarpements souillés de sables, de graviers, de cailloux roulés par les mers tertiaires. Il est gris, comme en France, lorsque la silice et l'alumine combinées au sous-oxyde de fer, qui ont fait les argiles grises du tertiaire, ont déposé leurs limons parmi les graviers également grisâtres du fait de l'oxyde ferreux. Il est rouge, comme en Angleterre, lorsque les mêmes bases se sont combinées avec de l'oxyde ferrique ou tritoxyde, parfois avec de la limonite, dont la combinaison argileuse constitue l'ocre et rougit à la calcination.

Il paraît rationnel d'admettre, qu'en plus de deux mille ans approximativement, qu'ont pu durer chacune des deux périodes du quaternaire, tous les phénomènes mécaniques de l'atmosphère avaient pris fin bien avant la période néolithique. Mais il a assurément fallu de longs siècles encore, dont l'homme d'Europe préhistorique était témoin depuis le quaternaire inférieur, réfugié dans les cavernes et sur les lacs, de deux à trois mille ans peut-être, pour établir l'équilibre entre l'action solaire et la chaleur terrestre, et même entre tous les mouvements de la terre dans l'espace. Durant cette période convulsive s'alternaient les couches erratiques glaciaires provenues du lavage des montagnes et les couches interglaciaires provenues des cours d'eau débordés. Du terrain moderne daterait l'histoire du monde biblique. Quant au soleil, ce fut lentement sans doute, sous la pression continue des gaz hydrogénés, qu'il dût s'attiédir L'affaissement de ses couches extérieures et sa contraction intérieure, durent longtemps provoquer des actions calorifiques excessives, suivies de réactions de froid dans l'espace et par là de pressions, auxquelles il convient de faire remonter, plus encore qu'à la révolution diurne, la véritable cause de notre période glaciaire. A cette époque, le volume du soleil dût diminuer, sa translation s'accélérer légèrement. Il dût s'établir une proportion égale entre le refroidissement par incombustibilité des masses cosmolithiques, qu'il attire sur son hémisphère septentrional, invisible, et entre l'augmentation de chaleur rayonnante, résultant de l'énergie cinétique de ces masses, de leur fusion et de la contraction de son écorce sur l'hémisphère méridional que nous voyons. Son mouvement de calories était d'ailleurs appelé à se constituer de lui-même en équilibre, comme tout mouvement calorifique dont le foyer est placé dans un milieu gazeux. Les couples froids de molécules d'hydrogène qui lui arrivent de toutes les planètes, sont sûrement à une température glaciale à peu près constante, réglée, tensionnée par les contractions du vide magnétique que leurs lames de ressort traversent. Les couples chauds, jusqu'à un point $x$, à déterminer, de molécules descendantes, azoteuses, ferriques, carbonées et autres, qui croisent les premiers ainsi qu'une courroie sans fin sur ses poulies de transmission, ne sont plus violemment sollicités comme aux âges chimiques. Aussi, la diminution de vitesse des calories du soleil, a-t-elle dû, lors du quaternaire, devenir proportionnelle à l'excès de mouvement ou de pouvoir rotatoire, acquis par elles lors du tertiaire. Le vieux soleil chimique et monstrueux, l'hercule en poids, fait place à un soleil plus jeune, mécanique et moderne. Le mouvement calorifique concentré n'est plus que le foyer des vibrations du mouvement lumineux.

Si l'hydrogène planétaire, diamagnétique comme tous les gaz incandescents, ne devait brûler qu'au contact des métaux du soleil, il augmenterait sa puissance vibratoire et son éclat d'une façon insupportable. Il semble évident qu'il brûle dans la photosphère, dès qu'il arrive à proximité des flammes sulfo-carbonées, élément nécessaire de dissolution des corps gras de la matière cosmique, et, qui sait? radical hypothétique, par doubles décompositions des oxydes de fer implicitement contenus dans toute calorie solaire, d'un gaz vivifiant voisin de l'oxygène. C'est en tout cas par l'hydrogène, que, dès les premiers temps du quaternaire, la lumière du soleil s'est constituée telle que nous la voyons aujourd'hui.

## VII

### La Lumière

Il s'agit maintenant de s'efforcer de répondre aux objections nombreuses, que cette tentative de synthèse des principales études et découvertes scientifiques des temps modernes, pourraient faire naître, et qui seraient surtout fondées sur les propriétés de la chaleur et de la lumière.

A première vue, si l'on s'appuie uniquement sur le calcul des vitesses calorifiques, sans tenir compte de toutes les lois physiques qui régissent l'univers, il semblerait, qu'étant donné la translation lente du soleil, des masses et non plus quelques grammes de cosmolithes, tombant sur lui de l'infini, devraient développer des énergies cinétiques de plusieurs milliards de calories, qui consumeraient le système tout entier.

Le calcul mathématique ne nous semble pas tenir assez compte de deux éléments d'observation indispensables : 1° la loi universelle de l'offre et de la demande ; 2° les lois d'une gravitation plutôt fondée sur la mécanique que sur la pesanteur, gravitation moléculaire néanmoins.

1° Les planètes ne sont pas éclairées, puis indirectement chauffées par les vibrations lumineuses du soleil dans leurs atmosphères, proportionnellement aux millions ou aux milliards, le nombre importe peu, de calories de sa masse : Elles le sont proportionnellement à la distance qui les en sépare, à leurs masses respectives, et à la quantité de lumière et de mouvement converti en chaleur, que comportent leurs attractions moléculaires, autrement dit que leur circulation atmosphérique générale et leurs échanges d'atomes gazeux sollicitent.

Jupiter par exemple est d'un volume 1.400 fois supérieur à celui de la terre : S'il est couvert de continents alternés avec les océans, de végétations, sans existences parasitaires trop puissantes pouvant les compromettre, plutôt que d'aider à l'absorption du carbone, si sa circulation est ultra-normale, s'il n'existe, qui le saurait ? que pour attendre les forces dynamiques de l'électricité, maîtresses de la pesanteur, il sollicitera probablement moins de calorique indirect et latent ou de travail qu'une autre planète peu favorisée. Sa chaleur rayonnante établira un équilibre atmosphérique ou un échange gazeux trop à son avantage. Il deviendra si léger qu'il tournera trop vite sur lui-même. Mais s'il est pondéré comme une planète d'un tel volume le serait, habitée par l'homme, il offrira en échange du fer, du soleil sous forme d'oxyde, ou du travail produit qu'il devra demander, juste assez d'hydrogène, soit de fer liquide puis gazeux, ou de métal superflu, réalisé puis dépensé. Il attestera, non pas qu'il est libre de se passer du soleil, ni que le soleil est libre de se passer de lui, mais il affirmera que l'association entre les deux forces parallèles est parfaite. Car si le soleil peut être pris comme l'image du travail qui fait les mondes et les emmène dans l'infini, Jupiter peut être pris comme l'image du capital qui en modère les mouvements. Mais s'il allait jusqu'à les paralyser, s'il fixait les produits jusqu'à l'immobilisation, s'il s'assurait de plus en plus contre le refroidissement central, il risquerait, comme la terre, de provoquer l'anémie ou l'eau dans le sang, l'excès d'hydrogène interne dont les inondations sont les prodromes inquiétants. Inutiliser, livrer à elles-mêmes, amoindrir par des fixations moléculaires trop considérables dans certains terrains au préjudice de leur part d'hydrogène, les forces du travail solaire, serait amener trop de richesse sur la planète. De là ruptures d'équilibre, explosions de chaleur externe, réactions brusques de froid, à défaut d'association équitable, de prudence et d'entente, entre le travail atomique et l'hydrogène volatile. L'avenir, la vieillesse, la transformation progressive, l'éternité du grand ouvrier de l'infini seraient en danger. Ce ne serait point le soleil qui consumerait Jupiter par son activité, ce serait la planète inactive qui, s'éteignant dans l'anémie, deviendrait un fardeau inutile au système, à ranger parmi les astres accumulateurs d'électro-magnétisme.

Si, loin d'avoir été lumineusement produit en vue de l'homme, raison dernière évidente de tout ce qui existe, Jupiter était, par invraisemblance, une boule couverte de sables et de steppes, ces œuvres de notre négligence plutôt que celles de la nature destructrice par ses forces mais automatiquement reconstituante par elles-mêmes ; sa chaleur propre disparaîtrait faute de vêtements végétaux pour l'entretenir. Ses pôles, ses extrémités, se couvriraient de glaces sur plusieurs parallèles ; les inondations ravageraient ses dernières régions fertiles ; les tremblements de terre, les orages magnétiques et les cyclones convulsionneraient ses continents ; la foudre incendierait ses forêts, la grêle hacherait ses jeunes pousses ; ses régions équatoriales seraient torréfiées par la vitesse du mouvement lumineux, motrice d'une dilatation calorifique saharienne qui dévorerait jusqu'au dernier brin d'herbe. Sous l'intensité des tensions rigides du flux magnétique, crises délirantes de la planète, les ruptures successives des couples d'attraction moléculaire, se traduiraient en ondulations ignées d'amplitudes croissantes ; le froid magnétique hallucinant contracterait ses membres montagneux, ses articulations saillantes, ses nerfs sismiques. Ses dernières nappes souterraines précipitées sur ses couches ignivomes, se vaporisant, feraient trembler la sphère dans ses profondeurs. Les derniers océans que le soleil n'aurait pu boire, s'engouffreraient par de larges déchirures de l'écorce jusqu'à son feu intérieur. Ce serait la fin d'un monde éteint dans l'inconscience.

La proposition est, à vrai dire, inversement exacte : le soleil peut se comparer au capital, aussi bien que la planète ; la planète peut, aussi bien que le soleil, représenter le travail. Mais ce fait même affirme les harmonies de l'univers, la loi universelle d'association de l'offre et de la demande, qui ne sont libres à défaut d'entente que de se détruire réciproquement.

2º Les lois de la gravitation, en dehors de toute analyse mécanique de l'équilibre du système, ne sont pas moins rigoureuses. Sans échanges d'atomes, pas d'attraction moléculaire dans le vide interplanétaire entre le soleil et les planètes. De la seconde loi de Kepler, la loi des aires proportionnelles au temps, raisonnée par Newton, dérive la loi de l'attraction moléculaire : Toutes les molécules gravitent mutuellement l'une vers l'autre en raison directe des masses et inverse du carré des distances.

Un atome chaud sollicité par le froid, un atome froid sollicité par le chaud, sont des masses infinitésimales. Le soleil est à 148 millions de kilomètres, le calcul du temps que les molécules terrestres et solaires mettent à aller et venir, en raison directe de leur pesanteur et inverse de la distance dont elles viennent, mise au carré, donne environ 25 jours. Si les rayons lumineux du soleil nous arrivent électriquement en huit minutes et quelques secondes, et si les vibrations calorifiques qu'ils développent dans l'atmosphère moléculaire le plus rapproché du sol, sont presqu'en même temps ressenties par nous, il ne s'ensuit pas que les molécules gazeuses échauffées par le rayonnement terrestre et les vibrations lumineuses du soleil, soient la chaleur immédiate ni le produit immédiat et direct des calories de son rayonnement.

Voici l'une des preuves du contraire : c'est la plus grande déperdition de calorique terrestre dans les déserts qui y aggrave la puissance vibratoire lumineuse, soit la chaleur et la réverbération, mais ce ne sont point les calories du soleil, puisqu'à défaut de végétaux et d'écoulement d'électricité dans l'humidité qu'ils entretiennent, c'est dans les déserts qu'il se fait le moins d'échanges d'atomes gazeux. Aussi l'air y est-il dilaté à l'excès à défaut des productions oxygénées de nos pays cultivés. Et une autre preuve non moins bonne du contraire, c'est que, n'importe où, l'augmentation de densité en poids, la diminution de densité en volume des couches atmosphériques inférieures, voisines du sol, quand l'oxygène s'y produit, augmente l'élasticité de l'air et la chaleur rayonnante. Tandis que la raréfaction, diminution de densité en poids, augmentation de densité en volume des couches supérieures, où l'azote prédomine, et que néanmoins les calories du soleil traversent, augmente partout l'inélasticité et le froid dans des proportions mathématiques à mesure que l'on s'élève. Ceci doit venir en partie de ce que l'azote éteint la lumière, arrête le mouvement calorifique, et ne laisse passer les rayons cathodiques du mouvement lumineux, que parce qu'il est électrique et seulement vibratoire. Ce ne sont donc point les calories du soleil qui nous chauffent directement, loin de là. Les atomes de matière cosmique, véhiculés par la vapeur d'eau, nous arrivent froids comme les atomes colorants véhiculés par les fluides et la rosée, dès qu'ils ne forment plus un faisceau moléculaire de couples conjugués, qu'ils ne sont plus électriquement chauffés jusqu'à ce point hypothétique dont nous avons parlé. Dès l'instant en un mot où ils se transforment en une sorte de réseau, artériel puis veineux, aboutissant électriquement à toutes les sollicitations de la vie organique du globe. Ce qui nous chauffe, ce sont les vibrations de l'air, les molécules élastiques mises en mouvement par les ondes sans tension des effluves électriques ou des rayons lumineux Cela, suivant la plus ou moins grande oxygénation, la plus ou moins grande faculté d'absorption lumineuse des corps, la plus ou moins grande quantité de vapeur d'eau des atmosphères.

On a cherché à expliquer, par l'obliquité des rayons solaires, le fait du froid de l'hiver, alors que nous nous approchons ou que nous nous éloignons du périhélie où nous sommes à 2.000.000 de kilomètres plus près du soleil. Hiver comme été, il semble que ce soit plutôt la nature des échanges entre le sol et l'atmosphère, qui occasionne le froid ou la chaleur. En hiver, à la faveur des couches d'air plus humides, meilleures conductrices de l'électricité solaire, la terre s'approvisionne au plus près de l'électricité qu'elle transforme de positive en négative, et qui lui apporte du carbone, du nitre, de la soude, de l'oxyde de fer décomposé, du phosphore, des alcalins, des colorants, dont elle aura besoin pour ses productions de l'année. Cette matière première brute, assimilée, amène absorption d'oxygène, d'où chaleur interne et réaction externe sur l'azote, dégagement d'acide carbonique froid; absorption de carbone et d'azote, d'où inélasticité de l'air, pressions sur la sphère gazeuse. Des raréfactions d'air nous glacent; des vents de Nord-Ouest et de Sud-Est, soufflant dans l'axe des influences magnétiques, nous poignardent de leurs stylets de nitre et de fluor. En été la terre restitue plus d'oxygène, d'acide phosphoreux, d'acide azotique fumant, se charge d'électricité négative, s'enveloppe d'air isolant qui se refuse à l'échange électrique et qui provoque l'orage ; nous étouffons. En un mot, le soleil nous éclaire, nous fournit le combustible, contribue à nous chauffer et nous tue ; la terre nous enveloppe de chaleur rayonnante, nous nourrit, et prolonge notre existence. Et comme c'est de la matière néantaire que nous viennent le chaud et le froid, l'été, l'hiver, la fièvre, le rhume, l'oxygène et l'azote ; c'est elle qui explique tout. C'est de l'aérolithe élaboré par le soleil, que dans son électricité, nous viennent l'oxyde de fer et le soufre, que le travail de la terre transforme en oxygène et en hydrogène. C'est de l'aérolithe de l'infini que nous viennent le sodium et le potassium, radicaux possibles de l'azote en présence de l'oxygène. De sorte que nos deux aliments gazeux, l'oxygène et l'azote, le premier à développer et à désozoniser, le second à dénitrifier par les cultures et les plantations, nous donnent la mort dans la vie, puisqu'ils sont livrés à eux-mêmes, et à leur équilibre naturellement imparfait. Quant à l'équilibre parfait en poids et en volumes entre la masse d'air qui nous enveloppe, mais qui se laisse pénétrer par les fluides surabondants, et entre le vide interplanétaire cyanogéné, nous en sommes loin. Une atmosphère irréductible par les fluides exigerait 35 parties d'oxygène au moins contre 65 d'azote seulement. Par conséquent mort, maladies, désordres pour le globe ; mort, maladies et vices pour nous.

Pour démontrer comment les atomes calorifiques du soleil qui paraissent inhérents à sa lumière et nous parvenir en même temps qu'elle, ne nous arriveraient froids que 25 jours plus tard, il faut en raisonner les causes. Il faut examiner le rapport qui existe entre la translation et la gravitation. La translation au nord n'est qu'une résultante des forces cosmogoniques appliquées au même point matériel, au soleil, dirigées dans le sens positif, d'Occident en Orient pour les planètes, dans le sens négatif, d'Orient en Occident pour les astres. C'est une résultante égale en direction, grandeur et sens à la diagonale du parallélogramme universel construit sur ces forces. La gravitation mécanique sur ellipses de diamètres conjugués est au contraire l'expression immédiate d'un travail de force vive, d'une attraction moléculaire traduite par un échange continuel d'atomes gazeux, sans cesse détruits, sans cesse renouvelés. En vertu de la translation, nous voyagerions dans l'infini, entraînés par un mouvement colossal, éclairés, puis chauffés, par une vibration lumineuse sans freins, nous n'aurions qu'à mourir fatalement et toujours, avec ou sans travail. En vertu de la gravitation pondérée par la mécanique, nous analyserions la molécule, nous rectifierions l'atome lumineux, nous vivrions peut-être un jour par le travail, le cœur aidant.

Raisonnons donc ce rapport de la translation et de la gravitation au point de vue de la lumière et de la chaleur et tout d'abord rendons-nous compte de la translation. La position de l'équateur céleste étant déterminée par l'arc de rotation de la terre, tout changement dans la direction de notre axe, en amène un correspondant pour le grand cercle de l'espace. Ce grand cercle bouge. Traçons au nord dans l'infini, à 24 heures de distance, d'une heure méridienne à l'autre, un plan vertical mobile comme la terre et perpendiculaire à l'équateur ? Si nous sommes un lundi jour d'équinoxe par exemple, et que ce plan, cet arc de grand cercle passe par λ d'Hercule, si l'on veut, le plan, puisque le soleil marche au nord, devra être parallèle à sa route et presque perpendiculaire à son axe de rotation, pour que le mardi à midi quand nous le voyons franchir notre méridien, les vibrations lumineuses, de λ d'Hercule s'exécutant toujours dans un même azimut, fassent un angle identique à celui de lundi avec notre arc de grand cercle perpendiculaire à l'équateur ? Le soleil qui est au centre du système, et qui n'a rien devant lui, franchit en effet le méridien à l'heure méri-

# CHAPITRE PREMIER

dienne ; mais il ne franchit jamais l'arc de grand cercle passant par λ d'Hercule dont le plan d'inclinaison retarde de 90° sur le plan du système. Sa marche d'angle, résultante des forces planétaires et stellaires dévie en outre de 59 secondes en moyenne par jour, et en Orient, le plan vertical tracé, de telle sorte qu'en déplaçant le nord du lundi et celui de mardi vers la droite, et en le déplaçant tous les jours du fait de sa petite vitesse d'angle, il conserve sa distance et déplace continuellement en Orient tout le système stellaire y compris λ d'Hercule en retard de trois mois.

D'après ce mouvement de translation parallèle, nous devrions recevoir directement et en 8'18" l'atome solaire, le calorique dans la vibration lumineuse. Nous franchissons bien en effet le mardi, avant ou après le soleil, conformément à l'équation du mouvement, sinon le plan vertical tracé le lundi, du moins les points de l'espace déblayé où il se fût trouvé dans un système immobile ; nous ne recevons cependant pas directement à midi 8'18" dans la lumière, la calorie, l'atome résultant du travail solaire. Notre moteur est d'un volume 1.300.000 fois supérieur au volume terrestre : il emploie 25 jours à faire une révolution sur lui-même et ses calories également : il ne peut recevoir la matière cosmique qui les produit que sur les 234 millions de degrés qu'en avant de la cosmogonie il oppose journellement au néant. La constante solaire, égale à 28 calories par mètre carré à la minute, que les atomes qui vibrent et la traduisent soient ou non de provenance solaire indirecte et de provenance terrestre immédiate, représente par conséquent le travail de 19.500.000 calories sur 130 hectares de la surface du soleil 25 jours au minimum avant que l'atome gazeux produit, et électriquement ou hydro-dynamiquement transmis, 25 jours plus tard, ne soit assimilé par la terre. Il ne nous est donc pas directement transmis à midi 8'18" du fait de la translation, puisqu'il n'est pas encore produit, puisque les énergies du moteur travaillant sur l'une de ses faces, puis sur l'autre, dans le néant météorique qu'elles élaborent et dont elles tirent la vie, travaillent constamment 25 jours en avant de nous. Bien plus, la translation éloigne toute possibilité de transmission directe des calories mortelles tirées de l'infini, et la gravitation en fait autant. Du fait de la gravitation mécanique, ou pour mieux dire moléculaire, car s'il existe des forces inélastiques ingouvernées, il n'existe pas de travail sans transmission positive de force vive par juxtaposition de molécules élastiques, nous n'évitons pas seulement le mouvement direct, la transmission directe de l'atome solaire, nous ajournons son absorption mortelle. Nous voyageons dans un véritable ballon atmosphérique comprimé par l'espace, lui-même comprimé par l'inexistant aérolithique. De même que le soleil faisant fonction de machine électro-magnétique, à courants continus comprimés par l'hydrogène, lui-même comprimé par le vide fluidifié, élabore la matière cosmique, de même nous élaborons insuffisamment et mal les gaz de notre ballon, mais nous les travaillons.

Deux théories, l'une fondée sur la contraction solaire, l'autre sur l'énergie cinétique des masses météoriques tombant sur le soleil, ont été mises en avant pour expliquer comment il gardait sa chaleur. L'une implique un refroidissement solaire d'où un refroidissement terrestre. L'autre, qui admet une transmission directe de calories, implique une énergie solaire redoutable dont résulterait une contraction terrestre signe de refroidissement interne. Ces deux théories conduisent donc inévitablement à la fin du monde plus ou moins éloignée par vieillesse et mort. Dans les deux cas, il y aurait perte de chaleur rayonnante, crevassements faute d'oxygène, obturation de la porosité du globe, asphyxie de la terre, étouffement progressif de l'humanité qui mourrait de froid pulmonaire ou de raréfaction d'oxygène dilaté à l'excès et croirait périr par le feu. La vérité, à notre avis, est que la fin, même lointaine, du monde, doit uniquement dépendre de la volonté humaine. Nous sommes libres de nous détruire si nous méprisons, ignorons, négligeons, par inconscience, la perfectibilité de l'univers. Nous sommes libres de vivre en l'étudiant, la connaissant, l'aimant. La liberté, pour le progrès et par le cœur humain, est d'essence supérieure à la nature et à l'esprit du passé, elle est l'avenir.

De ce que la contraction linéaire du rayon solaire est d'un 151·millième 646 millionnième de millimètre par seconde, et de ce que 723 kilomètres 95 mètres de diamètre du soleil, sous-tendent sur le globe un angle de 1', ce qui correspond à une réduction d'une seconde de l'arc du diamètre angulaire du soleil pour 7.875 ans, il résulte bien, en présence de ce refroidissement infinitésimal, que ce sont sans doute les ondes électriques du soleil, vibrant dans les calories du rayonnement terrestre, dont le docteur Morrison a calculé la contraction linéaire, c'est-à-dire que la perte de calorique terrestre ou solaire, car c'est tout un, constatée de cette façon, est absolument nulle. Mais de ce que 453 grammes de matière cosmique tombant sur le soleil, produiraient, par énergie cinétique, une chaleur de 82 millions 430.000 calories, c'est-à-dire qu'il suffirait annuellement du centième de la masse terrestre en matière cosmolithique, pour réparer les pertes annuelles du rayonnement solaire, il ne résulte nullement que des chutes de matière bien autrement considérables, puissent consumer tout le système ou du moins nous dessécher et nous refroidir intérieurement par contre-coup.

Le soleil ne nous transmet plus, comme aux premiers âges antérieurs à l'homme, son effluve électrique tensionnée, qui travaillait chimiquement à la constitution des terrains. Sauf en temps d'orage, sa force électromotrice actuelle, puissante dans le vide, rencontre dans l'atmosphère un circuit résistant qui élève son propre potentiel au détriment de l'intensité adverse, la neutralise en terre et la transforme. Le soleil ne nous transmet qu'un fluide vibratoire qui développe le calorique latent de notre rayonnement, et les molécules gazeuses qu'il nous envoie électriquement, mais qui nous parviennent en 28 jours, sont précisément celles qui vibrent le moins. Elles nous arrivent froides dans l'azote, froides dans la rosée acide, froides dans les eaux du globe ; leur soude et leur potasse [en désoxygénant l'eau des mers, des fleuves, des lacs, des neiges, produisent de la chaleur. L'effet immédiat de cette décomposition partielle est, d'un côté, d'oxygéner l'air et de volatiliser un peu d'hydrogène qui monte au soleil ; de l'autre, de recomposer en vapeurs vésiculaires, qui montent dans nos hautes couches, un peu de l'oxygène et de l'hydrogène mis en liberté, puis de fondre les neiges inférieures et les glaciers. En un mot, c'est à l'oxygène que nous devons, par les pluies, le calorique qu'elles dégagent et la raréfaction qui s'ensuit. Et l'homme, l'animal, la plante, dans un air moins élastique ou moins tensionné par la vapeur d'eau, dans un air assez voisin du nôtre, immédiatement inférieur, qui, sans manquer tout à fait d'oxygène, serait étouffant du 30e parallèle Nord au 30e parallèle Sud, parce que l'oxygène au lieu d'occuper son espace normal, par l'effet de son poids, l'occuperait par l'effet de sa dilatation, mourraient de froid interne ou d'asphyxie. Les vibrations lumineuses, qui ne sont pas la chaleur solaire, ont d'autant plus d'action sur l'air, qu'il est plus pénétrable, moins résistant à la pression atmosphérique et moins oxygéné.

Aucune des deux théories ne peut donc être poussée à l'excès, sans nous faire négliger des éléments de calcul indispensables : la séparation du mouvement lumineux et du mouvement calorifique ; la séparation de la chaleur en actions externes et internes. D'un côté, en actions externes qui détruiraient l'humanité en quelques heures, si le mouvement lumineux vibratoire nous transmettait des calories immédiatement tirées de la masse solaire ou du néant. De l'autre, en actions terrestres internes qui n'utilisent qu'en partie les acides colorants de l'électricité solaire, entretiennent, quand elles ne l'aggravent pas, la rouille de ses oxydes, et nous font vivre quelques années, d'une vie inconsciente et mortelle, faute de travail ou de volonté. Il est hors de doute que le soleil tient en réserve une immense provision de calorique inutilisé, d'électricité sans emploi, malgré la grande consommation indirecte que peuvent en faire des planètes comme Jupiter, Saturne, Uranus et Neptune, et que ce surcroît de force électrique développe un excès de force magnétique perturbatrice; Il est positif qu'il faudrait atténuer sa puissance électrique par la résistance atmosphérique résultant des cultures et des forêts, et lui emprunter de l'électricité par des moyens à étudier. Ce serait, tout en accélérant de 3' la marche rectiligne du soleil et en diminuant l'intensité des forces électro-magnétiques qu'il développe, désaccélérer de 56' par jour notre vitesse de rotation, et accélérer de 3' notre mouvement dans l'orbite. Ce ne serait pas seulement supprimer le bissexte rappelant par trop les quatre pattes de l'animal le plus fort aux jeux du cirque. Ce serait régler notre horloge cosmogonique et provoquer la fusion partielle des glaces polaires. Ce serait surtout assurer le rendement régulier de la terre en céréales et produits de toutes sortes, et augmenter la durée de l'existence jusqu'à plus ample connaissance de la vie et de la mort.

Le rayonnement solaire, soi-disant perdu dans l'espace, sans air et sans contact d'atomes, et la marche emportée du moteur, sont des mythes. Seules les étoiles vont vite. Le rayonnement par transmission électrique aux planètes, au long d'un fil moléculaire d'attraction, la vie par la lumière, la mort par la lumière, sont les réalités certaines de la marche des mondes. Et notre seule arme défensive contre la maladie, puis offensive contre la mort, est la purification de l'atmosphère par le travail.

## VIII

### Le système mécanique.

De cette réciprocité d'actions et d'échanges continuels d'atomes gazeux entre le soleil et les planètes, que nous venons de reconnaître nécessaire, et de l'équivalent mécanique qu'elle établit au moyen de points moléculaires élastiques et résistants, liés à l'infini, il résulte bien que les moindres ruptures provoqueraient les tremblements de terre et les grandes perturbations météorologiques. Mais il résulte également ce fait que les planètes, en raison même de leur pesanteur et de leur travail résistant, ne peuvent en aucun cas tomber sur le moteur solaire. Sans vouloir entrer dans une démonstration trop longue et trop aride, nous essayons de présenter approximativement dans le graphique ci-dessous, l'un des nombreux moyens de décomposer les forces du travail résistant de la terre dans son ellipse, de les projeter sur des axes et d'en déterminer analytiquement la résultante. Nous y supposons, le système évoluant sur place en ascension droite, la ligne des solstices S S' se dirigeant vers le grand axe et la ligne des équinoxes E E' se dirigeant vers le petit. C'est-à-dire que la terre, dont l'ellipse de marche est figurée verticalement sur l'ellipse horizontale des saisons, et qui d'un point de périhélie en 1' a été en 2' 3' 4' 5' 6' reviendrait bien à son point de départ, mais en 18 mois seulement, tandis que le soleil de plus en plus désaccéléré, semblerait avancer d'autant du point 1 au point 6. Aussi n'est-ce que l'idée d'un travail d'ensemble que nous suggérons. On remarquera cependant qu'au point 1' la terre serait précisément amenée par les projections à l'extrémité Est d'un petit parallélogramme analogue au grand parallélogramme inscrit dans l'ellipse des saisons, comme si elle était au point S. II. 1" :

Qu'au point E. P. 2' la terre est au Nord tout près du sommet d'un autre parallélogramme de décomposition, comme si elle était en E. P. 2" sur le grand parallélogramme. Enfin qu'aux points S. E. 3' et E. A. 4', elle est aux extrémités Ouest et Sud des petits parallélogrammes, comme si elle était en S. E. 3" et en E. A. 4", c'est-à-dire que les théorèmes de Guldin en particulier, pour ne pas dire la mécanique toute entière, trouveraient ici leur application.

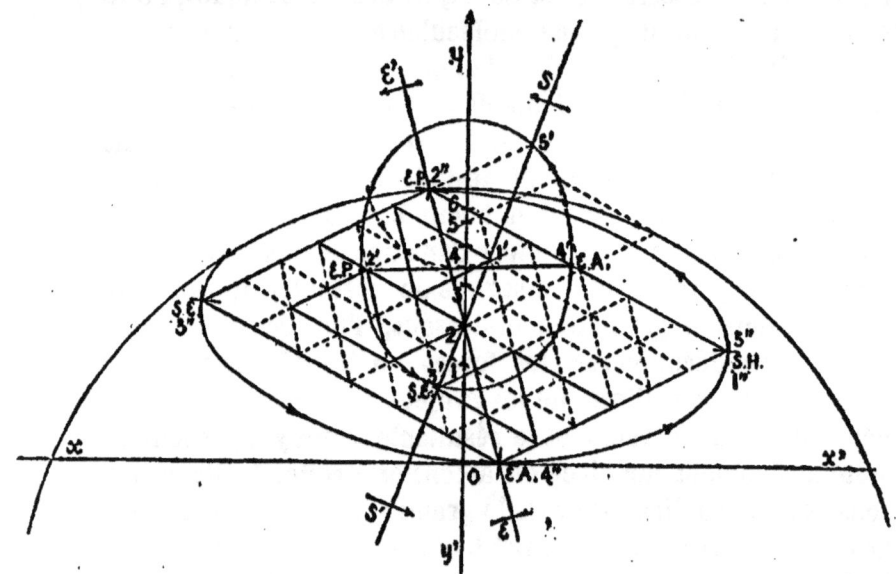

Fig. 2.

Ceci ne veut pas dire que le système semble marcher parfaitement, loin de là ; et c'est en partie pour ce motif un peu décourageant, que nous n'osons trop recommander une méthode de vérification de nos données plutôt qu'une autre. Assurément le système marche. Le mouvement rectiligne du soleil est bien le mouvement résultant ou absolu de tous les mouvements relatifs avec vitesses différentes et arcs inégaux, mais tous uniformes sur une même droite ascensionnelle, de la terre et des planètes. La force dans une trajectoire elliptique est bien, comme le formule Newton, inversement proportionnelle à chaque instant au carré de la distance qui sépare une planète du soleil. A cette différence que si la planète pouvait peser et tendre réellement à tomber sur le moteur, non seulement il n'y aurait plus d'équilibre, plus d'égalité d'actions et de réactions, comme l'exige la pesanteur newtonienne, mais la somme algébrique des moments des forces planétaires agissant sur lui, cesserait d'être nulle comme le veut la statique. Bien mieux, le rapport des deux forces constantes du soleil et des planètes, cessant d'être égal au rapport de leurs accélérations respectives, la terre par exemple cesserait de franchir 29.450 mètres à la seconde dans son ellipse, tandis que le soleil en franchit péniblement de 0 à 7.000 à peine en ligne droite. Ce ne seraient plus les planètes, ce seraient tous les théorèmes et les lemmes de la mécanique qui tomberaient de tout leur poids sur le soleil.

Assurément le système marche, et ce n'est point une force perturbatrice tendant vers le centre du soleil qui dévie les planètes de la ligne droite qu'elles suivraient en vertu de l'inertie de la matière, c'est une proportionnalité rigoureuse sinon parfaite de masses, de longueurs et de temps, qui les maintient à leurs distances et qui équilibre l'unité du système. Assurément encore l'angle constant de 90° formé par les diamètres conjugués des ellipses planétaires les plus énormes, démontrant les harmonies de la mécanique et de la physique, peut expliquer la réciprocité des points lumineux ou des miroirs lenticulaires des planètes, avec le soleil, leur foyer. Mais le système nous paraît pouvoir marcher mieux. De même qu'il y a attraction et attraction : stellaire par l'aimantation et l'électro-magnétisme ; planétaire par la gravitation moléculaire, l'électricité et l'électro-magnétisme ; il y a répulsion et répulsion. Par la résistance du poids spécifique et des répulsions paramagnétiques ; par la résistance élastique et les répulsions électriques et hydrodynamiques. Au risque d'être contredit par le calcul, le coefficient de résistance élastique de la terre, résistance à la torsion produite aux équinoxes lors de la rencontre de plusieurs plans elliptiques, ou lors de l'aiguillage sur une nouvelle ellipse, pourrait-on dire, paraît devoir être faible. S'il en est réellement ainsi, nous n'hésiterions pas à l'attribuer à un excès de force électro-magnétique du soleil, à défaut d'oxygène paramagnétique en quantité suffisante dans notre enveloppe atmosphérique. Sans aller jusqu'à dire qu'il pourrait y avoir instabilité d'équilibre dans le système, il est certain qu'une force qui n'est pas une force planétaire positive ou tangentielle et produisant le mouvement d'occident en orient, mais qui est une force stellaire négative, une réaction de cercle d'orient en occident, réaction électro-magnétique, pour préciser, doit tendre à éloigner légèrement le point matériel solaire de sa position d'équilibre. Cette force produirait-elle sa vitesse d'angle, qui déplace insensiblement le Nord, alors que l'aimantation universelle, et la nature même du combustible cosmique, l'oxyde de fer magnétique dont sort tout ce qui existe, impliqueraient une marche du moteur au Nord parfait? L'avenir le saura. Les trépidations, les variations de notre aiguille aimantée que nous persistons à croire en rapport direct avec le méridien magnétique solaire, n'ont pas une cause purement limitée au globe. Si nous voyons le soleil rejeter d'immenses colonnes d'hydrogène planétaire, car les protubérances roses sont de l'hydrogène illuminé par l'électricité, c'est que les gaz incandescents, les flammes, sont diamagnétiques, et conséquemment repoussés par l'énorme aimant. Autrement dit, c'est que la réaction de cercle sidéral, l'oxyde de fer magnétique des constellations, développe à la surface du soleil une aimantation trop forte. L'énergie cinétique des météorites qu'il engloutit la surexcite encore, l'hydrogène des planètes n'arrive pas à la modérer suffisamment. Et si notre aiguille aimantée trépide, si nos perturbations météorologiques se succèdent sans relâche, si nous n'arrivons pas à combattre la réaction de cercle qui peut-être dévie, d'une minute, le soleil en occident, comme avant le xvi° siècle elle le déviait en orient; c'est que de grands espaces incultes ne nous fournissent aucun oxygène. Notre hydrogène surabondant s'empare alors de la majeure partie de l'oxygène que l'occident produit, pour former des nappes souterraines exagérées qui nous inondent à tout propos. Impuissant à monter au soleil il ne peut fermer définitivement, sinon le parallélogramme des forces terrestres, du moins le polygone des forces magnétiques inétudiées, et, avec lui, l'ère des désordres d'une nature qui souffre et fait souffrir.

Au risque d'avancer prématurément une proposition chimérique et, quelque difficulté qu'il y ait à figurer des ellipses mobiles, voici comment nous comprendrions le système en marche au Nord parfait, et comment, à quelques secondes près, il marche. Un tableau synoptique de l'univers ne ferait que répéter pour chaque planète, dans leur ordre de distances au centre, l'esquisse du travail entrepris pour la terre sur une période de deux ans du soleil.

Nous admettrons que les moments des forces solaires et terrestres, ou les axes résultant des couples formés par translation de forces, soient toujours perpendiculaires au plan suivant lequel les forces sont alternativement dirigées. Nous admettrons d'abord qu'elles soient aussi, tantôt les cordes des trajectoires, tantôt leurs tangentes, et toujours la représentation géométrique de la vitesse dans un mouvement uniformément ellipsoïdal. Nous admettrons ensuite que, sauf erreurs ou omissions, les deux parallélogrammes formés soient proportionnels aux temps, aux longueurs et aux masses du système. Par conséquent, le travail des ellipses tournant de gauche à droite, se trouve résumé par des rectangles réciproques. Il eût fallu les faire plus petits, mais leur équivalent mécanique est néanmoins égal à la fois au travail presque parallèle des diamètres conjugués de l'ellipse terrestre réelle et de l'ellipse solaire hyperbolique, et au mouvement curviligne ou gravitant.

de la terre d'une part, rectiligne et ascensionnel du soleil de l'autre. Ainsi le rectangle 1, à la droite duquel nous prenons la terre au sortir d'un solstice d'hiver, est égal au rectangle 1' au sommet duquel nous prenons le soleil, et le travail de la terre est en direction du moment T 1, tandis que celui du soleil est en direction du moment S 1. Les rectangles 2, 3, 4, 5, 6, ont la même valeur numérique que 2' 3' 4' 5' 6' sur des moments toujours contrariés, mais avec des équivalents mécaniques semblables. Tout le système est alors monté de 12 millimètres ou de 12 mois, les équinoxes et les solstices, indiqués par des intersections d'instants, formant des lignes isogones et isochrones avec les longueurs et les temps. Le soleil qui a terminé sa première année au point O, d'où la terre en T était partie, alors qu'elle-même a terminé la sienne au point S', est alors au milieu du rectangle 6', et la terre, par un mouvement identique à celui de l'année précédente,

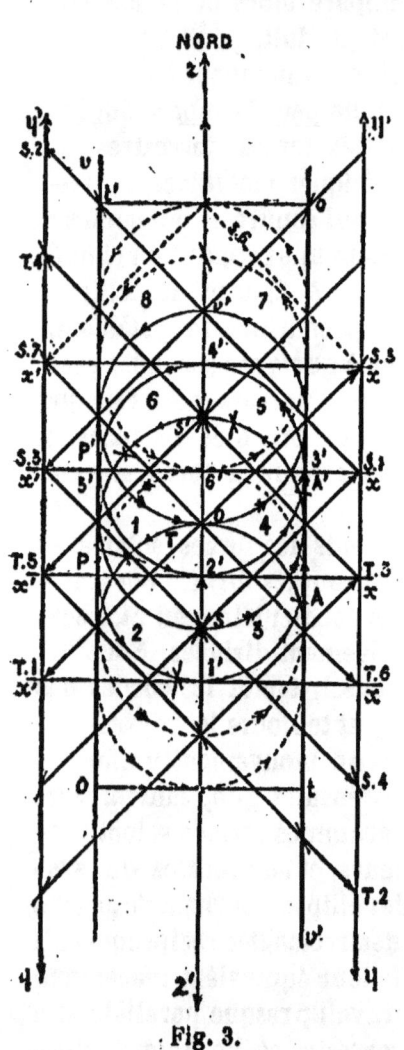

Fig. 3.

revient au centre du rectangle 2' à son second solstice d'été. Puis son travail continue par le centre du rectangle 3', c'est-à-dire que la terre devrait franchir, la seconde année, tous les points que les conjuguées d'ellipse solaire lui auraient opposé l'année précédente par des diamètres communs conjugués des mêmes cordes. Lorsque le soleil serait en S', la terre étant en T', au sortir de son 3ᵉ périhélie, les deux années seraient révolues. L'intelligence du graphique déjà très surchargé, très difficile à lire en raison de la multiplicité des ellipses, trop spécial et trop abstrait s'il était interprété par des calculs, ne permet pas de le surcharger davantage. Il suffit de savoir que les rectangles 1, 2, 3, 4, 5 et 6 où la terre arrive en P' à son second équinoxe de printemps, puis de nouveau les rectangles 1, 4, 5, 7, 8, 6, 5, 7 et ainsi de suite, doivent être affectés d'un $+$ ou d'un $-$, suivant que par rapport à l'axe de translation, les moments des forces de la terre qu'ils expriment ont un sens positif $oz$, vers 1 Nord, contre un sens négatif $oz'$ vers le Sud, des forces du soleil, ou un sens négatif $oz'$ vers le Sud, contre un sens positif $oz'$ vers le Nord, des mêmes forces du soleil. En résumé, puisque tous les moments rencontrant l'axe ou lui étant parallèles sont nuls, démontrer la marche au Nord parfait serait démontrer l'équilibre pour ainsi dire parfait. Nous conclurons donc qu'en présence de forces d'intensité différente, celles des planètes dirigées dans un sens, d'occident en orient, celles des astres en sens contraire, d'orient en occident, avec une résultante unique du système et un équilibre suffisant, confirmé par les calculs astronomiques, la réaction de cercle dont nous avons parlé ne peut être qu'une réaction magnétique perturbatrice.

L'électricité solaire universelle est l'agent principal de transmission du monde planétaire moléculaire et organique; l'électro-magnétisme solaire universel est l'agent unique de transmission du monde sidéral inatomique et inorganique. Déjà nous savons que les actions diamagnétiques sont très sensiblement proportionnelles au carré de l'intensité d'un courant. Nous avons dit que la pesanteur, ou pour préciser, la résultante des forces parallèles appliquées à un centre de gravité, respectivement à un autre centre, plus pesant, mais hors de la limite d'attraction moléculaire, et la résistance élastique n'existant pas dans l'océan magnétique, les étoiles pouvaient s'y mouvoir à de grandes vitesses, par attraction aimantée électromagnétiquement amorcée. Nous avons ajouté que leur lumière devait s'y transmettre en raison inverse du carré de la distance, mais au carré des vitesses électriques, en quelques heures, malgré leur éloignement qui nécessairement serait moindre. Il conviendrait alors de réduire à 549 kilomètres en moyenne à la seconde, les vitesses de 300.000 kilomètres à la seconde, que le calcul photométrique assignerait à leur mouvement considéré comme réel. Sachant qu'elles scintillent plus ou moins, suivant que leurs rayons traversent dans notre atmosphère des couches d'air à des températures diverses, on pourra comparer les vitesses de transmission dans l'air et dans le flux magnétique éthéré. On se rendra dès lors compte que les étoiles sont de simples productrices de force, dont la dynamo solaire transforme en électricité l'énergie mécanique. Que le soleil reçoit la force par les courbes magnétiques stellaires et la renvoie lumière par les courbes magnétiques planétaires. Que les fils de cuivre de nos bobines sont ici remplacés par des fils fluidifiés des radicaux du métal : oxyde de fer, tartre, soude, potasse et soufre sans doute, qui, par transmutations, l'ont formé. On voudra bien admettre que la lumière de ces étoiles, de ces constellations qui brillent avec interférence et rayons parallèles, n'est leur lumière propre que quant à la matière cosmique qu'elles contiennent. Admettre que cette matière qui, révélée par l'analyse spectrale, est plus ou moins diamagnétique, qui est à peu près infusible dans le vide, qui, sous l'extrême vitesse des spirales, se stratifie comme par pseudomorphose entre les pôles stellaires, est la matière identique du fini et de l'infini. Admettre que cette lumière est la lumière des expériences de de La Rive, de Pluker, de Gassiot et des lampes à arc. On finira bien par reconnaître que le diamètre apparent des astres est le plus souvent attribuable à l'irradiation magnétique, et qu'en dehors du mouvement d'entraînement curviligne, leurs mouvements propres sont des phénomènes de magnétisme résiduel.

L'action du soleil sur les étoiles serait une action centrifuge d'hélice, qui déterminerait derrière elle un cylindre ayant le cercle d'hélice pour base, cercle dont la marche ascensionnelle et la forme même de la spirale engendrée, s'enveloppant autour du cylindre en coupe longitudinale, font une parabole. Il en résulte que le mouvement hélicoïdal des étoiles se traduirait par une parabole annuelle inaperçue, enveloppant tout le système, par une ellipse, si l'on préfère, dont les axes seraient infinis, la distance du foyer solaire au sommet restant finie. Elles évolueraient, six mois dans un sens, six mois dans l'autre, sur les deux branches d'une parabole hélicoïde, d'une courbe engendrée par les petits axes des paraboles planétaires qui sont en fait enroulés par conjugaison de diamètres autour de la circonférence du soleil. Or le mouvement ascensionnel du moteur figure un cylindre droit traversé par son méridien magnétique et tout cylindre de révolution qui passe par l'axe d'une surface, autrement dit de l'espace visible, ne peut la couper que suivant une hélice. Donc cette spirale engendrée sous un angle invariable de 45° par l'hypoténuse du triangle rectangle des diamètres conjugués, dont l'un des côtés s'enroule toujours d'Occident en Orient autour de la sphère solaire, et se déroule par conséquent d'Orient en Occident sous un angle de propulsion de 90°, se conformerait à tous les mouvements du système.

Attribuons conventionnellement aux deux ellipses de diamètres conjugués du soleil et de la terre, tracées au centre du graphique 4, la valeur numérique de toutes les ellipses planétaires annuelles, résumées, qu'il suffirait de juxtaposer à l'échelle millimétrique, avec les inclinaisons respectives de leurs orbites sur le plan réel de l'écliptique ? Nous voyons que lorsque la terre, évoluant d'Occident en Orient, est en T, au Nord,

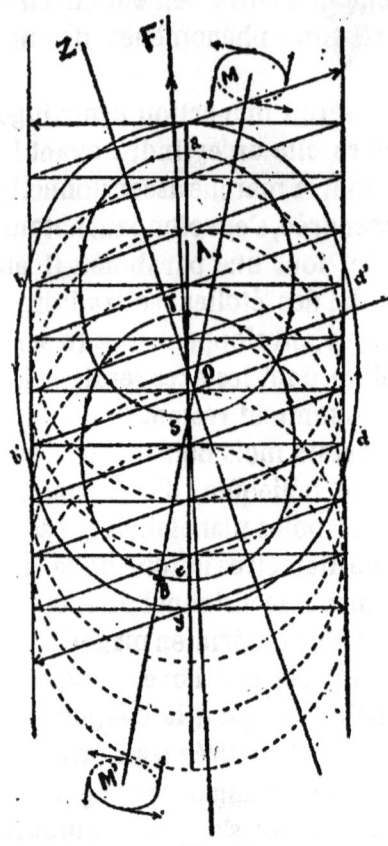

Fig. 4.

près du solstice d'hiver, dont la ligne a tourné autour du point O, les étoiles mises en marche d'Orient en Occident par la génératrice d'hélice, qui n'est point la ligne $a,c$, des grands axes, ni l'axe presque identique de projections des $y$, ni le méridien magnétique solaire M, M', mais la force constante F du soleil, tournent sur les cercles pointillés mobiles, parallèlement aux plans des écliptiques des planètes, avec toutes les révolutions diurnes et tous les mouvements dans leurs orbites mobiles des masses du système. Dans ces deux mouvements qui se confondent, le point de départ des planètes, à gauche de l'axe de rotation du soleil, est seul différent du point de départ des astres à droite du même axe. Quand la terre est en T, le soleil, qui, dans son année, ne va que de S en T, est en S, au centre de la sphère céleste mobile, laquelle s'étend alors de A en B, les étoiles les plus rapprochées occupant le segment d'hélice qui passerait par A et B, les plus éloignées occupant à peu près le segment suivant, plus au nord ou plus au sud. La terre, dont l'axe de rotation se meut parallèlement à lui-même, ne révolutionne

6

point sur place ni par rapport à un point sidéral quelconque qui serait fixe ou indépendant. Elle révolutionne d'un bloc avec les planètes et avec les étoiles ; c'est-à-dire que tout ce qui est compris dans la grande ellipse fictive, en trait plein, enveloppant le cylindre de révolution, ellipse qui est le total géométrique approximatif des mouvements stellaires annuels, tourne en révolution diurne, les planètes de gauche à droite autour de leur axe, les astres de droite à gauche, puis de gauche à droite, comme sur un pivot, autour du méridien magnétique solaire M, M', tout en translatant de bas en haut dans le sens des flèches autour du soleil.

L'Etoile n'a, par conséquent, qu'un seul mouvement spiriforme, diurne et annuel : celui d'un cordeau d'arpenteur qui s'enroulerait presque circulairement 365 fois de droite à gauche, de gauche à droite, de bas en haut, de haut en bas, autour d'un piquet d'attache sans fin ; celui de rayures hélicoïdales plus circulaires que celles de l'âme d'une pièce, qui tourneraient 365 fois autour de la coque d'acier d'un torpilleur dont le cône mobile, ou l'hémisphère Nord que le soleil oppose au néant, serait en direction du grand côté d'un triangle rectangle, l'équateur céleste formant le petit côté, tandis que l'étoile serait en direction de l'hypoténuse. L'angle d'aberration, attribué à l'influence de la vitesse de la terre sur la direction des rayons lumineux, serait réellement dû à la situation de l'étoile. Il serait réel. Par rapport au cercle que l'étoile semble décrire en raison du mouvement de la terre, et qu'elle ne décrit pas, elle retarderait toujours sur le cercle qu'elle semble décrire en vertu de l'effet d'aberration, et qu'elle décrit, de la valeur de l'angle de propulsion de son hélice, soit de 90°. Elle serait de trois mois en retard sur l'heure méridienne.

Les segments décrits par l'hélice directrice ne sont elliptiques que par comparaison avec les ellipses planétaires ; jamais ils ne ferment la parabole stellaire aux axes infinis ; jamais ils ne peuvent la fermer complètement, puisque le poids spécifique de l'astre est nul, et en tous cas annulé. Comparons la force F, ou la vitesse du soleil passant par l'axe des $y$, qui tourne lentement sans jamais s'identifier avec elle, et son méridien magnétique, autour duquel évoluent les autres, selon les courbes magnétiques rejoignant ses pôles, aux deux branches d'un compas? L'une des pointes, la ligne de marche, s'opposera au néant en direction du Nord plus 59 secondes Ouest, l'autre, le méridien magnétique, s'opposera à l'espace déblayé en direction du Nord vrai. Nous concevrons alors que le combustible cosmique puisse aisément tomber sur le soleil au centre du système, sans rencontrer l'étoile, et souvent passer en vue de nous sous forme d'étoiles filantes. Et, si nous ajoutons que les hypoténuses, continuellement formées par les triangles rectangles des diamètres conjugués d'ellipse, tout en engendrant l'hélice, dont la projection est le grand cercle astronomique, sont aussi des diamètres de ce grand cercle, permettant d'en vérifier les longueurs et les temps, nous concevrons tout le mécanisme théorique du mouvement synchronique d'ensemble de la sphère céleste. Les étoiles les plus éloignées, si loin qu'elles semblent être, ne doivent donc pas se trouver, sauf erreur, à plus de 36 heures soit à plus de 670 millions de kilomètres du soleil. Ce serait quant à l'attraction magnétique, l'extrême limite de son travail d'aimantation de la matière cosmique, aussi bien que de son travail d'entraînement ascensionnel des étoiles, dont seul le mouvement parabolique, est attribuable aux forces planétaires. En vertu de la polarité dont elles doivent jouir, entraînées par un pôle, repoussées par l'autre, les étoiles sont maintenues de telle sorte sur la courbe magnétique qui les traverse, que leur mouvement apparent se réduit à des cercles parallèles à l'équateur, perpendiculaires à l'axe du monde, d'autant plus petits qu'elles sont plus voisines du pôle, plus au sommet de leur parabole.

Les comètes, au contraire, évolueraient dans un plan plus ou moins perpendiculaire à l'axe de rotation du soleil, à sa ligne de vitesse et à son centre de gravité. Ce sont, croyons-nous, des étoiles manquées, des masses météoriques attirées du néant cosmolithique comme le combustible solaire, mais de plus loin, avec une vitesse initiale moins grande et une trajectoire moins tendue, qui leur fait dépasser le but mobile déplacé de la ligne d'attraction. En tant qu'étoiles, développant un travail mécanique insuffisant par lui-même ; en tant que planètes, opposant par la section de leurs paraboles une résistance plus grande au courant électromagnétique solaire qui les illumine, elles sont mal amorcées. Elles perdent le fluide lumineux dans les ondes de la mer magnétique que leur sillage irradie. Elles se consument ou s'éteignent peut-être comme certaines étoiles. Elles ne sont point saisies par la force centrifuge du soleil, dans le plan de l'équateur ou de la ligne des $x$, comme l'ont été les sphères par le moteur et les satellites par les sphères, ni déviées par la force ascensionnelle du soleil et des planètes dans le plan des grands axes planétaires et de la ligne des $y$, comme l'ont été les astres, ni directement entraînées par la vitesse suivant des projections normales sur la cote ou l'axe des $z$, avec tout le système : Elles sont saisies par la force centripète du soleil dans le plan des projections du néant sur les trois axes, ou dans la ligne des inconnues. Au lieu de décrire des paraboles hélicoïdes dans un sens de section longitudinale du système, parallèlement au cylindre ascensionnel du soleil, ainsi que les étoiles, les comètes décriraient leurs ellipses dans un sens de section par l'axe. Il viendrait pour ainsi dire contre la figure du lecteur, sans que cependant, soit en sens direct, soit en sens rétrograde, elles puissent jamais, avec des orbites aussi inclinées sur les plans des écliptiques, rencontrer aucun des corps de l'univers.

Les comètes le suivent parfois longtemps : Elles reviennent, allongeant de plus en plus leurs paraboles plus lentes. Elles le fuient avec peine dans quelque stupeur vague du néant devant la pensée. Elles semblent le quitter à regret, comme nos morts quittent la vie. Sans notre espoir immortel d'y rentrer, elles témoignent pourtant à leur manière hyperbolique, et souvent mieux que nous, d'une sorte d'admiration ou de respect de l'infini pour l'éternel voyage des mondes. Entraînées par la pesanteur et l'aimantation surexcitée, semées en route par la pesanteur et l'aimantation décroissante, les comètes partent sans qu'en présence de ces effluves, lumineuses dans le vide seulement, à la vue de ces ondes magnétiques qu'elles font jaillir, la pensée soit allée jusqu'à l'aimantation universelle des espaces stellaires. Elles partent quand leurs retours incertains sont prédits, car le calcul astronomique prévoit, constate, devine les mouvements, les conjonctions, les éclipses, les retours périodiques, l'existence même encore inaperçue de tous les corps de l'espace.

Se dire devant tant de travail, vérifié par des faits, qu'aucune erreur mathématique, sinon physique et mécanique, n'existe dans ces calculs imposants du passé, c'est s'assurer que la science astronomique regagnera par l'observation planétaire tout le temps que l'observation sidérale lui a fait perdre. Reconnaître pour des grains de poussière aimantée, volant à la poursuite du jour, ces soleils d'un espace où nous ne serions qu'un atome de la voie lactée, c'est limiter peut-être pour son imagination et pour ses yeux le champ d'observation du ciel. Mais c'est pour la pensée, élever jusqu'à l'éternité peut-être, la précision à obtenir des merveilleux et pourtant perfectibles ressorts de la mécanique céleste.

Le malheur est que les légendes de soleils, se courant les uns après les autres, la fiction d'un soleil échappé sans freins dans l'immensité sans bornes, répandues parmi les foules, augmentent encore le sentiment de notre faiblesse humaine. Elle doute de jamais vaincre par l'électro-dynamique les lois de la pesanteur. Le désenchantement légitime de notre humanité pour sa nature peu connue, se berce d'indifférence, s'endort dans sa croyance au hasard. Et la misère morale qui naît de l'ignorance se répercute au plus bas, comme la misère matérielle qui naît de la disproportion entre l'offre et la demande, et comme l'impôt né des besoins d'un progrès sans progrès, se répercutent sur le travail et sur la terre.

A la plupart d'entre nous, qui croient trouver autour d'eux le cœur ou la raison, l'idéal ou la vérité sous des mirages : la vie pour la mort jette aux yeux sa poudre. Passions, philosophies, romans, chimères, mensonges, elle fait tout resplendir : son or, ses songes creux, ses fixités incertaines. De même l'espace fini nous jette aux yeux sa poudre : un rêve de soleils irradiés, un faux idéal de milliers de mondes visibles, roman des cieux sans fin. Les soleils sont des soleils électriques, les milliers de mondes visibles sont des cailloux aimantés, les trillions de kilomètres sont des millions à peine. Le néant seul est infini. Toute ébauche se résume dans une forme, toute conception d'ensemble veut ses fins dernières, sa raison d'être. Conquérir l'univers par le cœur qu'il opprime et dans la mort pour la vie, puiser un idéal fraternel à la liberté qu'il ignore.

## CHAPITRE II

# LA RECHERCHE DU VRAI DANS LA NATURE

Les travaux de la biologie. — Activités chimiques de la Nature. — Activités décomposantes de la nature. — Activités mécaniques élémentaires de la nature. — Activités mécaniques supérieures de la nature.

### I

### Les travaux de la Biologie.

Les ouvriers de la biologie, philosophes, rationalistes, naturalistes, spiritualistes, ont été moins synthétiques encore, et plus inconscients par là même de leur œuvre immense, que ceux de la cosmologie. Ici, les échafaudages de théories leur ont plutôt servi de terrain de combat, que de terrain de pénétration réciproque de leurs idées justes, dont l'ensemble lumineux reste couvert d'hypothèses.

Les philosophes comme Darwin, Herbert Spencer, Hæckel, Comte, Littré, Taine, Renan, de Moleschott, de Vogt, de Büchner, et toute l'école, transformistes, évolutionnistes avec réticences, ou simplement monistes, n'ont peut-être pas suffisamment admis que le travail de recherches qu'ils exécutaient fût l'œuvre de leur génie personnel. Ils ont reculé devant cette conclusion logique des découvertes de leur cerveau, qu'ils ne pouvaient raisonnablement admettre une évolution du néant, plutôt que la lumière, dans le phénomène de leur pensée puissante. Mais tous ont traduit la vérité biologique, en posant en principe que les seules lois mécaniques, physiques et chimiques de l'univers, doivent sans recourir à l'idéalisme, tout expliquer dans la nature, tout renfermer dans l'unité scientifique résumée par l'homme. Si la nature ne devait pas s'expliquer par elle-même et par elle seule, elle ne serait pas seulement « antiscientifiquement irrationnelle », comme le dit Hæckel, elle mentirait à ses aspirations sublimes. S'il était naturel et suffisant d'attribuer la production ou l'évolution des espèces, à une influence injustifiée d'actions externes, plutôt que d'analyser leur premier mouvement vital, de prouver leurs transformations successives, sous cette influence de besoins internes, réformateurs et lentement progressistes, qu'avaient pressentie Lamarck, Erasme Darwin, et Charles Darwin, la science ne serait qu'un mot. La force extérieure est la destruction de la vie, la force intérieure est la vie. Toute la biologie repose sur cet axiome.

Néanmoins, l'école est de celles, dont il faut, « non pas tout prendre ou tout laisser » comme elle l'enseigne, mais dont il faut « tout prendre et tout laisser ». Prendre le principe de la nature auto-agissante, assises du travail de la raison ; rejeter les conclusions, la descendance animale de l'homme, échafaudage provisoire et informe des spéculations de l'esprit. Examinons pourquoi ces maîtres ouvriers, partis d'un principe vrai, ont laissé l'édifice inachevé, masqué par des conclusions fausses.

Transformistes, ils ont parfaitement saisi la transition des cryptogames aux conifères, et des cycadées aux monocotylédones et dicotylédones, ou des foraminifères et trilobites, aux fossiles identiques, ou des invertébrés froids annelés, aux vertébrés froids rudimentaires, ou des mammifères marsupiaux et monotrèmes aux mammifères monodelphes. La transition du simple au composé et de la cellule embryologique à la forme adulte définitive. Mais en voulant synthétiser vite et dans un esprit de système, voir une œuvre de transition naturelle, dans une œuvre de transition surtout chimique et mécanique, résultant naturellement du besoin pour le globe de faire absorber son acide carbonique dans les eaux, par la vie évolutive et expectante, ils ont été trop loin. Ils en sont arrivés, sous prétexte de liens de parenté commune, indiscutable entre l'inorganique et l'organique, à admettre sans transformisme, un protoplasme unique dans le règne végétal et dans le règne animal. Ils ont soutenu que la cellule végétale enveloppée de cellulose, et la cellule animale enveloppée d'albumine, avaient les mêmes fonctions de nutrition, d'assimilation et de respiration ; que les organes seuls différaient. Sans entrer encore dans le vif de la question, on peut déjà dire en substance qu'il manquait à leur travail celui des physiciens et des chimistes.

Les physiciens leur eussent dit, que de ce que l'inactivité de la matière n'était qu'un mot, et de ce qu'aucun atome dans la nature n'était positivement inerte, mais seulement résistant aux forces actives contraires à son activité propre, il ne résultait pas que la nature eût manifesté ses activités électro-chimiques et électro-mécaniques de même façon. Réveillé selon la même formule cette inertie apparente de la matière, dans un règne et dans l'autre. Transformisme de la nature ne signifiant pas transformisme de ses lois réciproques. Les chimistes eussent dit que la glycogénie, par exemple, ou la production du sucre, existait parallèlement dans l'acte de nutrition végétale et animale. Ils eussent ajouté que la xylogénie, ou la production de la substance lignifiante du bois, différant totalement de la production du derme animal, de son mode de nutrition et de ses fonctions excrétantes, séparerait toujours les deux règnes. La cellule végétale est élémentairement identique avec ses isomères, le carbure d'hydrogène, la potasse, l'acide azotique, entre autres éléments constitutifs, et moléculairement inactive et en présence de l'iode et du soufre, dans son acte de transport de matières xylogéniques. En se lignifiant, elle n'accomplit rien qui ressemble à l'acte de transport de matière de la cellule animale, moléculairement active, malgré les différences de pouvoir rotatoire, en présence de ses isomères l'iode et les sulfates. La nature nous montre que le végétal fixe de l'oxygène la nuit, et de l'acide carbonique le jour, et inversement, met en liberté de l'oxygène le jour, et de l'acide carbonique, en quantité moindre, la nuit. Simple échange endosmotique, sans nutrition ni décomposition. Fait néanmoins la nuit sa provision de sucs pour le jour, et le jour sa provision de bois pour la nuit. Se protège inversement par le carburateur contre la chaleur et par le carburé contre le froid. Mais elle nous montre également que si par répétition d'états, l'animal était exposé, en vertu de son origine, commune avec le végétal, à se faire du sang, du poil ou de la plume suivant la lumière ou la nuit, et non suivant son électrochimie interne et naturelle, il périrait. Il y avait donc là, à l'encontre des doctrines transformistes, incoercibilité, malgré l'origine commune, entre le règne végétal et le règne animal, a être amenés ensemble à la formule moniste.

Evolutionnistes, les philosophes rationalistes ont bien vu que l'évolution individuelle n'est qu'une synthèse de l'évolution de l'espèce; que les modifications des espèces procédaient, quant à la mécanique vitale d'un nombre restreint de types primordiaux. Ils ont vu que l'influence du milieu biologique était le facteur le plus immédiat du métamorphisme cellulaire. Mais ils n'ont vu là qu'une continuité de phénomènes, sans en découvrir la loi de production, inhérente aux conditions physiologiques de la vie générale du globe. Ses actions successivement chimiques, électro-magnétiques, mécaniques et enfin physiques et naturelles, concordantes avec la vie évolutive de la terre, leur échappaient à défaut de synthèse.

Monistes, les disciples d'Herbert Spencer, ont fort bien compris, d'un côté par la force de la raison qui veut l'identité d'essence du fini et de l'infini, et l'unité de la matière organisée, de l'autre par l'étude de la nature, l'origine uniforme et spontanée de la vie végétale, l'origine réflexe de la vie animale primitive, l'action chimique et mécanique, en vertu de laquelle les atomes se groupent ou se disjoignent, se perfectionnent ou se détruisent. Mais ils sont restés philosophes, c'est-à-dire qu'à défaut d'une explication scientifique et naturelle des causes et des effets, que la métaphysique ne pouvait leur fournir, sans recourir au surnaturel, ils ont mieux aimé substituer à l'action vitale intérieure incomprise, la négation, c'est-à-dire l'attente. Et ils ont sagement fait, car en préférant rester dans le doute de la monère cosmique plutôt que de partir de l'inconnu, pour en déduire les causes secondes, ils ont, à leur façon, témoigné de la lumière propre à l'homme, à laquelle la science positive devra, sous peine de cesser d'être, ramener le moindre mouvement d'atomes.

Les biologistes du spiritualisme et du naturalisme, Cuvier contre Lamarck, de Quatrefages, Flourens, Agassiz, contre le Darwinisme, Pasteur et Tyndall contre Pouchet et Frémy, pour ne citer que les plus illustres, ne pouvaient manquer de réagir contre les excès de l'évolutionisme transformiste, et contre l'identification proposée des lois physiques et des lois morales. Celle-ci fut d'ailleurs soutenue par des philosophes comme Taine et Renan, plus philosophes que savants. Les contradicteurs du spiritualisme n'étaient point tombés dans des exagérations de doctrine, pour avoir limité, réduit l'apparition du monde minéral, végétal et animal, à des actions naturelles, ce qui était l'expression même de la vérité scientifique qu'ils ne purent démontrer. Ils étaient allés trop loin, parce que leur raison se refusant à admettre l'inconnu sans preuves, ils avaient été conduits par les imperfections et les monstruosités de la nature en travail de mondes, à mettre à son compte les aberrations de l'humanité animalisée, sans égard pour la vivification possible de l'une et la perfectibilité future de l'autre. Le passé enténébrait l'avenir. Sûrs d'aboutir au néant inévitable, par ce que la nature telle quelle, leur mettait sous les yeux dans le passé, ils ne pouvaient matériellement faire remonter son origine qu'au seul néant. Ils ne se trompaient guère.

A cette légère exagération de pessimisme, les spiritualistes opposèrent des exagérations différentes. Les uns comme Cuvier, voulaient avant tout défendre la fixité des espèces. Ils n'étudièrent point les évolutions par chimie organique, auto-agissante interne, de la nature, qui, sous l'influence polarisante du ferment, et pour expulser le soi-disant germe de l'air dans un liquide fermentescible, s'électrise, se polarise, produit par transport d'atomes, à la lumière, l'évolution mécanique vitale. Devant l'ordre sans cesse accru des manifestations biologiques, ils admirent des créations successives inexactes, à la suite de révolutions périodiques exactes. Celles entre autres qui détruisirent avec et parmi les grands sauriens, des espèces telles que les iguanodons, les plésiosaures, les grands palmipèdes, les hipparions. Ces espèces éteintes ne furent ancestrales par rapport aux lézards, aux cygnes, aux cormorans, et aux chevaux du règne animal actuel, que par analogie d'évolution mécanique des cellules embryonnaires et de substitution d'éléments constituants à celles-ci. Elles ne le furent à aucun titre, suivant nous, par voie de cellules migratrices, de cloisonnement, de reproduction, et à plus forte raison de génèse d'éléments anatomiques reproducteurs, qui eussent assuré la fixité des espèces par voie d'incubation ou de filiation. Loin de prouver des actes créateurs successifs, elles prouvent l'unité d'origine de la nature, mais son état morbide de transition. Loin de démontrer la fixité des espèces, elles accusent l'invariabilité d'essence, mais le transformisme continuel des types, par suite l'absence de création, de sélection, d'hérédité, d'interfécondité.

Les autres, comme de Quatrefages, ne se bornèrent pas, pour nier l'évolution mécanique, et pour défendre l'unité d'origine, ou la fixité physiologique des espèces, à faire remonter au passé préorganique antérieur à l'atmosphère, la loi organique de la fécondité et de l'infécondité entre espèces. Ils déclarèrent que l'homme, étant un animal par son organisme, l'interfécondité générale de l'espèce humaine devait être le principe morphologique qui réglait les similitudes ou les différences, des espèces végétales et animales. Sont semblables les espèces interfécondes, sont différentes les espèces interstériles. Ainsi posé, le principe de fixité rejetait sans discussion le pouvoir connu de l'homme de transformer le règne végétal par la culture, la greffe, la fécondation artificielle, et par des moyens encore inétudiés qui éclairciraient peut-être le problème de l'interstérilité des espèces végétales. Prenant exemple de l'unité hypothétique, par descendance d'un type primitif, des 150 races de pigeons, ou des 180 races de chiens, soi-disant créées par sélection, et de leur interfécondité reconnue, le principe de fixité renvoyait tous les types vivants aux âges géogéniques. Il négligeait de contrôler par des expériences, si la vie organique, donc l'hérédité, eût été physiologiquement possible pour un pigeon ou pour un chien, aux temps géogéniques, sous quelque forme fossilisée que l'ancêtre eût pu vivre.

Si l'on entend par vie organique, la simple manifestation vitale, sans structure homogène, sans fonction organique autre que celle de fixer les éléments atmosphériques impropres à l'organisation définitive de la vie, il est évident que les fossiles détruits existaient organiquement au même titre que les identiques. Mais si l'on entend par vie organique, la vie dans des conditions de structure conforme aux terrains, de traduction vivante des besoins de la terre ou de l'homme, de nutrition, d'assimilation, de respiration, de génération en un mot, identiques aux conditions biologiques actuelles du règne animal, il est évident que les espèces fossilisées disparues n'existaient pas organiquement. La chimie vitale préorganique ne l'eût point permis. Elles existaient à l'état de morbidité spontanée. Leur existence microbienne monstrueuse, par hypergénèse des éléments constitutifs du globe, et chimiquement mécanique, sorte de vermine et de teigne du cuir chevelu planétaire, est aussi réfractaire aux doctrines transformistes qu'aux théories de fixité des espèces. Elle n'est histologiquement assimilable qu'aux croûtes de lait de l'enfance, car tout, jusqu'au hideux, est harmonie dans la nature. Et nul ne s'aviserait d'assigner pour ancêtre à l'animal, le microbe, eût-il été géant, qui le dévore ou le détruit.

La fossilisation n'était que la substitution, molécule par molécule, de la silice, des silicates d'alumine et des calcaires, aux phosphates et aux carbonates de chaux de la structure osseuse des animaux fossilisés. Elle témoigne bien que tous, identiques ou détruits, retournaient au minéral par reconstitution géologique de leur genèse, inversement à l'extinction animale atmosphérique vulgaire, actuelle. Mais elle ne témoigne rien en faveur de la filiation. L'animal organisé, une fois mort, se décompose sous l'influence des acides azotique, chlorhydrique, carbonique et de l'électricité, en éléments semblables à ceux qui l'ont composé : oxygène, hydrogène, azote, carbone, phosphore, etc. L'animal né de la terre ou de l'eau, par action interne, restitue moléculairement, en atomes gazeux, sa substance organique constitutive. L'animal fossile détruit, au contraire, presque toujours amphibie, était né dans les détritus organiques des derniers terrains de transition ou dans les végétations putrides de la nuit de l'hémisphère austral. Vivant dans des eaux sédimentaires, chimiquement inactives, qui ne se prêtaient point à la décomposition des substances organiques, il empruntait moléculairement deux fois, en atomes gazeux puis minéraux, sa vie et sa fossilisation à l'atmosphère mortelle du globe. Juger du passé par le présent semble impossible. Il y a bien dissolution d'atomes gazeux par désoxygénation, dans la décomposition de la vie organique actuelle.

Il y avait, tout au contraire, réassociation d'atomes par oxygénation siliceuse ou calcaire, dans la destruction de la vie des fossiles détruits dont la genèse pouvait fixer des terrains au détriment de l'atmosphère, mais non des espèces. Mouvement calorifique utile aux combustions vitales dans un cas, mouvement frigide, nuisible, dans l'autre. Et la multiplicité des symptômes maladifs, des espèces animales inutiles, est un prélèvement d'oxygène, sur la vie générale. Il semble donc difficile de s'appuyer sur l'interfécondité ou l'interstérilité présumées de monstres fossiles, pour en tirer un argument en faveur de la fixité des espèces aux âges géogéniques. L'évolution chimique et mécanique reste seule pour en démontrer l'origine.

D'autres savants spiritualistes, tel qu'Agassiz, entre autres, voulant démontrer, contre le transformisme, la fixité des types végétaux et animaux, par la fixité des types humains, admirent la création séparée des races humaines. Ils ne réfléchirent pas que de simples phénomènes climatériques pouvaient avoir diversifié les races, quant à la détermination première des symptômes extérieurs. Soit cholémiquement, par ictères paludéens, mélanémiques, terreux et jaunes, à l'époque lacustre, coïncidant avec les dernières grandes manifestations de la morbidité terrestre. Soit endosmotiquement, par ictères, rouges décomposant l'indigo de la substance pigmentaire sous l'influence de vapeurs volcaniques sulfureuses. Ils ne raisonnèrent ni la nuit sur l'Afrique, l'Océanie, l'Australie, antérieurement au quaternaire ; ni le sous-sol volcanique de l'Amérique ; ni l'excès de richesse en roches carbonatées calcareuses des couches géologiques de l'Extrême Orient, véritables ossements du sous-sol. Ils ne virent pas que le calcaire carbonaté pouvait transmettre l'influence hydatique, la substance qui se colore en jaune par saturation d'alcalis, et pousse à la consommation du riz, comme les phosphates du sous-sol pouvaient rendre prolifiques les races Indo-chinoises. Ils négligèrent ces influences de la terre qui peut-être entretient la nuit, le feu ou la chimie du globe sur ses visages. Agassiz s'aperçut parfaitement que le monogénisme de de Quatrefages, ou l'invariabilité des types végétaux, animaux et humains, qui s'appliquait à combattre le transformisme, était fondé sur une hypothèse. Mais il ne vit pas que de Quatrefages, en voulant renverser la morphologie évolutionniste, par le principe de filiation et la physiologie, lui-même en s'attachant à l'animal humain, en imaginant un polygénisme animal des races humaines, ils cherchaient tous deux la clarté dans la nuit. Ils niaient le polygénisme du progrès ; polygénisme intellectuel des races supérieures, avenir à l'état d'embryon, dans un passé que leur spiritualisme prétendait défendre, polygénisme de la pensée et idéal de l'âme bien autrement intéressants.

En résumé, la science spiritualiste et la science matérialiste exigent toutes deux, d'accord avec la raison humaine, l'unité d'origine des espèces, la fixité du protoplasme cellulaire, l'une par voie de création ou d'évocation surnaturelle de l'homme animal, l'autre par voie de descendance animale, ce qui revient au même en tant qu'appréciation de l'humanité. Elles veulent que l'homme soit avant d'être. Mais elles ne peuvent l'expliquer scientifiquement ni l'une ni l'autre Dès lors, l'une, qui admet avec la prétendue fixité des espèces, leur unité d'origine, forcée d'admettre à l'origine un principe fatal de destruction devra passer à l'évolutionnisme humain, à la perfectibilité tranformiste. L'autre, pour être logique avec elle-même, ne pourra pas s'attarder à l'animal, mais aller de l'homme animal, à l'animal monstre, du monstre à l'infusoire, du rhizopode au végétal, du végétal au minéral, du minéral à la lumière, de la lumière à la nébuleuse concentrée de Laplace. Et là, faute d'expliquer, la cause, bien indifférente d'ailleurs, du mouvement de rotation attribué à la nébuleuse au principe, elle sera également forcée de descendre des échafaudages de conjectures. Les deux doctrines cherchent par conséquent la vie dans la mort, plutôt que de la chercher dans la vie, de la sauver par le cœur, de la conquérir par l'âme, de la garder par la raison.

De grands savants spiritualistes, enfin, Pasteur et son école, auxquels la science doit le plus, qu'elle salue du nom de bienfaiteurs, découvrirent avec la patience du génie, le rôle malfaisant des infiniment petits dans la nature. Pasteur établit clairement par d'admirables expériences, contre Pouchet, Musset, Joly, Frémy, Trécul, Bastian etc., que la fermentation dans les liquides fermentescibles, et la putréfaction dans les liquides fermentescibles ou putrescibles, ne pouvaient se manifester qu'en présence des poussières de l'air et des poussières d'un certain air. Mais en voulant combattre, au nom de la science classique, et dans un esprit croyant, la « génération spontanée », terme impropre et vicieux de ses adversaires, Pasteur la démontra sous un nom différent. Il établit à la fois, sans le vouloir, l'unité d'origine des règnes et des espèces, réclamée par les matérialistes, l'unité de création réclamée par les spiritualistes, unité de la nature productrice, comme nous allons le voir, et, à défaut de la « génération spontanée », qui le choquait, la « morbidité spontanée » de l'univers qui l'eût choqué bien plus. C'est par la chimie organique du globe qu'il faut entreprendre d'en faire la preuve laborieuse.

De toutes les méthodes de recherches du vrai, celle qui s'appuie exclusivement sur la démonstration positive des actes de la nature, est aussi celle qu'il faut le moins rétrécir à une étude trop analytique des causes secondes, si l'on veut éviter de perdre le sentiment vrai des harmonies de l'Univers, par un oubli quelconque des causes premières et dernières. Voici quelle est notre conception générale de ces causes. La lumière, le mouvement d'atomes se rapprochant, s'éloignant, s'influençant, se propageant jusqu'à formation du spectre avec ses couleurs et ses raies noires et jusqu'à production d'électricité et de magnétisme, contenait assurément dès l'origine toute la vie passée, présente et future à l'état de mort. Elle contenait l'activité transmise à la matière, la chaleur et le mouvement transmis aux mondes, la lumière et la vie mortelle devant aller jusqu'à l'homme mortel. Mais elle ne traduisait que la nature telle quelle, la vie, la mort. Ceci veut dire que si nous parvenions à nous transporter dans une autre planète, livrée à elle-même, nous y trouverions sans aucun doute la nature brute que nous connaissons, en l'absence de toute intervention directe d'une pensée quelconque, à l'exception du fait premier de la concentration de matière cosmique par le mouvement d'atomes ou le mouvement lumineux. Si nous n'y trouvions pas l'homme, à défaut de la continuité des phénomènes intentionnels de sa sélection propre, nous y verrions du moins un travail presque complet, résulté des seules activités chimiques et mécaniques de la lumière. Dans Jupiter, si l'on veut, puisque tout semble obéir à des lois de proportion, nous devrions trouver la flore et la faune du terrain moderne, des montagnes et des forêts géantes, des espèces innombrables et fixes, vivant, mourant, se reproduisant à l'état naturel primitif. Nous y découvririons des monstres énormes, avec tous les instincts naturels de défense, de conservation, de reproduction, de sollicitude maternelle, de sélection nutritive et de férocité.

La création directe d'animaux nuisibles à la sélection de substance organique, représentée par l'évolution humaine, ne serait pas seulement discordante avec les harmonies universelles. Au point de vue créateur, si le mot création pouvait être autre chose qu'une sorte de terme avant-coureur de la compréhension des choses, cette création serait, comme nous allons nous en assurer, en contradiction directe avec l'idée même d'un idéal de progrès. Tandis que l'étude de la nature montre, que sans aucune intervention, les planètes ont dû passer successivement par tous les états géogéniques morbides de la croûte terrestre. On se rend compte qu'elles ont produit par évolutions végétales et animales, chimiques et mécaniques, toujours concordantes avec l'état des terrains, d'abord des espèces fixes, puis des espèces sans fixité, successivement détruites par inorganisme, ou défaut d'appropriation aux conditions biologiques supérieures qui ont permis la production de la plupart des espèces actuelles. Et les espèces malfaisantes qui résistent encore sur terre, sauterelles, moustiques, reptiles, vermines, n'existent que comme une conséquence de la condition d'infériorité biologique, expectante et mortelle du globe, à défaut de travail.

Le spiritualisme peut assurément objecter que si les choses se manifestent dans l'ordre naturel dont nous sommes témoins, c'est que la lumière émanée d'un pur esprit créateur, contenait intentionnellement en elle, jusqu'au moindre détail, tout ce qu'en vertu de sa puissance créatrice, ce Dieu voulait y mettre. Il pourrait ajouter que si les monstres, les reptiles, les bacilles, existent par morbidité spontanée de la terre primitive, ou de l'homme mortel, c'est que le sommeil créateur doit involontairement et en souvenir sans doute de créations antérieures toujours à refaire, s'être peuplé de rêves monstrueux, traduits en réalités créées.

Mais ce serait toujours là une hypothèse métaphysique expectante, qui étendrait jusqu'au mal, au vice, à la mort, à la lumière qui tue, jusqu'au néant impur lui-même, dont sort toute matière organisée, la responsabilité formelle de la création spiritualiste. Créatrice dès lors d'un péché dont l'origine est dans l'impureté du néant, de la lumière et de l'esprit qu'elle développe, elle s'avouerait mensonge.

Mensonge, car tous les phénomènes morbides de la nature n'existent que du fait de notre ignorance et de notre inexpérience provisoires à les vaincre par l'étude et la purification atmosphérique de la lumière. Et dès l'instant où un seul de ces phénomènes aurait été vaincu par la science, assainissant la nature, l'idée spiritualiste se trouverait touchée. Abolissant les lois qui auraient créé confusément le bien et le mal, le vice et la vertu, la vie et la mort, avec la fausse science du bien et du mal pour excuse, et l'hypocrisie du libre arbitre pour défaite, doctrine qui ne serait au fond que la philosophie de la mort éternelle et fatale, les hommes qui détruiraient l'effet morbide auraient détruit la cause imaginaire. Dieu ne serait plus un pur esprit, de vie et de mort, évocateur de mystères sublimes, ce serait un pur idéal de progrès vivant dans l'âme humaine depuis le Christianisme. L'âme ne serait plus le souffle mosaïque venu d'en haut qui serait la mort, ce serait, se perfectionnant au travers des âges de lumière, une lumière transmise à l'état de nature par nos père et mère, augmentée ou diminuée, purifiée ou ternie, au gré de chaque cœur chrétien. Ce serait la vie. L'âme serait lumière et marcherait à l'avenir ; l'esprit serait ombre et retournerait au passé.

En réalité chaque victoire de l'homme sur la nature, paraît être le vivant témoignage d'une évolution continuelle de l'humanité vers le progrès. Chaque victoire de l'homme sur ses passions, et sur son féroce égoïsme, doit être la preuve vivante d'un idéal divin qui vit en lui depuis le Christ. Et chaque victoire du christianisme sur lui-même, sur le spiritualisme, autre paganisme philosophique, et le déisme, autre néant païen, le rapprochant de son cœur, le rapprocherait de l'éternité. En partant du principe que l'homme est un être aérien descendu sur sa planète, créé d'un souffle étranger à sa nature, on reste dans les ténèbres originelles. En partant sans panthéisme du principe que l'homme et la nature, lumière de l'âme, dont l'univers, ne sont qu'un, on découvre pas à pas l'enchaînement étroit, splendide et douloureux, des gloires et des misères humaines dans l'harmonie universelle.

## II

### Activités Chimiques de la Nature

Au point de vue positiviste, auquel il nous paraît infiniment plus rationnel de nous placer tout d'abord, nous réduirons toute la question de l'existence, à ces principes de physique générale des mondes. L'unité d'essence dont sort tout ce qui existe à l'état organique ou inorganique, est la pierre météorique, matière cosmique identique et première. La lumière est, par vibrations successives, l'origine de la chaleur dans la matière inerte où l'oxyde de fer magnétique prédomine. La chaleur se transforme en mouvement, donc en travail chimique et mécanique, dont résultent spontanément, par réactions calorifiques et frigorifiques consécutives, les causes secondes électriques et magnétiques qui produisent l'inorganique et l'organique incréées. Les causes secondes inorganiques et organiques, sont électro-positives ou électro-négatives, levogyres ou dextrogyres, moléculairement actives ou inactives, et elles sont sexuelles dans les règnes végétal et animal, parce que l'attraction et la répulsion, ou les deux sexes, existent parallèlement à l'état de nature se produisant et se reproduisant d'eux-mêmes. Les électriciens s'assureront que la lumière elle-même, dans certaines conditions, présente ces caractères distinctifs. Elles sont diversifiées, variées à l'infini, parce que d'elle-même la lumière polarisée se divise naturellement en rayons parallèles, de couleurs distinctes et de combinaisons multiples. Et d'eux-mêmes les atomes du néant se repoussent, s'attirent, se divisent, ou se groupent, électro-positivement ou électro-négativement suivent leurs propriétés d'absorption de la lumière ou d'oxygénation, et suivant mille autres causes qui les transforment en les appropriant à leur milieu dans des combinaisons sans fin. Il nous reste maintenant à rechercher sommairement dans quel ordre se seraient manifestées les activités auto-agissantes de la nature.

Les grands phénomènes évolutifs du globe se réduiraient à quatre états successifs : état de fermentation correspondant à l'âge de transition géologique, ou aux actions chimiques et électriques des eaux et du soleil en ignition. Etat de désorganisation et de putréfaction, correspondant à l'âge secondaire ou aux actions de décomposition chimique des eaux souillées de détritus organiques, et aux actions électro-magnétiques de la terre en transport d'aimantation et du soleil incandescent. Etat de transition correspondant à l'âge tertiaire ou aux cicatrisations des plaies parasitaires de l'âge précédent. Époque de consolidation de l'écorce, d'activités mécaniques élémentaires des eaux et de la terre enveloppée d'une buée chaude, tandis que le soleil inactif et appauvri se transformait. Etat de vie et de mort et de mécanique intérieure perfectionnée, de l'homme, des eaux et de la terre, correspondant au quaternaire paléolithique, à la concentration des énergies lumineuses du soleil, et aux actions mécaniques constitutives du relief, antérieurement à la période glaciaire.

Lors des premiers terrains succédant aux terrains primaires, la chimie organique du globe a pu traduire de diverses façons ses activités naissantes, mais invariablement dans l'eau. A notre avis, ce fût par électrisation et phénomène de catalyse hydrique simple, soit par influence faible d'écume métallique sur l'oxygène et l'hydrogène, avec intervention azotée des métaux alcalins du soleil, jouant le rôle de ferments, sans altération possible du liquide, à défaut de substances organiques existantes, que la vie végétale et animale se manifesta. La production du végétal acotylédone, algues, champignons et mousses microscopiques, ne dut différer de la production de l'animal unicellulaire, protozoaires, monades, foraminifères, infiniment petits, que par le mode de dédoublement ou de « transport de matière allant de la substance qui fermente à celle qui provoque son dédoublement ». Mais le premier symptôme de vie a dû se déterminer de même. S'il tombe dans un liquide stable, fermentescible, électrisé, des atomes inorganiques azotés, qui ne sont jamais des germes, le liquide se désoxygène, il se produit de la chaleur. Cette chaleur, représentée par une infinité de molécules qui fermentent, c'est-à-dire qui s'efforcent d'exhaler, de rejeter les molécules d'azote, ce qui est une ébauche de respiration, forme normalement 8 volumes d'oxygène et 3 volumes de charbon gazeux, en présence de plus ou moins de molécules d'azote. Le froid enveloppant, aussitôt produit par la chaleur, coagule alors autour de l'acide négatif vis-à-vis de la base azotée, et suivant les cas, la formule $C^{12} H^{10} O^{10}$, qui est la cellulose ou la cellule végétale, lorsque les molécules d'azote sont en volumes supérieurs à l'acide carbonique combiné. Et il coagule, sous toutes réserves, la formule $C^{17} H^{14} O^{11}$ AZ, qui serait la cellulose animale des unicellulaires, ou la chitine, formule variable selon l'électrisation lorsque les molécules d'azote sont en nombre relativement faible autour de la petite sphère gazeuse fermentante. Le froid produit alors 1 volume d'oxygène contre 1 d'azote, protoxyde d'azote d'une part; et 1 d'azote contre 5 d'oxygène, acide nitrique de l'autre. Ainsi l'inactivité et l'activité relatives, sommeil, vie et mort de l'animal à naître, se préparent avant lui. De telle sorte qu'il ne pourrait exister de minéral sans catalyse oxydante solaire avec absorption de gaz; de végétal, sans catalyse hydrique minérale; d'animal, sans catalyse azotée végétale.

La cellule végétale, qui ne contient aucun germe, ainsi constituée, sous une atmosphère saturée d'électricité, il se fait, entre l'acide carbonique et l'azote, peut-être l'acide azotique, enfermés, un premier dédoublement. Ils se transportent aux pôles positif et négatif de la sphère minuscule, l'acide carbonique devenant la tige, l'acide azotique, qui ne tarde pas à ronger la cellule et à lui emprunter un filament fibreux, devenant la racine. D'un côté, l'acide carbonique, élastique et moins dense, travaille le tissu cellulaire et y développe un mamelon au sommet de la sphère. De l'autre l'acide azotique abandonne en partie son oxygène, dont l'hydrogène ambiant s'empare aussitôt, ce qui assurera l'alimentation aqueuse du filament fibreux. Puis un second dédoublement s'accomplit, du fait de l'acide carbonique enfermé dans la cellule. Celui-ci provoque le transport de l'eau puisée par la racine et entretenue à l'état de fermentation par l'acide azotique également enfermé, jusqu'au mamelon de tissu cellulaire, à l'intérieur duquel une vésicule sporangienne aqueuse s'organise. Le transport continu d'éléments constitutifs en rapport avec la nature sédimentaire des eaux ou des terrains, ne tarde pas à remplir la cavité sporangienne de cellules reproductrices. Quel que soit leur nombre, celles-ci passent par tous les états décrits, jusqu'à celui d'acotylédoné acrogène, dont le pôle négatif se traduira par une anthère cloisonnée, fécondante, glycogénée, et le pôle positif de la base azotée par un ovaire segmenté, alcalinisé. L'interfécondation interne, ou le transport de matière de la base fermentante à l'acide qui provoque le dédoublement, inversement à l'interfécondation dans le règle animal rudimentaire, produit d'abord le cloisonnement vitellin de l'ovaire, la vie. Puis il produit son fractionnement et le renouvellement de toutes les activités décrites, quand arrive la décomposition de la cellule initiale, la mort. Phénomène de multiplication, que la physiologie végétale répète d'une nature formée de plus de cent millions de molécules par millième de millimètre cube, comme si elle connaissait la morale : « On a souvent besoin d'un plus petit que soi ».

La cellule animale des unicellulaires passerait par des phases analogues, que distinguerait seul le mode de dédoublement dont résulte la vie inférieure. Ce déboublement sous l'influence de l'atmosphère saturée d'électricité de l'époque de transition, qui comprend les protozoaires, rayonnés, mollusques articulés, serait le même pour tous les invertébrés et produirait des types dont la fixité actuelle tient au milieu seulement fermentescible dans lequel ils auraient pris naissance. Lorsque la cellulose animale est coagulée autour de la cellule première, le phénomène du règne végétal se produit inversement. L'acide carbonique plus neutralisant, plus oxygénable, joue le rôle d'électro-positif ou de base, et se porte au pôle positif. L'acide carbonique plus léger, plus élastique, qui chez les diptères favorisera le vol par développement de l'abdomen, travaille le tissu cellulaire et s'y ménage un orifice par lequel l'oxygène attirera et fixera le carbone et la chaux. Leur absorption fibreuse et leur sécrétion en tubes, prismes et lamelles, constitueront les coquilles, les carapaces et les écailles des mollusques testacés, par des orifices devenus des pores, quand l'acide carbonique et le calcaire enveloppants domineront. Le derme carbonaté des autres invertébrés, se fera d'oxygène n'assimilant guère que de l'acide carbonique. De son côté l'acide nitrique du pôle positif travaille également la cellule. Il la ronge, se ménage un orifice antérieur, et provoqué par la sollicitation de l'acide carbonique du pôle négatif, il utilise une partie de son oxygène à s'assimiler dans les eaux du fer, de l'azote, des débris organiques encore rares, dont il est très friand, bien que l'animal ne soit pas encore en vie.

Les substances entrées dans la cellule fermentent dès qu'elles sont en contact avec l'acide nitrique et un transport de matière s'effectue d'un pôle à l'autre. Comme chez le végétal, une vésicule aqueuse fermentante se forme entre les deux pôles. Mais elle se remplirait ici de cellules sphériques ovoïdales, reproduisant exactement le travail décrit, à la différence que l'oxygène de l'un des pôles emprunte au tissu cellulaire des filaments mucilagineux, qui seront l'organe mâle, et que l'oxygène de l'autre pôle transforme les bulles d'acide carbonique en ovules qui seront l'organe femelle. Les deux organes reproducteurs se trouveraient donc enfermés d'eux-mêmes ensemble dans la même cellule microscopique, et moins sous l'action de l'électricité, qui imprimera un léger mouvement brownien aux filaments, que sous l'action de la pression contre la paroi des cellules internes, l'interfécondation aussitôt préparée, la vie se manifesterait. La cellule première se segmente en autant de cellules migratrices qu'elle en a formées intérieurement. Chacune en fait autant, toutes adhérant entre elles ; une carapace se dessine chez les rhizopodes, la matière fermentante devient la nourriture de l'infusoire, l'orifice inférieur des cellules du mollusque se transforme en organe d'exsudation du carbonate calcaire, dont l'imbrication, décomposant interférentiellement la lumière, donne les teintes irisées de la nacre. La coquille est spiroïdale, lorsque l'acide carbonique, qui tend à se dégager en spirales du fond des eaux, domine dans sa formation ; elle est valviforme, quand les calcaires qui tendent à se stratifier et à s'écraser latéralement, la constituent de préférence.

Dans les mers chimiques de la période des trilobites, la vie des unicellulaires était naturellement brève ; leur énergie d'assimilation en présence d'une nourriture surabondante, énergie qu'ils ont conservée depuis, accélerait leur existence. Quant à leur reproduction, qui eût pu se faire par décompositions sans altération putrescible à cette époque, et par simples dégagements des cellules intérieures, elle était assurée par des formations continuelles de cellules premières. Avec les radiaires ou rayonnés, échinodermes, polypes, oursins, étoiles de mer, méduses, les productions maladives du globe apparaissent. La vie s'organise d'elle-même : mais les cellules s'atrophient, elles deviennent granuleuses, fusiformes, comme les fibres lamineuses du tissu constituant, au début de leur évolution. Les carbures d'hydrogène qui se portent au pôle négatif, commencent à remplacer les carbonates de chaux dans le tissu grisâtre, lardiforme, cancroïde, présageant les pattes du crabe, indiquant l'origine des affections cancéreuses. L'activité cellulaire ramène la forme extérieure de l'animal à celle du végétal, et comme dans le végétal, se développe autour du pivot d'un axe vertical, plutôt qu'entre deux pôles horizontaux, paralysant les mouvements du radiaire.

Jusqu'alors, le métamorphisme de la faune fossile, chez les brachiopodes et les trilobites par exemple, se réglait sur la translation lente et les gravitations circulaires du système et sur le besoin de s'assurer une respiration à l'abri de la chaleur des eaux. Les uns et les autres se faisaient des bras tentaculés en spirale, ou des coquilles spiriformes, parce que l'échange électro-chimique d'atomes entre la terre et le soleil, était encore sans force électro-motrice. Il formait alors un va et vient par courants faibles au long des fils moléculaires enroulés, avant de se définir par un couple de forces parallèles, et de sens contraires, tensionnées comme tout indique qu'il se définit aujourd'hui. Ils s'abritaient sous un manteau de calcaire carbonaté, au travers duquel ils respiraient, parce que la chaleur rayonnante des rayons divergents poussait au développement en éventail et que la convexité du foyer lumineux poussait au gonflement en parasol. Où ils se faisaient, pour le même motif, un limbe frontal hideux, épanoui en arc de cercle, dans lequel le nitre du pôle positif, à l'extrémité de chaque filament nerveux, amenait la substance hyaloïde qui cristallise en facettes et se ménageait deux yeux microscopiques. Leurs branchies, positivement amorcées au règne végétal par les électro-négatifs cellulaires, jetaient des racines sur les roches. Leur thorax annelé comme des points liés d'attraction moléculaire se conformait à la rotation du soleil, d'autant plus rapide à cet âge, que les échanges d'atomes étaient plus sollicités, la gravitation plus pénible, l'écorce terrestre moins affermie par oxydation et la sphère moins pesante.

En résumé la vie animale primitive résulterait de la polarisation par action électrique des cellules coagulées autour d'un ferment alcalin. Le mouvement chimique par transport de matière, en serait la conséquence, ainsi que l'interfécondation chimique interne de chaque cellule intérieure sous l'influence de la lumière qui leur imprimerait cette activité merveilleuse des clasmatocytes, constatée par l'histogénèse. Chez tous les êtres vivants, chaque cellule renfermerait le principe vital, qui vivrait aux dépens de la matière fermentante assimilée, et qui par conséquent, formerait et renouvelerait sans cesse les principes vitaux, immédiatement semblables à sa propre substance. Aussi les éléments anatomiques apparaissent-ils de toutes pièces, se réunissent-ils moléculairement avec une rapidité extraordinaire, et accroissent-ils le volume de l'être vivant, lorsque l'assimilation constituante l'emporte sur la désassimilation décomposante. La morphologie végétale et animale se conformerait donc aux lois mécaniques générales de l'Univers. Elle s'approprierait aux besoins spéciaux et mécaniques, dérivés, chez la plante ou l'animal, de la nature des terrains et des eaux, ainsi que des conditions climatériques, au milieu desquelles ils ont pris naissance. La physiologie végétale et animale au contraire, se conformerait à des lois chimiques invariables, de métamorphose, ou de substitution d'éléments nouveaux aux anciens, de multiplication et de fécondation, enfin de décombustion ou de destruction par désoxygénation. Lois inhérentes à l'atmosphère ou aux eaux dans laquelle vivent les espèces fixes qui en assurent l'assainissement partiel.

## III

### Activités décomposantes de la nature

Nous avons déjà compris que la vie animale élémentaire provenait principalement de la propriété chimique des moindres atomes gazeux de la nature, d'être électro-positifs ou électro-négatifs les uns vis-à-vis des autres. Décomposés sous

## CHAPITRE II

l'action électrique de la pile microscopique représentée par la cellule, transportés de proche en proche par endosmo-exosmose sous forme de matières assimilées ou désassimilées, ils entretiennent et répandent le mouvement calorifique que produit la destruction du contact atomique de leur état premier. Cette décomposition normale, dans des eaux seulement fermentescibles, va changer d'aspect dans des eaux stagnantes et carburées, où l'agglomération de débris organiques produits pendant des milliers d'années, jusqu'au terrain permien, active la dégénérescence des corps catalytiques en ferments putrides.

La manifestation vitale chez les fossiles détruits, chez les grands sauriens en particulier, dût se produire par hypergenèse, ou transformisme anormal des cellules naissantes. Ici l'acide carbonique du pôle négatif, serait devenu soit un hydrogène protocarboné, un protocarbure, un hydracide ; soit un oxacide ou un oxyde de carbone. Physiologiquement, l'évolution de l'animal vers le végétal s'accentue, mécaniquement elle se conforme à la rotation solaire qui s'accélère toujours. Ici encore l'acide nitrique du pôle positif se convertit en acide hypoazotique qui sature la base et se prête à l'assimilation immédiate, vorace et continuelle, des substances organiques putréfiées. Même à défaut de preuves de la non-fixité de ces espèces, témoignée par leur disparition, la raison seule déduirait de l'état des terrains du secondaire, en présence de la neutralisation probable de la base carbonée, l'absence de reproduction par voie de fécondation, dans l'organisme des sauriens primitifs. Monstrueuses secrétions microbiennes du globe, elles en sont les agents épiphénoménaux de putrescibilité, seulement propres à délivrer son derme du virus solaire. Ce sont des mythes qui naissent d'un bouillon de fausse culture, comme Minerve du cerveau de Jupiter, armées de toutes pièces de la fécondité de la fable, et des mâchoires de la réalité. Bien qu'il paraisse difficile de s'expliquer comment d'un véritable bacille, a pu naître, par oxydation lente, un ptérodactyle à long cou, par exemple, sorte de crocodile ailé à pattes granulées, nous allons essayer d'en reconstituer la formation. Nous tenons d'abord compte de ce fait que la désoxygénation de l'air par les décompositions de substances organiques au profit des terrains de l'âge secondaire, augmente en faveur des vertébrés froids, les actions électro-magnétiques qui polarisent leur cellule. Cette donnée juste nous permettrait de comprendre qu'ils aient pu supporter, rechercher même, la température torride de l'hémisphère boréal, où ils devaient s'entredévorer.

Comme dans les espèces fixes, la cellule polarisée, mais ici par électro-aimantation, se coagule autour d'un ferment, cette fois putrescible, que la cellulose, et consécutivement l'organisme, tendront à éliminer en tant que dissociant sous la chaleur. Il en résulte, en premier lieu, la multiplication prodigieuse des cellules, par abandon réciproque d'éléments dissolvants, que la nature, représentée par la cellulose, rejette. En second lieu l'impossibilité d'exister pour l'animal produit, à moins d'oxydation spontanée de sa cellule : C'est-à-dire à moins que l'existence dans la mort ne soit assurée au rebours de la mort dans la vie. Car l'existence ici, simple ferment putride, qui ne comporte aucune filiation, n'a de but que la désoxygénation de matière fermentante putrescible, qui oxyde la cellule et la rend indécomposable autrement que par les antiseptiques. Aussi l'existence microbienne, contrairement à la vie réelle par assimilation oxygénée de substances organisées, se conserve-t-elle indéfiniment à l'état de ferment désoxygénant. En un mot l'animal d'espèce fixe se reproduit par interfécondité interne, d'où interfécondité externe, et peut, faute d'aliments, vivre longtemps sur sa substance. Il peut ménager même dans le sommeil ses activités assimilatrices et désassimilatrices, auxquelles, semblable au végétal la nuit, il substituera un simple échange de gaz sans élaboration complète ; mais sa vie s'éteint. L'animal sans espèce fixe, l'hydracide, le microbe, le monstre, au contraire, auraient commencé dans la destruction de la vie, dont ils étaient la désoxygénation décomposante. N'ayant jamais existé normalement, le monstre microbien ne s'éteignait pas normalement. Existant de la mort et dans la mort, n'ayant point à chercher d'instincts vitaux, il n'avait pas à fixer une monstruosité, qui se renouvelait toute seule, par simple phénomène de fermentation putride, toujours identique à lui-même. L'animal vit d'une combustion oxygénée et meurt par oxydation lente ou décombustion. Le bacille existe en raison d'une décombustion et d'une oxydation spontanée, et se détruit par réoxygénation ou désinfection de l'air que son travail décomposant désoxygénait. L'un possède une cellule dans laquelle la base neutralise l'acide et s'oxyde lentement. L'autre a une cellule dans laquelle l'acide sursature la base ammoniacale qui s'oxyde aussitôt. L'un est la vie mortelle, l'autre est la mort. Ce fait expliquerait théoriquement que des ptomaïnes, ou des secrétions bacillaires, cultivées dans un milieu spécial, puissent rendre certains éléments chimiques putrescibles des tissus, indemnes de la désoxygénation, que causait le bacille lui-même. L'inoculation d'un vaccin ou d'une matière déjà oxydée, détruirait la cause par l'effet, en oxydant par avance ces agents chimiques de putrescibilité dans les tissus dont elle empêcherait dès lors la désoxygénation décomposante. *Similia similibus curantur*. La hardiesse de l'hypothèse n'exclurait point sa vraisemblance.

Quoi qu'il en soit, le ptérodactyle du secondaire dont nous avons entrepris la reconstitution d'existence, n'a pu naître que par oxydation complète des cellules, coagulées en masse informe, autrement dit amenées à force de fixation de débris putrides, à l'état physiologique auquel se détruisent les cellules d'un animal ordinaire. Une masse de cellules oxydées, électrisées, polarisées, doit vibrer et s'aimanter forcément d'elle-même sur le méridien magnétique, comme du fer doux. Il en serait résulté un axe selon la ligne des pôles et dans le sens de la longueur, tandis que le transport de matières d'un pôle à l'autre se serait effectué horizontalement dans toute la masse. A cette époque de translation insensible, et de gravitation presque nulle, sans rotation diurne, l'oscillation de cet axe selon le plan du méridien, ou l'angle excessivement faible que faisait l'échine du futur animal avec la position du soleil, à gauche puis à droite du méridien magnétique, devait déterminer deux autres transports de matières. Quand le pôle était à gauche de l'axe aimanté, il attirait comme il ferait de l'aiguille d'une boussole, une certaine quantité de carbonate de chaux prélevée sur le transport général du nord au sud. Quand il était à droite il en faisait autant. Durant ce jour sans fin de plusieurs milliers d'années du secondaire, le mouvement d'angle insignifiant du soleil occasionnait seul un déplacement de la ligne du méridien, une déclinaison, si l'on préfère, avec l'axe de l'échine de l'animal. Il en résultait que vers le matin et vers le soir fictifs de cet âge, l'attraction de matières déclinait un peu comme le soleil, et que l'extrémité des futures ailes du crocodile ailé, limitées par la quantité de cellules agglomérées, se terminait en pointes encore molles. De son côté le magnétisme terrestre, dont les courbes tournent autour de l'axe du méridien en sens direct des courbes magnétiques du soleil, mais inverse de la rotation diurne d'Occident en Orient, qui n'existe encore point, était surexcité par les carbures d'hydrogène du sous-sol. Il devait agir axialement, mais avec une déclinaison, par rapport à l'attraction électromagnétique du soleil qui fera tourner la terre autour de son axe. Il devait déterminer un transport de matière à la base de la masse cellulaire agglomérée ; à droite lorsque le soleil agissait à gauche, à gauche lorsqu'il agissait à droite. Il préparait ainsi les pattes du ptérodoctyle, et il amenait peu à peu par attraction de la pesanteur, l'amas encore indécis de la position semi-verticale, semi-horizontale, à plus de fixité.

Un protoplasme électrisé, aimanté quelconque, provoque un courant d'électricité émanant de l'accumulation la plus proche, et par là même d'une électricité engendrée selon les éléments chimiques du sous-sol et la nature des terrains ou des eaux qu'elle traverse. La formule de ces éléments correspondra mathématiquement à celle de l'animal, selon cette loi naturelle : à terrain identique, animal identique. De ce seul fait, l'état anormal des terrains et des eaux du secondaire couverts de débris putréfiés est démontré par la disparition du fossile détruit, et les conditions d'un protoplasme normal d'espèces fixes sont renversées. Aussi le magnétisme solaire dût-il intervenir avant l'apparition d'aucune fonction vitale chez le ptérodactyle. Il se manifeste en conséquence dans le protoplasme de cellules, devenu un électro-aimant annulaire, deux systèmes d'aimants dans la longueur, associés comme dans un appareil faradique et quatre pôles antagonistes agissant sur la masse cellulaire électro-aimantée. Le magnétisme solaire amorce positivement les électro-aimants aux ailes et aux pattes; le magnétisme terrestre amorce les inducteurs négativement aux pattes et aux ailes. L'inducteur se détermine aux ailes, et l'induit de $1^{er}$ ordre aux pattes. L'un des courants agira dans un sens, l'autre en sens inverse. En dehors des actions chimiques, l'un tendra à faire osciller la masse coagulée dans un plan vertical, l'autre à la maintenir dans son plan horizontal. Lorsque le transport de matières, limité par le protoplasme, est attiré par le courant normal, qui a ses pôles magnétiques sur l'échine, aux points d'attache des ailes, courant faible en raison de l'eau interposée sous la masse gélatineuse, il s'effectue positivement à la base hypoazotée. Les principes carbonatés salifiables positifs, arrêtés au long de l'axe, plus ou moins chimiquement sollicités par les cellules les plus proches, mais surtout sous l'influence du courant dédoublé ou induit, qui a ses pôles aux points d'attache des pattes, qui les repousse et forme un arc, cherchent une issue. Ils se comportent alors comme de véritables rhéophores, par analogie avec des pinces de crustacés, et se courbent annulairement autour du protoplasme jusqu'à devenir vertèbre inférieure. Lorsque le transport de matières est repoussé par le courant électrique, qui a ses pôles sur l'axe, aux attaches des ailes, il s'effectue négativement à la base. Les électro-négatifs, chlore, calcium, sodium, potassium, etc., arrêtés au sommet de l'axe, s'accumulent en formant un embryon de tête. Les électro-positifs passent, mais le courant dédoublé, l'extra courant qui a ses pôles aux attaches des pattes, les repousse à son tour, ce qui produit une solution de continuité sur l'échine entre la dernière vertèbre et la suivante. Puis les alternatives d'attraction et de répulsion réglées par les mouvements de soulèvement et d'affaissement de l'axe, qui servent d'interrupteur, ramènent les actions précédemment décrites. Un second arc dessine une nouvelle vertèbre et ainsi de suite jusqu'à la limite tracée par les pôles des ailes, par courants alternatifs naturels, successivement négatifs et positifs.

Avant d'aller plus loin, disons que, d'elle-même, l'électricité sollicitée par un protoplasme magnéto-électrique, est à l'état naturel d'intermittence se traduisant par une série d'impulsions, qui deviendront des contractions musculaires ou des mouvements du phénomène, sans autre règle que les appétits chimiques. S'il était possible de trouver pour le monstre spontané, des équivalents précis, comme pour la mécanique céleste ou l'animal fixe, de connaitre et d'étudier tous les agents physiques qui ont pu jouer le rôle de transformateurs, du genre des bobines de Ruhmkorff, il serait relativement facile d'évaluer dans quelle proportion naturelle se sont modifiés l'intensité et le potentiel, ou les deux facteurs de tout courant. Cette étude approfondie conduirait à la reconstitution mécanique exacte de tout mouvement locomoteur imparti par la nature aux bêtes qu'elle produit comme des plantes. Tantôt elle élève le potentiel ou le niveau des ailes, ou du feuillage, au détriment des pattes, ou de l'intensité de production en fleur et en fruit. Tantôt elle solidifie les mâchoires en proportion inverse de la résistance que le circuit d'une longue échine et de pattes peu développées offrent à l'intensité du courant. De même elle solidifiera d'autant plus les feuilles de la betterave, par exemple, qu'il y aura moins de résistance offerte par le pivot de leur fuseau à l'intensité du courant qui le développe et le nourrit.

Mais il s'agit ici d'un symptôme fossile dont on ne peut qu'approximativement rechercher les analogies avec les espèces fixes. D'une part, il semble avoir eu de grandes ailes, de l'autre une mâchoire énorme. Anomalies morbides qui se prêtent mal au raisonnement positif. Nous sommes donc réduits à admettre que le courant normal, trop faible, bien entendu, pour décomposer les cellules par électrolyse, cesse d'influer sur le courant induit des pattes, et que le magnétisme terrestre amène le protoplasme à la stabilité, en ce qui concerne la masse coagulée du corps futur de l'animal. L'embryon de tête, constitué par des électro négatifs principalement, reste seul mobile, seul soumis à l'attraction du magnétisme solaire, qui l'attire hors de la masse. Le transport de matières du nord au sud, s'effectue au travers de cet embryon. Donc plus il est attiré par la force électro-magnétique externe, en même temps qu'il est repoussé par l'induction interne, toujours prête à se développer dans les parties mobiles, induction qui dessine une vertèbre du cou à chaque alternative, plus le cou du crocodile ailé s'allonge. La force électromotrice, si faible qu'elle fût dans l'humidité, est alors commuée par les matières oléifiantes, carbonatées, alcalines, phosphatées, plus ou moins isolantes, qu'elle rencontre au sommet du cou, à l'endroit auquel se placera un rudiment de cérébralité. Le courant primaire a toujours ses pôles aux attaches des ailes. Quant au courant de second ordre, attiré par les électro-négatifs aimantés, accumulés dans l'embryon de tête, il ne s'étend plus seulement de la base au sommet du cou, ce qui ménagera au travers des cellules deux sortes de tubes, l'un digestif, l'autre respiratoire. Il repousse en arc de cercle le transport de matières isolantes jusqu'au commutateur naturel. Celui-ci, représenté par la protubérance occipitale, qui différencie le crâne de presque tous les vertébrés du crâne de l'homme, se comporte comme le pivot d'une manette. Un circuit dans un sens perpendiculaire au plan de l'axe se forme, dont les bornes seront les pointes intérieures des mâchoires, ce qui en préparera l'ouverture. Par pulsations électriques, accompagnées du va et vient, tantôt dans un sens, tantôt dans l'autre, naturel au courant, les contours de l'embryon se régularisent. Elles forcent le transport continu des matières à s'effectuer entre les branches des rhéophores, ces matières non cellulaires se divisant d'elles-mêmes en électro-négatives et électro-positives. Electro-négatives, amorcées par l'attraction solaire, les matières sont transportées, malgré elles, au pôle positif du courant primaire, vers les points d'attache des ailes. Elles implantent dans le protoplasme par le tube respiratoire ébauché, le règne chimique et végétal de la nature. Elles prennent racine, par des fibres primitives lamineuses, sur l'axe vertébré, entre le thorax et l'abdomen futurs du crocodile ailé. Electro-positives, amorcées par l'attraction terrestre, naturellement amenées au pôle négatif du courant normal par le tube digestif rudimentaire, elles introduisent dans ce protoplasme froid le règne mécanique et quasi animal de la nature.

Déjà nous savons que la circulation électro-chimique du globe se traduit intérieurement par le muscle végétal, extérieurement par des artères, des capillaires foliacées. Nous sentons, par un bien-être interne, que ces pointes capricieuses de la chevelure planétaire, dont l'hydrogène de l'air humide sollicite les souffles oxygénés, stimulent nos fonctions nutritives. Filant, cousant, dans nos tissus les principes organiques qu'ils assimilent, motrices de flamme et de vapeur, ces machines ouvrières enferment sous les ombrages qu'elles tissent, ou sous les fleurs qu'elles brodent, toute l'électricité des poumons de la terre. Mais dans le corps du saurien diptère disparu, d'autres ouvrières, acides et oxydantes, enveloppaient d'un linceul fibreux de muscles morts avant de naître, l'inorganisme putride de l'animal magnétique.

Les poumons, aimantés positivement et négativement, selon le courant fort et le courant faible de l'endosmo-exosmose, se cloisonnent comme un sac à graines de papavéracées. Le cœur se forme d'un seul ventricule, analogue aux spongiaires, aussitôt enveloppé par les cellules du protoplasme ; intérieurement tapissé d'une mousse fibreuse de cellulose animale. Nouvel inducteur dans lequel se développe par emprisonnement d'un courant induit du courant normal, un va et vient alternatif autoagissant, le cœur devient un court-circuit accidentel. De là partira, faiblement enroulé comme des feuilles de fougère, frisées en forme de crosse, positivement au tube respiratoire, négativement au tube digestif, le courant continu par lequel le ptérodactyle, microbe géant, est prêt à vivre. Pendant ce temps le courant de second ordre de la tête, qui transporte les matériaux de la mâchoire, se couvre de cellules, de ses bornes à son pivot commutateur, base d'articulation et de distribution du négatif respiratoire, du positif digestif. Chaque cellule respire, et les matières albuminacées, oléifiantes, nitrogénées, carbonatées, sollicitées par le protocarbure de leur hideux petit pôle négatif, dont l'hydracide sature la base acide hypoazotée, se stratifient comme des terrains schisteux, en fibres lamineuses ou en écailles de serpent. La substance hyaloïde vitrée qui cristallise en tubes polarisés fait les yeux. Les cellules épithéliales de carbone, silice, alumine, qui cristallisent en tubes polyédriques, ou triangulaires, et en aiguilles, se déposent sur la mâchoire, se creusent des cratères dans l'amas de cellules, dont comme des roches ignées les dents feront éruption. Ainsi que chez le serpent, les substances organiques, le carbone, la potasse et la soude, l'azote et l'ammoniaque, les phosphates en quantité moindre, les principes métalliques, préparent le sang du monstre. Ce sang frigide, fixant moins d'oxygène, va rester à l'état catalytique, putréfiant, continuel. Par dédoublements de la plasmine, puis de la fibrine coagulée en mucus à squames visqueuses, il colorera en jaunâtre, verdâtre, bleuâtre, les cellules plasmatiques des écailles, les chromoblastes rétractiles qui modifieront ses lividités diverses, l'épithélium pavimenteux du plumage, autre chlorophylle du règne animal. Ce sang de monstre, constamment mêlé, noir et rouge, constamment empoisonné par l'hydrogène protocarboné ou l'oxyde de carbone, contiendra les principes venimeux et vénéneux de tous les règnes. Nous allons en examiner la formation et nous réserverons pour d'autres études organographiques plus approfondies, la description de la mécanique animale intérieure.

La plante parasite non verte exhale nuit et jour dans l'acide carbonique ces poisons mortels. L'oxygène en quantité plus grande dans l'air, diminuerait la sollicitation trop immédiate de tout ce qui respire et ralentirait la production hâtive en oxygène du végétal. A son défaut, presque toutes les plantes parasitaires élaborent mal avec l'acide carbonique, l'hydrogène ou l'oxyde de fer solaire, l'atome électrisé du néant, conduit par l'eau et la rosée surtout. Il est vrai que sous l'influence de l'électricité négative de la terre, qui décompose l'atome du soleil, combinaison intime des corps premiers cosmiques, dans lesquels dominent le carbone, l'oxyde de fer, le soufre, radicaux possibles de l'oxygène comme de l'acide carbonique, la plante respire, qu'elle vit d'acide carbonique. Il est également vrai que sous l'influence de l'électricité positive du soleil, de la rosée acide et stimulante, cette plante restitue son travail chimique à l'atmosphère. Que par l'effet des vibrations lumineuses solaires, qui poussent l'air humide à lui tirer des nervures comme autant d'étincelles, elle met en liberté l'oxygène dont nous vivons. Mais il est surtout vrai qu'avec cet oxygène les végétaux, dès qu'ils sont parasites, exhalent aussi, à la lumière seulement, de l'hydrogène protocarboné et de l'oxyde de carbone miasmatiques. Miasmes décuplés quand leurs feuilles vertes baignent dans les eaux stagnantes et les marais toujours remplis de débris organiques en pourriture. Cela doit tenir à ce que l'hydrogène de l'eau croupie, à peine oxygénée, plus avide d'oxygène, s'empare de celui que produit la plante aquatique froide et paresseuse, et d'une partie de son acide carbonique. La plante est aussi incapable de le retenir et de le fixer, qu'il est impossible à la substance vitelline fécondée, d'isoler les cellules embryonnaires en présence des leucocytes du sérum altéré. Il en résulte deux volumes de charbon contre quatre d'hydrogène, et une décomposition continuelle au lieu d'un travail végétal. Exhalé par le marécage, reste d'une paresse putride du globe ou secondaire, ce gaz des marais très voisin du grisou, vient d'anciennes décompositions, comme de la désoxygénation des débris organiques animaux anciens, vient l'hydrogène phosphoré, le feu follet. Ce phosphure d'hydrogène paraît un peu moins nocif, et l'oxygène suffit pour en déceler la présence.

Mais l'autre, le protocarbure d'hydrogène mêlé d'azoture de carbone ou d'hyposulfures, errant et fou, comme quelque esprit de mort, quelque antique cellule de ptérodactyle ou de mammouth, que leur hydracide cellulaire condamnait à la fossilisation, celui-là est invisible et mortel. Partout dans la nature ainsi que l'aigrette électrique cherche à la pointe des mâts son pôle, ce cyanogène ou cette mofette protocarbonée, cherche à la pointe de nos capillaires et en millionièmes d'atomes, son aimantation d'origine. La place qu'elle occupait au pôle négatif des spontanéités morbides du globe, enfouies dans les houilles et les fossiles détruits, elle l'occupe encore chez nos bacilles sans cesse renaissants à l'abri des siècles d'ignorance et de notre indifférence de la nature. Or ces gaz fluides, phosphuré, protocarbure d'hydrogène, azoture de carbone, oxyde de carbone, méthane de l'air confiné, échappant presque à l'expérience, qui passent, subtils et infectants dans nos poumons sans y laisser de traces, sont aussi ceux dont nous mourons le plus souvent. Ceux-ci nous frappent de maladies et d'accidents sans nombre, typhus, phtisie, cancers, fièvres paludéennes, hydrophobie canine et tous les bacilles hydracides qu'ils engendrent, résulteraient de deux causes :

1° Insuffisance d'hydrogène dans la photosphère du soleil, selon le diamètre terrestre mesuré sur le disque solaire ; hydrogène qui contribuerait à la désoxydation de l'atome cosmique et ne peut être produit que par le dessèchement des marais et la plantation des steppes des landes et des déserts. Devant cette atmosphère nouvelle, disparaîtrait le magnétisme des crises de nerfs, des hystéries, de l'onanisme, des perversions sexuelles, de l'influence hypnotisante, de la transmission de flux rotatoire, des hallucinations de la folie, aimantations misérables et factices à l'aide desquelles la destruction de notre humanité insouciante se poursuit.

2° Insuffisance d'oxygène dans l'enveloppe atmosphérique : oxygène, qui, s'il était surabondant, et sans parler encore des besoins physiologiques auxquels il répondrait, ne permettrait plus à la plante aquatique et parasitaire de réduire incomplètement l'acide carbonique. Multipliant prodigieusement ses cellules plutôt que de provoquer des multiplications morbides dans les nôtres, elle remplirait son rôle, qui est de fixer la lumière verte dans sa chlorophylle et de mourir aussitôt. Elle n'abandonnerait à l'atmosphère que fort peu d'oxygène, mais elle comblerait seule les marécages. Elle disparaîtrait dans l'ensemencement ou la plantation en essences vivifiantes qui nettoieraient et oxygèneraient l'atmosphère.

Pour en revenir à la spontanéité du crocodile ailé de l'âge

## CHAPITRE II

secondaire, l'un des premiers effets de l'augmentation d'oxygène dans l'enveloppe gazeuse jusqu'à l'équilibre parfait dont nous avons parlé serait de faire disparaître une à une les sécrétions animales morbides de notre planète, vers blancs, parasites, chenilles, reptiles venimeux. Peut-être serait-il sage d'étudier si parallèlement à la culture indiquée de fleurs de toutes nuances et par masses, pour désacidifier la lumière la plantation sérieuse, et sur une vaste échelle de camphriers, citronniers, térébinthes, n'aiderait pas à fixer les carbures d'hydrogène, qui doivent être les agents catalytiques des catalyses métamorphosantes dont proviennent les poisons dans le règne végétal, les épidémies dans le règne animal. Non moins sage serait-il de se débarrasser des espèces venimeuses ou tout au moins de leur venin, excès probable de cyanure de la substance pigmentaire, sans doute catalysée au contact d'un protocarbure et accumulée dans une glande hypergénétique. Il paraît peu probable que le ptérodactyle ait été un serpent ailé, comme certains débris fossiles, que l'on s'est efforcé de ranger sous le même nom, le feraient admettre, ni qu'il ait été venimeux, malgré son sang ; les reptiles d'espèces fixes paraissant être postérieurs au Secondaire. La disparition relativement rapide des monstres de cette époque, eût d'ailleurs empêché la formation séculaire des venins. Ce phénomène dût s'accomplir par catalyse très lente des substances organiques du serpent sous l'influence d'une sélection de son cerveau en rapport avec l'électro-magnétisation et les hydrocarbures des eaux et des terrains où il s'était produit. Mais l'activité décomposante dont les espèces, détruites par inappropriation à une atmosphère moins empestée, sont sorties, n'a point disparu avec elle, et, de nos jours, elle se réduit à des infiniment petits. C'est toujours la catalyse putréfiante, dans laquelle le corps simple, qui ne prend rien et ne cède rien, est invariablement un gaz fétide, dont les équivalents sont le plus souvent deux volumes de carbone ou de charbon gazeux, contre quatre volumes d'hydrogène. Quelle que soit la série des composés phosphorés, séléniés, tellurés, sulfurés, quadricarburés ou acétylurés, le corps catalytique simple ou composé, produit, par contact, un dédoublement des substances organiques qu'il putréfie. Puis il s'échappe lorsque la plante se décompose, lorsque l'animal meurt, et le miasme putride, qui n'est pas un germe, transporté par les courants atmosphériques, en suspension dans la vapeur d'eau, occasionne en nous, quand le tissu morbide s'y prête, le même phénomène de catalyse putride dont naît spontanément le microbe, l'oxydé oxydant.

Par bonheur, la catalyse est souvent double dans la nature, autrement dit amène deux dédoublements simultanés : l'un de substances organiques putrescibles, coagulables, sous l'action d'un corps catalytique gazeux, l'autre de substances organiques fermentescibles, cristallisables, sous l'action d'un corps catalytique acide. Le premier dédoublement qu'il faudrait provoquer dans la maladie, qui est l'agent principal de la constitution de certains terrains, solidifie, coagule, oxyde, aussi bien les débris organiques végétaux et animaux, que nos humeurs et nos cellules, et la putréfaction s'arrête. Le second dédoublement, qu'il faudrait combattre, qui est l'agent principal de la désassimilation, ou de la formation dans l'organisme de principes immédiats cristallisables, comme l'acide carbonique, l'acide urique, les alcalins du sang, les lactates, les oxalates, etc., etc., est normalement un dégagement gazeux et un mouvement calorifique qui rétablit les fonctions. Mais dans la maladie, dans un tissu morbide, ce second dédoublement est sans cesse prêt à se transformer en fièvre et malaise local sous l'influence du premier. Le miasme est alors la cause putrescible, la fermentation maladive en est l'effet.

Les actes réparateurs de la nature sont soumis à plus d'une exception. En vertu même des harmonies de l'univers qui exigent un progrès parallèle jusque dans l'immensité des choses, bien des phénomènes manifestés par le végétal se répètent identiquement chez nous. Certaines maladies, par exemple, ne sont peut-être que l'introduction dans l'organisme d'une catalyse double produite sur des matières animales et sur des plantes. Lorsque des matières organiques et des détritus végétaux pourrissent à proximité des accumulations humaines, animales, nitriques et ammoniacales de l'Inde, ou lorsqu'à proximité des émanations volcaniques et telluriques, des décompositions végétales ont lieu dans les plantations de cannes à sucre et près des sucreries d'Amérique, ne semble-t-il pas que le choléra et la fièvre jaune doivent en résulter à l'état endémique ?

Peut-être pourrait-on raisonner ces deux fléaux par analogie avec le typhus, où le principe du bacille serait un hydrocarboné fétide originaire de l'air contaminé par les agglomérations et coagulé avec un acide nitrique dans l'eau qu'il souillerait ? Les protubérances rouges et roses ou les taches seraient alors du carbone et de l'hydrogène brûlé par l'électricité interne, comme le soleil brûle l'acide carbonique et l'hydrogène planétaires. Les corpuscules, les plaques gaufrées et reticulées seraient du nitre prismatique, qui, par production microbienne exagérée, se déposerait en lamelles de matière typhique, comme l'atmosphère azotée, nitrifiante, hydrocarbonée, magnétisée, stupéfiante du secondaire, a déposé les marnes et les calcaires de ses couches.

Dans le cas de choléra, la cellulose végétale, enveloppe d'une cellule atomique, polarisée par aimantation électro-magnétique, se coagulerait autour d'un gaz fétide, probablement hydroazoté ou ammoniacal, jouant le rôle de base, vis-à-vis d'un acide nitrique ou seulement nitreux, azoteux, hydraté, en cas de choléra sporadique. L'acide nitrique avec lequel le gaz ammoniacal se comporte comme un oxyde, saturerait d'azote la base qui oxyderait la cellule, tandis que son oxygène pousserait à l'intérieur un fil bacillaire, ferment qu'il emprunterait à l'enveloppe. A côté de cette catalyse oxydante et putride, une seconde catalyse dédoublante aurait lieu. Sous l'influence des vents de mousson imprégnés d'acide chlorhydrique, la chlorophylle ou matière verte des plantes, combinaison de phyllocyanine bleue et de phylloxanthine jaune, se dédoublerait. La phylloxanthine, inactive en présence de l'acide chlorhydrique, resterait au végétal comme à nos feuilles en automne. La phyllocyanine au contraire, trop brusquement dissoute par l'acide chlorhydrique, serait emportée dans l'atmosphère avec le bacille hydroazoté, cyanhydrique et nitrique, cause du fléau. Les agglomérations humaines et animales productrices de nitre, et d'ammoniaque, agent et véhicule de la contagion, la multiplient, et l'homme répéterait dans son organisme le phénomène produit dans la plante. D'une part, l'acide azoteux, hydracide, provoquerait les dédoublements de la plasmine en fibrine et de la fibrine en mucus, tandis que l'ammoniaque s'emparerait à froid de l'oxygène de la respiration et glacerait les membres avec l'azotate. De l'autre, le second hydracide, l'acide chlorhydrique phyllocyaniné, bleuirait les mucosités et déterminerait la cyanose bleue des cholériques dont l'azotite de soude produit, causerait les déjections alvines floconneuses.

Dans le cas de fièvre jaune, le point de départ serait analogue, à cette différence que le principe gazeux de la cellule bacillaire, au lieu d'être hydroazoté, serait hydrosulfuré, emprunté aux émanations volcaniques des terrains mal solidifiés, souvent poreux et primaires de l'Amérique centrale. L'acide qui sature la base oxydée semble être l'acide hypoazotique. Ici les brises marines, ou les vents alizés, n'interviendraient que comme véhicules du fléau. Tandis que la phyllocyanine de la canne à sucre, resterait inactive en présence du corps catalytique, la phylloxanthine, catalysée sous l'action d'un éther sulfurique, produit par combinaison d'oxygène et d'alcool, au contact des ferments altérés d'azote et des émanations sulfureuses, se dissoudrait. Identiquement, le double phénomène catalysant se répèterait chez l'homme par contamination d'un milieu prédisposé. La biliverdine, matière colorante de la bile, que Berzélius juge avec raison semblable à la chorophylle, se décomposerait. Cessant de couler dans l'intestin, la bile cesserait de neutraliser les matières de l'estomac qui s'altèreraient. Leur désassimilation et par suite la formation de l'acide carbonique de l'expiration, qui noircit le sang, comme l'oxygène de l'inspiration le rougit, ne pourrait plus s'effectuer. La circulation du sang, ou son passage du réseau artériel rouge dans le réseau veineux noir, et son retour au cœur, cessant d'avoir lieu normalement, il envahirait l'estomac, dont il serait rejeté à l'état d'acide carbonique hydrosulfuré, liquide, par les malades atteints du vomito negro.

En présence de fléaux aussi terribles, ne faut-il pas employer tout d'abord le remèdes préventifs ? L'hygiène, l'ozonisation par courant électrique de l'eau douteuse contre le typhus ? L'exploitation pour la culture des nitrifications, nitrates, azotates de soude et de potasse, produits par les agglomérations humaines des Hindous contre le choléra ? L'interdiction s'il est possible, des pèlerinages funestes ? L'ensilage en Amérique des tiges de canne coupées et les plantations de vigne, dans les pays de sous-sol volcanique immédiat, contre la fièvre jaune ?

## IV

### Activités mécaniques élémentaires de la nature.

La vigne va nous fournir l'occasion d'étudier les activités mécaniques élémentaires de la nature végétale et animale. Le phylloxéra d'importation américaine, est un puceron hémiptère armé d'un suçoir effilé, qui est né avec le vignoble américain dans des conditions de nutrition, d'assimilation, de désassimilation, de respiration même, à peu près identiques à celles de la vigne indigène. Aussi ne fait-il pas plus de tort au plant plus immédiatement soufré des Etats-Unis, que la cigale dont la larve se nourrit pourtant de la sève des racines, n'en cause à nos plantes. Ceci tiendrait à ce que la terre doit nourrir des mêmes éléments organisés, le végétal et son parasite, nés d'un même sol ; tandis que le parasite dépaysé sans son végétal d'attache, deviendrait un fléau. L'acridien d'Afrique, dont les nuées ravagent des pays entiers, ne serait qu'un inoffensif criquet, si l'insousciance des peuplades arabes pendant des siècles, n'avait laissé détruire ou détruit elle-même, avec moutons et chèvres, l'ancienne végétation : les sauterelles apparaissent comme si les végétaux dont elles tiennent existaient encore. La plantation des espaces arides où elles pondent, les feraient disparaître.

Nous savons déjà que la mécanique végétale est une rotation autour du pivot d'un axe vertical, en vertu de laquelle les sels de substances organiques dévieraient à droite ou à gauche le plan de la lumière polarisée, et seraient électro-positifs ou électro-négatifs. Cette activité de la matière végétale, ce pouvoir rotatoire que chaque molécule intégrante d'une substance, exerce sur le rayon ou les rayons qui l'ont colorée, et avec lequel ou lesquels il y a échange continuel d'atomes chez la plante, devra nous expliquer la formation des pucerons. Si la vigne américaine est à l'abri des ravages du phylloxéra tandis qu'il désoxygène le plant français, c'est qu'il est le symptôme naturel d'une fermentation sulfureuse du sous-sol, identique à celle dont les éléments se retrouvent dans le fruit, ou pour mieux dire dans le vin. Sa production est ainsi que celle du puceron, soumise, comme toute la mécanique végétale, à l'action de deux forces parallèles de sens contraire suivant l'axe. Force de dépression descendante ; force élastique ascendante. L'intimité du lien atomique des molécules de toute substance organisée doit être telle, que chaque molécule constitutive du jus de la vigne, lui viendrait indirectement de l'atome solaire, directement de l'atome terrestre auquel s'ajouteraient, désoxygénés par les électricités de sens contraire, les principes assimilables contenus dans les engrais. Les feuilles du cep respirent d'abord les gaz sans assimilation. Les racines, électriquement sollicitées selon l'axe du pivot de la plante, transportent dès l'apparition des feuilles, par la sève descendante au long des cellules neuves et tendres de l'endoderme, ou de la couche interne de l'écorce, jusqu'aux couches profondes des terrains tertiaires, l'atome de matière cosmique contenu dans ces gaz ou plutôt dans la vapeur d'eau.

« Rien ne se perd, rien ne se crée » ou la formule célèbre des chimistes, resterait ici la formule chimique du transport des matières, remplaçant molécule par molécule son travail. La puissance statique et dynamique du plant de vigne, sont proportionnelles à la force vive des atomes emmagasinés et à une quantité de travail inférieure à cette force », en serait la formule mécanique. Ce qui veut dire que la résistance élastique de la vigne, serait proportionnelle, comme celle de l'homme, sauf le mode vital, à la force inactive des atomes nuisibles contenus dans l'acide carbonique respiré. Obligée de les éliminer, son activité produits des ceps plutôt tourmentés et rabougris que naturellement noueux. Et cela veut dire que sa puissance de travail ou de rendement, pourrait être maintenue inférieure à la force utile emmagasinée, tout en fournissant un rendement double. Cela si la photosphère était assainie par l'hydrogène, et l'atmosphère par l'oxygène. Car la production disproportionnée à l'oxygène dépasse toujours grâce aux exigences, et malgré l'engrais, la quantité de calorique latent et utile, absorbé. Il en résulte l'attendrissement des racines, la faiblesse de résistance aux parasites. Quant à la dynamique propre au plant de vigne, à ses forces élastiques et au mouvement ascensionnel dans l'étui médullaire de la sève au printemps, elle doit être gouvernée, comme dans toute masse moléculaire élastique, par un couple, un système de forces parallèles et de sens contraire, contractiles et extensiles. Couple agissant dans un sens de rotation inverse, ainsi qu'un ressort à boudin, extérieurement contractile, intérieurement extensile, ce qui serait la donnée générale de la mécanique végétale et vitale élémentaire. Sans entrer dans l'analyse des principes que renferme le vin, il est rationnel d'attribuer l'origine de ses sulfates et de son acide succinique aux couches inférieures du terrain tertiaire. L'acide succinique voisin des huiles de naphte, de térébenthine, et même du bitume, n'est sans doute qu'une combinaison très oxygénée de soufre et d'électricité négative, comme la plupart des résines. L'acide malique est de l'acide azotique et de l'acide carbonique oxygénés. L'acide tartrique enfin serait le produit du passage de l'électricité au travers de toutes les couches de soufre, de chaux, d'alumine, de silice de manganèse, d'oxyde de fer, de carbone, de potasse ; il serait la quintessence de la matière cosmique électrisée. Levogyre, lorsqu'il est le résidu d'une électricité plutôt d'hiver positive et descendante, et que le globe est entre l'aphélie et le périhélie : dextrogyre, lorsqu'il est le résidu d'une électricité plutôt d'été, négative et ascendante, et que le globe est entre le périhélie et l'aphélie. l'acide tartrique renfermerait alors un fluide plus puissant, transformé par la terre de positif en négatif.

Le phylloxéra, parasite naturel de la vigne américaine, est par conséquent le produit mécanique des forces qui nous donnent le raisin, et le produit chimique des principes qui le composent. Sa cellule s'est formée dans les conditions indiquées aux activités chimiques de la nature, et dans les conditions de construction électro-magnétique, indiquées aux activités décomposantes de la nature. La seule différence est que la putrescibilité terrestre n'étant intervenue à aucun moment de la formation parasitaire, l'animal, dont les pattes sont des courants secondaires induits, alternatifs, contractilement positifs, extensilement négatifs, s'est pourvu de cellules reproductrices, interfécondantes. Il en serait de même chez toute espèce fixe intersexuellement fécondante, et depuis les unicellulaires, dans tout le règne animal proprement dit. La terre a chargé d'électricité de noms contraires les nerfs négatifs, les muscles positifs du moindre insecte. De même la force ascensionnelle de l'électricité terrestre, au printemps et en été, ne se bornerait pas à préparer la maturité de la grappe pour l'automne, elle électriserait plus négativement les ailes des pucerons mâles quand ils les contractent pour les étendre, comme l'électricité solaire les électriserait plus positivement lorsqu'ils les ploient pour mourir après avoir fécondé les femelles. Celles-ci sont alors chargées d'électricité terrestre, négative, dont la tendance, aidée par l'action de la force dépressive du courant positif extérieur, qui dans l'organisme minuscule provoque le sectionnement des cellules négativement fécondées et leur ponte, est de se porter au pôle positif terrestre. Les femelles déposent donc, en hiver, dans les racines du plant, des œufs qui contiennent chimiquement, physiquement et mécaniquement, les principes, les formes et les mouvements, qui de cellule en cellule, et par répétition d'états particuliers à chacune, se sont transmis des mâles et des femelles aux embryons. Ces œufs quand ils renferment un embryon mâle, ou plus négativement électrisé, sollicitant déjà par ses cellules l'électricité positive du soleil d'hiver, qui les enveloppe d'une sorte de résine cireuse protectrice, n'éclosent plus que l'été ou l'automne suivant, sous les actions prolongées de l'incubation terrestre. Mais quand ils contiennent un embryon femelle ou plus positivement électrisé, qui sollicite surtout des électro-négatifs, de l'oxygène, de l'hydrogène, du carbone, de l'azote, du soufre et du phosphore, dont toute femelle qui pond fait son œuf, ils éclosent dès que la sève négative ascendante les leur apporte. Chaque cellule, intérieurement interfécondante, renfermant filament et ovule, ne concourt, à l'organisation d'ensemble qui portera l'étamine mâle négative ou le pistil femelle positif du règne végétal, différenciant les sexes en apparence, et ne jouera dans l'organisme un rôle mâle ou femelle, qu'en raison de l'électricité de nom contraire, qui sollicitera la production des organes externes et en motivera la mécanique animale.

De tout ce qui vient d'être dit, nous concluons que la cellule phylloxérique est à base d'acide carbonique, faisant office d'électro-positif, qui se porte au pôle négatif abdominal, saturée par l'acide azotique, faisant office d'électro-négatif, qui se porte au pôle positif frontal. Le suçoir aigu de l'aphidien formé d'un mucilage gommo-résineux, qui reproduit à peu de chose près le pédoncule d'une fleur, son filet staminal ou son style, est très probablement du même tissu fibreux, mais plus carbonaté que le tissu fibro-vasculaire de l'écorce de la vigne. Tout puceron parasite doit être assujetti aux fonctions du pivot végétal ou du ressort à boudin, et son mécanisme aspirant et foulant doit avoir pour moteur un petit courant induit, emprisonné dans son lobe frontal, qui, alternativement contractile et extensile, positif et négatif, le pousse ou le force à son travail de nutrition. Il est donc rationnel vu la présence des acides carbonique et azotique dans sa cellule, d'affirmer que le phylloxéra ne se nourrit que de glycose, principe à peu près immédiat, après déshydrogénation partielle, de l'acide malique produit par la fermentation et le plus analogue à sa substance. Ce serait en tout cas la déduction logique de ces principes universels : à terrain identique, parasite identique ; à cellule identique, reproduction identique, à protoplasme identique, nutrition identique. Elle serait confirmée par ce fait que le phylloxéra se comporte vis-à-vis des racines du plant français, comme la fermentation oxygénée se comporte vis-à-vis du jus de raisin. Il agit en soutirant l'azote, l'acide carbonique et l'oxygène de la sève ascendante principalement, comme s'il était le sucre ou la glycose, corps catalytique, qui, lors de la fermentation vineuse, dédouble le liquide en acide carbonique et en alcool. De ce dédoublement continuel de la sève, qui équivaut au dédoublement de la récolte en matière colorante et en eau, à défaut de fermentation, est résultée la perte de la moitié du vignoble.

Dans la fermentation, la glycose du raisin, le principe mâle de la cellule végétale, qui rend les vins filants quand on sépare les grains des grappes, le mucilage avide d'oxygène, désoxygène le liquide qui s'échauffe au point que l'acide carbonique se dégage au travers du « chapeau ». Chaque principe d'huile essentielle électrisée, puisé dans les couches profondes du tertiaire, s'empare de l'oxygène suffisant pour se transformer en acide. Chaque principe alcalin de potasse ou de chaux, électrisé, tartreux, s'empare d'assez d'oxygène, pour assurer par son oxydation alcaline, d'où son affinité pour les acides, l'intimité et la fixité du mélange. Il reste alors dans l'eau oxygénée, probablement colorée en jaune par le tannin de la pellicule, ou en rouge clair ou noir par son tartre et son acide carbonique, une certaine quantité de liquide neutre, ni acide, ni alcalin, qui est l'alcool. Il en reste d'autant plus que les terrains rocheux du sous-sol, ayant nécessité plus d'oxygène pour leur oxydation cristalline, se prêtent mieux à la substitution continuelle d'éléments chimiques par l'électricité, et à la réoxygénation électrique par l'atome cosmique qui est la vie du globe et sa destruction lente. Électricité, atomes, qui sont les principes de la végétation, et sans lesquels le monde, s'il était réduit à lui-même, au lieu de vivre depuis 25 à 30 mille ans environ que, d'après nos calculs, il existe, aurait sans doute disparu tout à fait.

Si donc le tissu cellulaire du phylloxéra est un mélange intime d'acide azotique, d'acide carbonique, d'oxygène et de soufre, il est facile de comprendre que l'eau qui décompose l'acide azotique et fixe l'acide carbonique, dont elle fait des carbonates calcaires, détruise l'insecte par dissolution. Mais l'immersion des vignes, souvent impossible, ne détruit pas les larves, dont des mâles seuls devraient sortir, et qui néanmoins se transforment indifféremment en mâles ou en femelles, selon l'électricité de nom contraire qui monte ou qui descend. Tandis que l'iode ou du moins certains minéraux communs qui en contiennent, le soufre, ou plutôt, suivant la nature du vignoble, le sulfate de chaux hydraté, la pierre à plâtre, le sulfate de fer ou mieux le tritosulfate, sesquioxyde de fer, offriraient, croyons-nous, plusieurs avantages. Les iodosulfures formés par l'électricité d'été obligeraient peut-être le cep à se lignifier jusque dans ses racines, d'une façon plus rigide, à épaissir ses cellules externes, à se faire du xylogène, à la fois protecteur contre l'iode et le soufre et surtout contre le parasite exotique. Décomposés par l'électricité d'hiver, les iodosulfures ne feraient pratiquement qu'accroître les qualités du plant français en raison directe du froid développé par le gypse et de l'appauvrissement consécutif des produits en azote et en eau. L'électricité positive et contractile d'hiver, s'écoulant dans l'humidité, au travers des iodosulfures minéraux halogènes, enfouis près des racines, ou légèrement recouverts de terre à proximité du pied de vigne, et tout autour, sans le toucher, formerait théoriquement un sel haloïde. Avant la reconstitution du vignoble, son action aussitôt transmise dans le pivot des racines et radicelles tout entier, eût neutralisé l'acide du puceron. Il n'eût pas été détruit de ce fait, mais, de glycosides, indéfiniment combinées et recombinées avec elles-mêmes, ses cellules organiques d'endosmo-exosmose, d'où nutrition, eussent peut-être passé, bleuies par l'iode, brunies par le soufre, à l'état de tétraglycosides, ou de cellules lignifiées xylogénées. Elles eussent forcé l'animal à vivre comme un puceron ordinaire sur la substance endodermique de l'écorce, et non plus comme un fléau sur la substance médullaire interne. Les larves phylloxériques n'auraient pas été détruites davantage, mais l'électricité d'hiver les eût enveloppées à la fois de sa résine cireuse et d'iodure de soufre. Si le métalloïde neutralisant, n'avait pas dû neutraliser également le puceron, si la réaction avait été plus acide que métamorphosante, des arrosages ou des pluies eussent suffi pour décomposer la larve de l'hémiptère. L'électricité d'été, l'activité terrestre extensile et négative, aurait eu une action plus radicale. Elle eût décomposé l'iodure de soufre cristallisé, en une liqueur brune désormais inoffensive pour le plant xylogéné. Celle-ci, mélangée sans combinaison aux chiffons de laine, rognures de corne, noir animal, dont on fait usage comme engrais dans la viticulture, se fût comportée en présence des tissus animaux saponifiés par la mécanique végétale, ainsi qu'une pommade détersive, anti-parasitaire externe quand le plant n'eût été phylloxéré qu'à la surface, anti-parasitaire interne quand ne produisant plus, le cep n'eût plus poussé que des sarments. On eût obvié peut-être de la sorte aux inconvénients du plant américain, normalement phylloxérique, bien qu'indemne des ravages de son parasite, et l'on eût récupéré sans doute, avec le plant natif, sans altération du bouquet dès la deuxième ou troisième année, en plus d'un rendement supérieur, les anciennes qualités du vin français. La mévente du vin, son abandon par tant de consommateurs attestent qu'elles n'ont été que très imparfaitement retrouvées par la greffe. Aussi l'étude intempestive et surtout longue à première vue, d'un phénomène morbide frappant la vigne a-t-elle pour but d'encourager, après expérience, la reconstitution progressive en plant indigène, du vignoble reconstitué en plant d'Amérique.

A ce sujet et puisque tout, jusqu'à l'horrible, respecté par notre insouciance, est harmonie dans la nature, peut-être serait-il possible d'oser raisonner quelques-unes des principales maladies parasitaires, externes et internes, qui par répétition du règne végétal, se manifestent sur l'animal et dans l'économie humaine. Les terrains de transition qui se résolurent par des dépôts carbonifères, révèlent un véritable empoisonnement atmosphérique par l'acide carbonique et les carbures d'hydrogène des volcans. La vie animale unicellulaire de la période des trilobites, si l'on en juge par les calcaires fétides, avait, à plusieurs reprises, couvert le globe de ses débris organiques putrides. De même que cette plaie vive, misère purulente dont s'envolaient les reptiles ailés, les microbes de cet âge, se cicatrisait lentement sous les terrains du secondaire, de même la nature à l'aide de sa lymphe plastique, cicatrise nos écorchures d'un blastème accidentel. De même que cette cicatrisation, indirectement empruntée à la plasmine du sang, est le résultat naturel d'une sollicitation de fibrilles plastiques, demandées pour leurs toiles membraneuses, par les ouvrières au métier, à leurs manutentionnaires sanguins, de même quand les écheveaux fibro-plastiques en magasin surabondent, sans que la plaie interne se manifeste encore à l'extérieur, tout souffre dans l'usine. L'appauvrissement général se traduit par la marchandise camelotée qui encombre les rayons alvéolaires des glandes lymphatiques. La lourdeur du sang d'une part, l'air confiné, les veilles tardives, les aliments insuffisants, les digestions sommaires, de l'autre, l'afflux général du sang au cœur et au cerveau, moteurs de tout l'ouvrage, ont appauvri l'organisme. Le cœur est resté chaud et le cerveau suppute son gain pris dans l'économie, mais la répercussion du malaise sur l'ensemble, faute d'une association équitable, proportionnelle aux fonctions des tissus, se révèle le plus souvent par des dédoublements dans les organes du foie. L'arthrite, les calculs biliaires, vésicaux et autres, le diabète, la calvitie en résultent pour les classes aisées, les scrofules, l'anémie, la phtisie pour les classes pauvres.

Dès que sous l'influence prolongée de l'acide carbonique et des dérivés, le sang perd de son alcalinité, que ses chlorures et chlorhydrates, et tous ses sels plus oxygénés, formés par action de l'acide carbonique sur les bases, soude, potasse, magnésie, chaux, cessent d'être en proportion normale avec ses principes plasmatiques, fibrine et albumine, le chlorure de sodium devenu chlorure de calcium agirait à l'excès sur le carbonate de soude. Le carbonate calcaire, ainsi formé, augmenterait dans l'acide cérébrique solide. Ce principe absorbant de la substance cérébrale, engendré par mille causes, préoccupations, inquiétude, soucis, mauvaise hygiène, mauvais régime, mauvaise atmosphère, ce principe habituel dans la cholestérine et les humeurs, accru par désassimilation excrémentitielle des nerfs et du cerveau, transporté par le sang dans la bile, n'est plus qu'imparfaitement déversé par elle dans l'intestin grêle. Deux dédoublements se produiraient alors dans le foie. Un dédoublement dans l'organe biliaire, lorsque l'accident maladif se traduit par une cristallisation interne, ou par un parasite externe. Un dédoublement dans l'organe glycogène, quand l'accident maladif déterminé par un parasite interne, se traduit par des symptômes externes. Lorsqu'au lieu d'une réaction alcaline d'oxygène sur la chaux du sang, qui peut-être serait la guérison de la goutte, il y a réaction basique oxydante sur la musculine ou la géline fibreuse du sang, par abus d'aliments carbonés, hydrogénés, d'acide carbonique, d'alcool, introduits dans les tissus, directement ou indirectement par hérédité; en place d'un sel de potasse lithiné utile, il se formerait un excès nuisible de sels sodiques saturés par les acides. Ces sels acidifiés par l'acide carbonique et l'acide cyanhydrique de la biliverdine dédoublée, sont des urates de soude que la bile hépatique ou la bile cystique entraînent dans le duodénum. Ils ne peuvent ni alcaliniser les matières alimentaires, ni aider à leur neutralisation, ni même être décomposés par l'acide du suc gastrique. Ils se portent donc aux muscles positifs contractiles, où se serait portée la musculine basique, qu'ils substituent, et ils paralysent les ligaments, mécaniquement actionnés par les nerfs moteurs négatifs extensiles de l'articulation la plus sollicitante de musculine chez l'arthritique goutteux. C'est pourquoi ils sont amenés par la circulation aux genoux, aux pieds, aux mains, extrémités où ils restent sous forme de cristaux microscopiques dans les capillaires et les cartilages, tant que l'alcalinité naturelle du sang ne les a pas lentement dissous. Quand le phénomène de réaction oxydante sur la musculine généralement prédisposée par hérédité, se traduit sous des influences externes, par l'inflammation du tissu fibreux et séreux, elle se réduit à l'arthrite rhumatismale dont la cause profonde serait la même.

Les moyens médicaux de stimuler ou de provoquer une réaction alcaline oxygénée sur la chaux du sang, restent à étudier ; sur cette donnée que l'alcool transformerait en potasse caustique dangereuse le sel de potasse utilement produit, et que nous possédons en nous l'alcool voulu pour en neutraliser la causticité éventuelle. L'alcool glycériné, engendré par l'organe glycogène du foie, le glycol, plutôt, existe rationnellement à l'état d'alcool diatomique, à défaut d'alcool triatomique, dans les tissus adipeux de notre économie. Ce fait nous explique l'inactivité assimilante de notre organisme en présence de l'alcool absorbé sans profit direct d'aucune sorte. C'est l'insuffisante neutralité de nos tissus cellulaires qui pousse à l'alcoolisme, en proportion de leur acidité morbide, prédisposante aux maladies, acidité aggravée proportionnellement à la mauvaise qualité du liquide frelaté. L'organisme élimine l'alcool stimulant, inoffensif à dose moyenne, mais il retient les toxiques de la fraude, l'acide sulfurique, le laurier cerise, la stramoine, le pyrèthre, autant de poisons désorganisateurs des tissus, âcres, brûlants, décomposant violemment l'azote économique, hallucinants et stupéfiants, irritants, oxydants, donc tous mortels.

Dans tout fléau l'effet doit révéler la cause. Si l'alcoolisme existe comme un danger public, résultat d'une liberté devenue licence, que les États d'Europe seront peut-être obligés de combattre par la monopolisation du commerce des alcools, c'est qu'il est l'inconsciente manifestation d'un besoin d'alcool triatomique et neutre dans notre économie. La neutralité des tissus cellulaires chez l'enfant, ne serait pas seulement l'assurance d'indemnité contre presque toutes les maladies, ce serait aussi la suppression pour ainsi dire certaine de l'alcoolisme quand il atteint l'âge d'homme. Or de tous les moyens d'arriver à cette neutralité idéale des tissus, le plus infaillible, le premier pas, décisif vers la destruction presque totale des maux de l'humanité, en moins d'un quart de siècle, serait l'assainissement de l'économie par les métalloïdes et la pile sèche, le travail musculaire modéré et l'alimentation agglutinante. Non pas à l'aide du pain dit complet, rebutant, indigeste et lourd, mais à l'aide d'un pain de gluten blanc obtenu par sélections judicieuses du blé. Nous reviendrons d'ailleurs plus loin sur ce sujet à propos de la phtisie, afin de rester actuellement dans le cadre des accidents maladifs causés par un désordre dans les activités mécaniques naturelles et élémentaires des organes du foie.

Lorsqu'il se rencontre des formations inorganiques parmi les principes immédiats cristallisables, auxquels le sang doit son alcalinité, en vertu des catalyses avec dédoublement de l'acte désassimilateur, c'est qu'il y a excès de carbonate calcaire phosphaté dans l'organe biliaire du foie. L'azote assimilé accomplit alors imparfaitement, en présence de l'oxygène du sang, et sous forme d'alcalis de potasse et de soude, les fonctions naturelles du sodium et du potassium de la matière cosmique. Au lieu de cristalliser sous l'action de l'oxygène comme dans le règne minéral, de jouer le rôle de ferment cellulaire comme dans le règne végétal, d'alcaliniser et de fluidifier le sang, la potasse et la soude se comportent dans l'organe biliaire, comme elles se comporteraient dans l'eau, en présence de l'acide carbonique, ici représenté par un précipité de phosphate ou de carbonate de chaux encore gélatineux. Elles fermentent continuellement : qu'il s'agisse de gravelle ou d'arthrite goutteuse, la biliverdine dédoublée amène surproduction d'acide urique. Que ce soit à l'entour de la moëlle d'un arbre, à la différence que dans le règne végétal l'acide carbonique se concentre autour des utricules azotés de la substance médullaire, ou, que ce soit dans le règne animal, le phénomène de désoxygénation se renouvelle partout. Chaque afflux du bouillonnement alcalin désoxygénant, coagule autour du noyau des couches concentriques de toutes les substances azotées que la bile liquéfie et qu'elle mélange de carbonate calcaire phosphaté. Ainsi dans la mer, dans les cours d'eau, en outre des sédiments habituels, se produisent des graviers, par agglomérations concentriques de silicates et de calcaires autour d'un noyau d'acide carbonique, précipité sous forme de carbonate de chaux par les effervescences alcalines. En thèse générale l'oxygène et la fluor font des cristaux, l'acide carbonique et la chaux siliceuse font des pierres. La nature et l'homme ne font qu'un.

Peut-être obvierait-on préventivement aux dédoublements bilieux qui envoient des calculs biliaires au rein et à divers organes, en provoquant artificiellement la glycogénie du foie selon la démonstration de Claude Bernard. Peut-être aussi parviendrait-on à dissoudre lentement le carbonate de chaux biliaire si l'on étudiait les moyens d'introduire dans le sang noir un liquide neutre chargé d'acide carbonique sans avoir à craindre de surexciter l'organe glycogène. Le diabète en effet ou l'excès de production du sucre dans le foie, parait être l'affection diamétralement opposée à l'excès de production du carbonate calcaire ; l'introduction du règne végétal dans l'économie opposée à l'introduction du règne minéral. Et ces deux accidents maladifs tiennent ainsi que nous le verrons, à une disproportion trop considérable entre l'oxygène et l'azote de l'air.

Arrivons aux accidents maladifs, calvitie, teigne, qui donnent lieu à des productions microbiennes externes par dédoublements dans l'organe biliaire du foie, après avoir brièvement exposé les réactions chimiques et l'action mécanique qui produiraient la coloration des tissus. La biliverdine ou la chlorophylle biliaire, serait le principe colorant immédiat de l'organisme animal ou humain, dont les éléments semblent exclusivement tirés de la matière cosmique. L'indigo serait un composé de cobalt et de cuivre, de fer et de potasse. Le soufre, le chrome, l'oxyde de fer, donnerait le jaune, l'orangé, le brun, le rouge pourpre, écarlate, rose. Le carbone, le sodium, le potassium, d'où acide carbonique et tannin oxygéné, acide gallique qui précipite le fer en noir; l'aluminium oxygéné, le silicium oxygéné, principes possibles avec le manganèse, du phosphore et du chlore, donneraient le noir et le blanc. La biliverdine qui est naturellement verte, par prédominance de soufre, d'azote oxygéné, et d'indigo, se dédoublerait sous l'action du fer, de l'eau, de la chaux siliceuse, du soufre, de l'oxygène et du carbone du sang. L'hydrogène de l'eau, désoxygénée par les sels de potasse, et la chaux siliceuse, manganétique sans doute, dont peut venir le chlore, ferait l'acide chlorhydrique qui dissout les éléments dont sortira la couleur de certains tissus et celle des cellules épithéliales pigmentaires des yeux bleus. Le soufre et l'oxygène, le nitre, feraient un acide sulfurique, l'organe glycogène fournirait l'alcool triatomique, combinaison dont résulterait un éther dissolvant des éléments colorants renfermés dans le jaune. Ainsi dédoublée, la biliverdine mettrait en liberté, suivant la sollicitation de chaque tissu, la couleur demandée par chacun. Aux papilles et aux fibres lamineuses et élastiques du derme, elle enverrait le jaune et le blanc. Aux follicules pileux nourris d'acide carbonique, de fer et de tannin indigotés, le noir mat ou bleuâtre ; aux tissus à base d'oxyde de fer, de soufre, d'oxygène chromé, la substance épithéliale variant du blond doré, cendré, acajou, au brun foncé.

Lorsque pour l'une des causes énumérées au début, dont l'absorption prolongée d'air confiné chargé d'acide carbonique et de gaz carbonés est toujours la première, il se produit dans la plasmine du sang naturellement dédoublée en fibrine musculaire coagulable, et en fibrine séreuse, liquide, albuminée, d'autres dédoublements accidentels affectant la kératine pileuse, des phénomènes morbides apparaissent. Si le dédoublement occasionné par précipitation sédimentaire de la chaux du sang en présence de l'acide carbonique, intéresse les régions cérébrales de l'amour-propre, de la persévérance, de la vénération, de la routine, de la bonhomie, et n'affecte que l'albumine du sérum, la calvitie simple s'ensuit. La matière sébacée des glandes folliculaires qui nourrit les bulbes capillaires du sommet du crâne, se transforme en secrétion muqueuse altérée, qui devient par catalyse putride le bacille destructeur de la racine du cheveu, dont la racine profonde serait le foie. Lorsqu'enfin le dédoublement accidentel de la fibrine affecte le sérum sanguin, conjointement avec le dédoublement normal de la biliverdine colorante, qui entretient le tissu pileux, il se forme des tumeurs séro-sanguines, déterminant des herpès sporadiques, tonsurants, des teignes de diverses sortes. Ces tumeurs de même espèce filamenteuse que le mycélium du champignon, donnent naissance à un parasite végétal et se substituent dans le bulbe capillaire à la production pileuse habituelle. Ici encore, même quand la cause est externe, l'effet peut être entretenu par le foie.

Ce sont là des accidents morbides sans gravité, nous ne les analysons, plus ou moins exactement, que pour attirer l'étude et l'attention sur le rôle de la lumière et des couleurs dans l'organisme. Mais quand le parasite est interne, quand c'est dans l'organe glycogène du foie que, pour des causes endémiques ou héréditaires, la catalyse putréfiante a lieu, les scrofules se manifestent. Accidentellement une combinaison d'azote et d'oxygène en poids équivalents, ou un volume d'azote contre 5 d'oxygène, atmosphère fréquente dans les gorges des montagnes dont les condensations désoxygénantes et deshydrogénantes précipitent vers le soir des courants d'air moins dense, peut déterminer le mal. L'acide azotique ainsi produit dans l'acte de désassimilation des gaz, devenus inutiles et nuisibles, avide des substances organiques plus végétales de la bile et du sucre, qui lui servent de base, détruit superficiellement les cellules épithéliales du foie. Des formations fongueuses, résultant des dédoublements et du mélange des matières bilieuses et sucrées comme chez les mollusques, sont entraînées par le sang avec dérivation partielle de substances colorantes. L'hydrogène bicarboné, gaz oléifiant analogue au gaz des marais, dans le voisinage desquels les scrofules abondent, et premier principe consécutif de la putréfaction du foie, forme une sorte d'huile empyreumatique qui se dépose dans ses cellules. Les organes les plus sujets aux sécrétions muqueuses, les glandes lymphatiques du cou, s'hypertrophient. Des tumeurs indurées, ulcérées, purulentes, grisâtres, bleuâtres, rouges et brunes se produisent. Les glandes mésentériques, le poumon des scrofuleux, deviennent souvent le siège de tubercules.

Autour de leur noyau de tissu cellulaire s'accumulent des tumeurs cellulo-fibreuses, de la substance amorphe, des éléments fibro-plastiques empruntés à la lymphe, mélange de fibrine liquide, d'albumine, de sérum et d'eau. Le tout imprégné d'une huile, qui semble voisine de l'huile de gaz oléifiant hydrocarboné, constitue un ensemble à la fois spongieux et calcaire, dont les racines profondes paraissent être dans les organes glycogène et biliaire du foie. Cette anomalie monstrueuse, tenant du mollusque par la bile sucrée qui transporterait les pôles nutritif et respiratoire, autres branchies du tubercule, dans le foie, plutôt que dans le sang, qui respirerait et se nourrirait par des fibres; tenant de la seiche en particulier, par le mélange de sa trame chitineuse et de son carbonate de chaux amylacé, tiendrait également du végétal. L'amidon azotique déterminerait l'intimité du tissu cellulaire, son aspect jaunâtre, sa crudité, sa forme sphéro-ovoïdale, la consistance caséeuse et le ramollissement subséquent des tubercules, la multiplication rapide du tissu connectif sans vaisseaux, alimenté par ses racines fibreuses. La chaux carbonatée amylide, réaction simultanée de l'acide azotique sur la chaux du sang, sur son acide carbonique et sur les fécules alimentaires, le gluten, et la glycose ou l'amidon du pain, restent comme une chance d'induration tuberculeuse offerte aux scrofuleux tuberculeux.

Mais dans les villes, où sans compter l'affinité de certains tempéraments faibles pour l'azote surabondant, *l'air vicié, carburé, joue le rôle du gaz oléifiant, qui se produit entre les pôles de l'électricité organique, au sein d'une atmosphère hydrogénée*, les scrofules, la phtisie font ravage. Ici, où le pain de seigle a disparu comme le pain bis, où les blutages ont déglutiné les farines, où la blancheur du pain, plutôt que d'être demandée à l'agriculture, par la sélection du froment, dont le gluten toujours un peu grisâtre disparait dans le blutoir, est demandée au commerce de la meunerie, la phtisie tuberculeuse suit trop souvent son cours. Non seulement le son grossier, amaigrissant toutefois, et ferment digestif utile aux estomacs paresseux ou fatigués, a disparu, mais le gluten est loin. Cette viande, ces muscles végétaux, dont la formule $Az^5 C^{40} H^{31} O^{12}$ est, à des traces près, la formule de la fibrine, n'entre presque jamais dans notre économie par voie alimentaire, pour y régénérer et y neutraliser nos tissus contre les bacilles. L'hygiène journalière, la toilette intérieure par électrisations à la pile-sèche, dirigées par le courant intentionnel de la volonté, n'est pas encore entrée dans nos coutumes, usitée dans les cliniques, répandue jusque sur les voies publiques. L'équilibre entre la musculine et la sérine, lors du dédoublement de la fibrine est alors rompu. La fibrine liquide, la lymphe, doit l'emporter chez les tempéraments prédisposés par hérédité histogénétique aux maladies inflammatoires;

l'albumine chez ceux que leurs tissus prédisposent aux affections herpétiques et cutanées. De toute façon chez les scrofuleux et les tuberculeux héréditaires principalement, les poumons n'attendent que le bacille. Celui-ci, qui prendrait naissance spontanément soit dans un carbure quadricarbure d'hydrogène, formé par l'électricité humaine dans l'appareil respiratoire, soit dans la décomposition putréfiante des cellules du foie, aurait peut-être l'acide carbonique calcareux amylacé de l'expiration pour base et pôle négatif de la cellule bacillaire, à laquelle l'oxygène du pôle inverse emprunterait son filament en virgule. Et il aurait l'acide azotique amylique, sorte d'hydrate d'amylène, de carbure d'hydrogène amylazoteux, d'huile de pomme de terre, de l'inspiration électrisée pour pôle positif acide, qui sursaturait la base dans les complications inflammatoires.

Devant ces calamités effroyables qui sont comme un retour de l'homme aux temps préogéniques d'indécision entre les règnes, et que l'hygiène alimentaire préventive et les sels électrisants aideraient à faire disparaître, la médecine ne devrait pas être plus désarmée que la chimie physiologique générale. Aux médecins d'étudier si dans un tissu désoxygéné, l'électricité interne n'entretiendrait point le tubercule *qu'elle produit*, si le foie ne deviendrait pas la racine d'un mal dont les poumons, autres feuilles de l'arbre humain, se borneraient à porter le fruit mortel. Si nous accusons le foie d'être le principe plus que probable des maux parasitaires qui doivent dater d'un âge d'activité mécanique élémentaire de l'écorce terrestre en voie d'organisation, c'est que dans la nature tout s'enchaîne étroitement. Des affections introduisant l'inorganique minéral, l'organique végétal le désorganique microbien tout ensemble dans notre économie, nous ramènent à une époque terrestre de productions huileuses et schisteuses représentées en nous par le foie, souvent huileux chez les phtisiques. En tous cas la pathologie, la chirurgie et l'électrothérapie, disposeraient d'assez de champs d'expérience, soit pour essayer de la glycérine comme véhicule de substances, soit pour arriver, à défaut de volonté ferme chez les patients, à faire pénétrer de l'ozone dans le poumon par l'électricité statique, ce qui paraît être le principe de la régénération humaine. Les courants induits pourraient aussi faire arriver des principes neutres électrisables dans le foie lui-même et lui restituer ses attributions de purificateur du sang. Personnellement nous aurions assez confiance dans une hygiène rationnelle appropriée à chaque tempérament, fondée sur les sels hétérogènes de la pile-sèche avec la volonté directrice. Mais les méthodes sont peu, le but, la guérison des maux de l'humanité, est seul souverain. Vaincre un jour la phtisie ne sera qu'une étape sur la route de misère, une halte aux flambeaux dans la nuit des sciences. Partout le mal nous appelle. Autre soldat de l'idée, de l'idéal s'il avance, le progrès, s'il recule, ou s'arrête, est déjà mort.

## V

### Activités mécaniques supérieures de la nature.

Nous avons esquissé le fonctionnement des activités électromagnétiques naturelles, qui organisent les cellules, les approprient suivant les matières qu'elles transportent chimiquement, ébauchent le squelette animal, y introduisent le régime oléifiant et le régime cristallisant selon les pôles. Nous avons compris que si la mécanique élémentaire distribuant ses courants dans le protoplasme, et y implantant des tissus vasculaires renouvelés du végétal, y développait la vie végétative expectante, les courants emprisonnés dans l'organisme, obligeant l'animal produit, au travail, lui créant des besoins inconsciemment nés de l'activité chimique de ses cellules, le forçant au travail, le forceraient à vivre. Du simple au composé, la mécanique animale supérieure est constamment la même, sauf les différences résultant du milieu. Le principe de tout mouvement compliqué, dans un bras d'homme, une aile d'oiseau, un membre de quadrupède, repose sur la propriété naturelle des muscles antagonistes d'un corps électrisé, de s'attirer quand ils sont chargés d'électricité de nom contraire, renouvelée par les éléments de la pile cérébrale, de se repousser quand ils sont chargés d'électricité semblable. Le biceps et le triceps, par exemple, tous deux contractiles et positivement électrisés, sont commandés par leurs nerfs moteurs électrisés négativement. Toutes les fois que le biceps rapproche le bras de l'avant-bras et le radius de l'humérus, les quatre courants contraires, muscles positifs, nerfs négatifs, sont en contact. Il y a accumulation d'électricité, dont le potentiel est d'autant plus élevé que le développement du muscle par le travail éliminatoire des négatifs métalloïdes en faveur des positifs métalliques, diminue la résistance du circuit. De l'accumulation va résulter la répulsion, donc la détente élastique, dès que le triceps commandé par son nerf, rapprochera les courants semblables ; nerf négatif du triceps du nerf négatif du biceps, muscle positif de l'avant-bras du muscle positif du bras.

Le système nerveux organe du mouvement, négativement électrisé, suivant les agents chimiques de la nutrition, ainsi que Becquerel l'a démontré, et le système musculaire organe de la force contractile, positivement électrisé, se combinent en filets et en tubes réagissant par self-induction sur les courants induits des nerfs sensitifs. Groupés ensemble dans les ganglions cérébroïdes, ou les lobes du cerveau, générateurs et récepteurs avec leurs pôles de noms contraires associés, conducteurs de tout le réseau des filets nerveux, récepteurs de tout le réseau de tubes musculaires, réunissent en un faisceau les positifs et négatifs d'un même membre sur un seul récepteur-conducteur, ce qui amoindrit la résistance du circuit. Entre les deux pôles cérébraux presque contigus, de faibles étincelles jaillissent, qui, pensée pour l'homme, instinct pour l'animal, éclairant à la faveur des nerfs optiques la substance hyaloïde vitrée des yeux, gouvernent les mouvements du corps, selon la perception du sens lumineux intérieurement ressentie. Les premiers besoins nutritifs sont surexcités par les sollicitations plus vives du système osseux, puis de chaque organe, dont les éléments de pile et dont les couples sont en rapport avec la constitution des tissus et proportionnels à la cérébralité de l'être vivant. Ils se traduisent par les mouvements d'abord reflexes de l'enfance, raisonnés de l'âge mûr, décroissants de la vieillesse et diminuent d'intensité électrique, à mesure que les agents chimiques *usent les éléments de la pile*.

Les os et le tissu lamineux de membranes fibreuses qui les enveloppe forment un couple. Les électro-négatifs, les métalloïdes du tissu osseux, carbone, phosphore, fluor, chlore, dont les réactions sur les bases neutralisantes des métaux plutôt positifs, chaux, soude, potasse, magnésie, amèneront, par attraction réciproque, la génération des couches ostéogènes, représentent le charbon du pôle positif de la pile. Ses électro-positifs, les métaux du tissu périostéal, l'aluminium, le manganèse, électrisés, l'oxyde de fer chromé, électrisé, radicaux possibles avec le tartre, la soude, la potasse et le soufre, du zinc et du cuivre, qui formeront l'albumine, les squames lamineuses, et avec la silice acidifiée sans doute, la géline ostéo-fibreuse, et qui exerceront la réaction acide sur les bases salifiables et oxydables, sulfates, azote ammoniacal et glycérine, d'où margarine, représentent le pôle négatif, soit le zinc. Le diaphragme, le moule en terre poreuse des piles Bunsen à courant constant, est ici représenté par la silice acidifiée gélatino-fibreuse, renfermant avec des cellules adipeuses de margarine, de l'acide nitrique nitro-glycériné, tissu périostéal essentiellement inflammatoire chez l'homme. Ses aiguilles de nitre cristallisé par le fluor, causes de la souffrance en général et de la délivrance pénible, sont aussi cause des souffrances aiguës ressenties par les malades, lors des périostites phlegmoneuses, des érysipèles phlegmoneux, des inflammations de périoste dentaire. Elles provoquent très probablement l'étranglement dans les phlébites et les phlegmasies, le décollement du périoste, la nécrose de l'os.

Quant au sulfate de cuivre, lointainement produit par combinaison vraisemblable de l'oxyde de fer chromé, du soufre, acidifié et d'un principe oléifiant de la margarine, éther acétique plutôt qu'amylique, mais ammoniacal et oxygéné, indéfini, son activité oxyde toute l'économie. Du fait de la surabondance des oxydes de fer magnétique dans l'atome cosmique, et par suite dans les matières colorantes de la bile, où elles arrivent avec le fluide électrique, il est non plus une cause indirecte de mort accidentelle comme les phosphures, protocarbures et azotures miasmatiques, mais une cause directe de mort naturelle. Déguisé au milieu des tissus lamineux ou des cellules épithéliales de l'organisme, et sous son inoffensive apparence de chondrine des cartilages et de polyèdres de l'épithélium pavimenteux ou prismatique, ce sulfate de cuivre atomique en dissolution au millionième, traverse, dès l'âge adulte, la gélatine fibreuse protectrice de l'os. Celle-ci n'est bientôt plus qu'une feuille lamineuse, et chez les vieillards qu'une pelure d'oignon. Avec l'âge, le tissu spongieux du cartilage des os larges disparait, les os courts diminuent d'épaisseur, un rien les brise. Comme dans les piles, où le sulfate de cuivre en dissolution s'infiltre au travers du cylindre en terre dont il bouche les pores, il s'infiltre lentement dans les cartilages, soit qu'il en comble ou qu'il en creuse les aréoles.

Il s'agit donc, sauf à provoquer des contradictions dont naîtrait une lumière plus vive, de raisonner la cause de cette destruction lente de la vie par oxydation. Partons de ce principe que la pile cérébrale à courant continu, a pour premier élément un couple ostéo-fibreux positif au charbon, négatif, au zinc, métaux devenus des tissus : que la cloison poreuse du couple est le cartilage plein d'acide nitrique qui sépare les deux pôles, et que le sulfate de cuivre déguisé en est le sel dépolarisant. Si infinitésimale que soit la proportion de vitriol corrosif destructeur de nos tissus, qui emprunte à la fibrine tartreuse ses éléments anatomiques, il n'en est pas moins évident, sans se préoccuper encore des agents oxydants puisés dans l'électricité et la lumière, qu'elle suffirait seule à amener la vieillesse et la mort naturelle en peu d'années. Visiblement, la substance cérébrale et les tissus constituants éprouvent le contre-coup de notre oxydation de cellules par le tartre vitriolique. Or en serrant le problème, il devient manifeste que la cause première de la mort est dans le manque d'élasticité de l'air ou le défaut de tension de la vapeur d'eau, dans laquelle s'écoulerait le fluide électrique nécessaire à la végétation, plutôt que d'ozoniser ou de vitrioler notre oxygène. Elle est ensuite dans la trop grande pression d'une atmosphère impure chargée d'acides inutilisés et qui se laisse pénétrer par les fluides. Elle est en résumé dans une quantité trop faible d'oxygène et trop forte d'azote. Ce n'est point que ces deux gaz vivifiants et nécessaires, en soient coupables, mais leur disproportion nous indique quel travail il reste à faire pour les amener à être plus égaux, non pas en poids évidemment, mais en volumes. Leur disproportion nous montre qu'il importe de fixer le tartre de l'électricité solaire oxydant nos cellules. La couleur jaune du fluide vitré par les moissons, la couleur orangée du fluide résineux par les pins, le cyanogène et l'acide cuprique par la chlorophylle des plantes plutôt que par la biliverdine du foie qui ne s'en approprierait plus que la quantité normale. Car à défaut d'absorption et de fixation de la lumière mortelle par le globe, et de la lumière intellectuelle par le travail, l'absorption de l'humanité, peut indéfiniment se faire dans le noir.

Il n'est pas moins manifeste que si la nature est sujette à corrections laborieuses, si la purification du globe par son oxygénation foncière, agricole, florale, peut seule réduire la cause première externe, la cause seconde interne est physiologiquement réductible en une ou deux générations au plus. Il ne s'agirait que d'une neutralité plus ou moins parfaite à obtenir des tissus. A côté du germe des doctrines pastoriennes qui est un système de cellules électro-magnétiques, il y a le terrain des doctrines hygiénistes qui est un tissu morbide. Mais à côté de la catalyse putréfiante microbienne, il pourrait y avoir le tissu à peu près imputrescible. La destructibilité de notre organisme, la mort par cause seconde interne, tiendrait exclusivement à l'oxygène ozonisé par les ondes électriques et lumineuses du soleil. Acre, irritant, allotropique, dès lors, l'oxygène respiré agirait invisiblement sur l'albumine et la fibrine. Il les amènerait d'autant plus fatalement à la coagulation desséchante, qu'il aurait de plus en plus changé ses qualités comburantes et calorifiantes dans une économie épuisée, contre des qualités antiputrides, utiles à la végétation, mais inutiles à pareille dose à l'homme. Le sang lui-même ne serait pas directement en jeu, il s'oxygène et circule normalement à tout âge. Mais le plasme sanguin conjointement avec le foie et la substance colorante de la bile qui s'ozonisent, les sels du sang qui s'acidifient, sont des auteurs de destruction lente et subtile. Figurons-nous bien que comme les plantes respirent et boivent la rosée acide, brûlante, électrisée qui les fait vivre, prospérer et mourir, nous respirons ou nous buvons une lumière mortelle dont nous ne savons ni nettoyer le résidu ni neutraliser les poisons.

Par l'étude consciencieuse des sels du sang, on peut se convaincre que la plupart sont doués du pouvoir rotatoire, autrement dit sont sensibles aux couleurs corrosives du soleil puisqu'ils dévient à droite ou à gauche le plan de la lumière polarisée, et qu'ils fixent en conséquence d'imperceptibles atomes du fluide électrique solaire, dont la vapeur d'eau insuffisante, dans un air insuffisamment oxygéné, facilite mal l'écoulement. Ce fait les rend ou alcalins ou acides, incomplètement neutralisés. L'acide tartrique et l'alcali saturent la base au lieu d'être neutralisés par elle, d'être désarmés de leur pouvoir rotatoire et de leur activité moléculaire nuisible, d'être amenés à l'inactivité et de neutraliser les tissus. Ce sont de véritables alcalis, des oxydants basiques que produit la désassimilation, ou la décombinaison par l'économie des éléments anatomiques assimilés cristallisables, nageant dans le plasma sanguin. Leur affinité pour les acides, leur causticité naturelle, celle de l'ammoniaque surtout, en l'absence de tissus neutres, exigeant plus d'absorption d'oxygène et d'expulsion d'acide carbonique anticaustique, les rend d'autant plus dangereux. Les sels du sang sont aussi de véritables acides, continuellement renouvelés par combinaison d'oxygène et de glycol, au contact de l'albumine, acide acétique auquel s'ajoute l'influence par action réciproque des acides gras.

L'une des erreurs les plus funestes de la chimie organique et de la physiologie est celle qui consiste à attribuer à l'oxygène introduit par l'échange endosmotique gazeux des tissus dans l'organisme, les propriétés comburantes qu'il a chimiquement dans la nature. L'oxygène se trouve dans nos corps en présence d'une pile électro-chimique et d'un thermo-multiplicateur. La pile ou l'appareil d'induction est la série des générateurs récepteurs des racines de la moëlle qui comporte un élément par réseau : réseaux sensitif, locomoteur, osseux, musculaire, visuel, auditif, olfactif, respiratoire, nutritif, etc , etc. Le thermo-multiplicateur est le système nerveux, métallique par excellence, sur lequel agit le sang, le corps chaud oxygénable, principe d'une existence supérieure à la matière et d'une lumière dont nous parlerons. Ce principe d'un mouvement calorifique, en vertu duquel le sang circule et contracte le cœur, indiquant par ses pulsations le plus ou moins de tension artérielle, donc le degré de chaleur, indique également le plus ou moins de pression ou de force électro-motrice accumulée par les éléments chimiques dans le système nerveux. Et l'intensité du courant intellectuel est proportionnelle au mouvement calorifique du cœur, inversement proportionnelle à la résistance du circuit ou à la nervosité métallique du cerveau.

Si par conséquent la respiration était une combustion, si elle s'effectuait dans tout l'organisme comme chez les animaux inférieurs, le thermo-multiplicateur sensible humain, qui peut à son gré régler par l'intelligence l'entretien ou la régénération des organes, ne nous serait d'aucun secours. L'homme vivrait de sa pile cérébrale, comme la bête, fatalement condamné à mourir indéfiniment comme elle, à défaut d'une lumière puisée dans cet amour idéal et pur du progrès de l'humanité, dont les vrais chercheurs vivent. Son cœur ne serait plus qu'un viscère. Quelque puissance que son esprit d'investigation possède, il se refuserait à voir dans le phénomène de la respiration, autre chose qu'une destruction lente mais inévitable de l'animal humain. Il n'en est rien cependant. Chacun sait que le sang circule, envoyé rouge du cœur dans les artères, renvoyé noir par les veines après son passage dans les capillaires, pour être oxygéné, transformé de sang noir en sang rouge par hématose. S'il revient noir chargé d'acide carbonique, c'est que les veines ont puisé dans l'intestin les matières utiles à la nutrition des tissus, entre autres des sels de phosphate tribasique de soude et de carbonate de soude, formés par dissolution cristallisante.

Ce sont deux facteurs indispensables de réaction alcaline sur le plasma du sang, de désoxygénation, ou de mise en liberté de l'acide carbonique et par suite d'entraînement de celui-ci dans la fibrine et le sérum sanguins. Tandis qu'ils servent à la fixation par les tissus des principes fibrineux coagulables, ou séreux liquides, l'acide carbonique désoxydant de l'alcalinité caustique des deux sels, revient au cœur droit, par sa légèreté même, d'où il est renvoyé au poumon et expulsé dans l'air. Il n'y a donc là aucun phénomène d'absorption du carbone des tissus, comme il y a absorption de charbon par l'oxygène sur une bûche qu'il brûle, ce qui serait la mort animale sans rémission, faute d'une intellectualité supérieure à la bûche. Il n'y a aucune fixation d'oxygène par les veines pulmonaires, qui prennent le sang sortant des capillaires, où il est venu se débarrasser de son charbon gazeux, et qui le ramènent rouge à l'oreillette gauche du cœur. L'oxygène n'est fixé dans notre économie qu'à l'état de combinaisons multiples avec le potassium, le sodium, le calcium, le fer, le magnésium, d'un côté, et toute la gamme des métalloïdes, ses isomères, azote, chlore, hydrogène, phosphore et soufre de l'autre. Et c'est justement parce que les combinaisons de l'oxygène avec les métaux donnent des corps basiques oxydés, oxydant nos cellules en raison du tartre solaire, et parce que ses combinaisons avec les métalloïdes donnent des corps acides plutôt que neutres, en raison de leur activité moléculaire due à l'action de la lumière qui leur imprime un pouvoir rotatoire, que nous souffrons et que nous mourons. Mais ce n'est en aucune façon parce que l'oxygène brûle nos tissus, dont il est l'agent vivifiant et purifiant par excellence, et qu'il débarrasse au contraire, sous forme d'acide carbonique, d'un excès de principes assimilables inutiles, sans leur rien enlever de vital.

Contre ce fait de physique générale et d'électro-magnétisme, que les métaux de notre économie s'oxydent sous l'influence du fluide électrique tartreux du soleil, s'aimantent par nos systèmes nerveux, s'hypnotisent d'idées fixes et routinières, s'enivrent d'aberrations et de doctrines mortelles, sous l'influence du magnétisme terrestre, il n'y a à proprement parler qu'un autre fait à opposer : La paramagnétisation de l'atmosphère par l'oxygène, l'ozonisation du sol par les forêts qui en produisent le plus, l'ensemencement végétal des eaux stagnantes, l'expansion systématique, générale de nos races, créant partout devant elles l'équilibre atmosphérique et les conditions biologiques supérieures qui leur sont propres. Destruction des causes premières qui pourrait ne demander qu'un siècle si toute l'Europe était d'accord. Mais contre le fait physiologique de la mort par oxydation de cellules, alcalinisation ou acidification histochimique, la lutte est possible et la victoire certaine en deux générations. Le problème se borne à désoxyder dès l'enfance les bases salifiables des sels du sang, de telle sorte qu'elles neutralisent les acides de l'organisme plutôt que d'être trop souvent saturées par eux. Il se réduit à désoxyder les alcalins du sang, à en désacidifier les acides gras, à dénitrifier l'ammoniaque oxygénée en particulier, l'un des agents des rhumes et des refroidissements.

Sans vouloir préconiser une tactique de combat plutôt qu'une autre, il est à peu près certain que si par une étude approfondie de l'histogénèse des tissus adipeux, les plus oxydables, on arrivait à les transformer dès l'enfance par une sélection judicieuse d'aliments agglutinants en alcool gras, triatomique et neutre, en glycérino pour ainsi dire, et non en stéarine, on aurait résolu l'une des données du problème. Ainsi la margarine du lait des nourrices, toujours un peu nitreuse, perdrait de son alcalinité volatile en faveur de la neutralité. La lactine ou le sucre de lait, qui polarise à droite, qui est trop fluorescente, devrait être amenée à la neutralité par des métalloïdes appropriés aux tempéraments et toujours trop rares dans l'économie : iode, soufre, brome, charbon même, qui n'affecteraient en rien la couleur et dont la réfringence est nulle. La lactoprotéine qui très probablement transmet à l'enfant une aggravation de l'état anormal de productions épithéliales plus ou moins acides, granuleuses, fusiformes, cancroïdes, pourrait être améliorée. Sa substance paraissant être un sulfate de chaux hydraté, auquel le lait des mammifères devrait en partie sa couleur blanche, se produirait par action d'acide azotique sur le sucre et l'amidon, base oxyde, saturée par l'ammoniaque. Si l'on était amené à trouver dans le lait des traces infinitésimales d'une précipitation albâtreuse de vitriol de chaux sélénitée, par l'oxalate d'ammoniaque, peut-être devrait-il être chimiquement désoxydé et désacidifié par le fer, le soufre, l'eau vinaigrée, l'alcool, sauf expériences préalables sur l'animal. Améliorer, par addition de substances, les eaux minérales naturelles, offrirait des ressources précieuses à la thérapeutique thermale. Guérir les esprits de l'idée fausse que la nature est souveraine, intangible et admirable, achèverait la cure par la thérapeutique morale.

Le plus puissant auxiliaire de la régénération des tissus dès l'enfance, tissus qui de père en fille, et de mère en fils, se neutraliseraient de plus en plus, serait toujours l'oxygène ; soit qu'on l'administre en inhalations à doses égales d'azote et d'oxygène; soit que l'on crée de vastes jardins d'hiver, des crèches dont l'atmosphère factice comporte 35 parties d'oxygène pour 65 d'azote, au lieu de 21 d'oxygène seulement pour 79 d'azote que nous respirons. Les enfants de toutes les classes sociales, les petits enfants principalement, y passeraient la journée. Les résultats obtenus en vigueur de poumons et en indemnité de tissus, feraient vite tomber l'erreur grossière qui consiste à croire que dans un air riche d'oxygène, nous vivrions plus vite, comme du métal se décarbure, alors que tout au contraire les sels métalliques à base d'acide se dissolvant, produiraient des équivalents de chlorure de zinc et de carbures de fer dans les muscles, de l'acier. En tout cas la réfringence des éléments anatomiques du sang devrait être l'objet d'études constantes. Un jour peut-être passera dans les esprits cette conviction, qu'il faudrait étudier les franges interférentielles produites par la lumière, car elles traversent nos tissus fibrillaires, striés, lamellés, elles ont action sur eux, vu leur polarisation chromatique ou moléculaire, qu'ils soient uniréfringents ou biréfringents. Elles sont, sinon la cause de la vie morbide du bacille, produit d'une décomposition putréfiante, et toujours hydracide, du moins la cause de sa multiplication prodigieuse, due au mouvement lumineux des substances attaquées. Ce jour-là sera franchie l'une des plus rudes étapes sur la route du progrès. Le jour où sera plus fortement raisonnée, qu'il n'est possible de l'entreprendre dans un travail synthétique, la question de l'inoxydabilité ou de la galvanisation des électro-négatifs du tissu ostéo-fibreux, sera franchie une autre étape non moins rude.

Ces armes de silex, de bronze, de fer rouillé, qui furent les muscles des pères et mères, humbles outils des foyers pauvres et croyants, c'est de l'acier trempé qu'il faut en faire.

Lorsque pour éviter la rouille, l'on associe électriquement le zinc et le fer, l'un plus électro-positif, l'autre plus électro-négatif, formant un couple, l'on force l'oxygène négatif à se porter au pôle positif du zinc inoxydable qui ne cède rien. Mais ce n'est point l'oxygène qui oxyde. C'est l'hydrogène, dont le fer cosmique est le radical; l'hydrogène qui est du fer liquide, électriquement transformé en eau par combinaison avec l'oxygène. C'est cette matière première du néant sollicitant la vie, qui s'oxyde comme on se suicide : c'est ce fer qui sollicite constamment l'oxygène, qui se carbure, se dépose en rouille, et consume lentement son métal par désoxydation. L'oxygène le conservait, la désoxygénation le détruit. L'oxygène qui se fixe par combinaison chimique ou par électrisation, est comme le travail et comme la vie. Si le travail se fixe, s'immobilise sans progrès dans un cercle vicieux, il s'éteint peu à peu. Si la vie fausse s'électrise et se consume à la poursuite de chimères, de même que l'oxygène respiré s'ozonise, le métal de l'organisme qui s'oxyde, se laisse rouiller par la mort.

Il arriverait donc un phénomène identique dans notre économie : Le sulfate de cuivre ou un sel analogue quant à l'effet produit, le sel d'oxydation du courant en tous cas, traverserait la cloison poreuse des cartilages, pénétrant jusqu'à l'os, que sa moëlle seule défend, comme le charbon positif se défend contre les négatifs qu'il attire, en les neutralisant. Amoindrir l'action corrosive de ce vitriol en oxygénant plus fortement par la pile sèche, et, qui sait ? nettoyer hardiment par l'ozone et la machine à influence, jusque dans la moëlle allongée, tous les fils récepteurs, celui du tissu périostéal entre autres, dont le générateur positif est au charbon, pourrait, sauf erreur, revivifier déjà la fibrine, mais dès l'enfance ou la jeunesse, sinon le vert de gris risquerait d'augmenter. L'acétate ammoniacal de la margarine fibreuse du tissu, sorte de vert de gris au millionième d'atome, se produirait théoriquement dans la désoxygénation de l'aluminium, de l'oxyde de fer chromé, du manganèse positif du périoste, plus pesants, plutôt que dans la silice, les margarates et glycocholates, négatifs, moins lourds. Et il ne se produirait dans cet ensemble qu'il ronge, que parce que les sulfates du sang, au contact de l'ammoniaque, se métamorphoseraient en sulfate de cuivre allant se déposer sur les métaux cartilagineux qui sont du zinc en théorie, mais de l'oxyde de zinc poreux en réalité, et laissent filtrer le vitriol jusqu'à nos couches ostéogènes, jusqu'au charbon des éléments. A cette électrisation purifiante que la perfection des méthodes finirait par rendre si rapide qu'elle passerait inaperçue, non sans avoir défait tous les principes morbides et mortels de l'organisme, pourrait s'adjoindre le traitement selon les cas. De l'oxyde de zinc on ferait alors un carbonate de zinc neutre et anhydre, mais par courant positif de pile transportant l'acide carbonique sur le périoste au long du fil générateur de la moëlle allongée. Chez la femme, par exemple, pour laquelle l'amélioration du lait doit être l'objectif principal, ce moyen de neutralisation de l'alcali paraît indiqué en première ligne.

Le carbonate d'ammoniaque ainsi formé, s'éliminerait dans la désassimilation du rein, sans que ce signe habituel de suppuration ou de morbidité des tissus, emporte d'autre signification que la disparition d'un état de morbidité générale.

Chez l'homme, ce premier point de régénération histogénétique quoique également indispensable, n'apparait qu'au second plan dans un aperçu d'ensemble d'une transformation musculaire complète. Mais aussi bien chez la femme que chez l'homme, l'acide du fluide électrique solaire, que nous appelons tartrique jusqu'à nouvel ordre, qui, dans la biliverdine d'une part, et dans le sucre du foie de l'autre, laisse des traces de tartrate cupropotassique, devrait tout d'abord être éliminé à l'aide d'un tartrate de potasse neutre. Ce cathartique, dont il faudrait déterminer la formation dans l'économie, pourrait être directement introduit dans le foie au moyen de l'électrothérapie et des sels haloïdes, ou de telle autre pratique conseillée par le corps médical. Le tartre solaire est aux muscles ce que le vitriol est aux os : il ne s'agit que de trouver une base salifiable avec laquelle l'acide tartrique se combine en formant un sel neutre inoffensif. Arriver déjà à convertir le bitartrate de potasse acide du raisin, en tartrate neutre, qui ne déposerait plus dans le fût ou la bouteille, en employant le plâtre comme amendement extérieur absorbant de l'acide tartrique de l'air, plutôt que comme acide double vitriolique à l'intérieur du vin, serait lui ramener pour commencer une foule de consommateurs, éloignés par les sophistications, et cela au grand profit de leur système musculaire. La glycose du raisin pourrait alors être utilement employée comme dissolvant du vitriol et du vert de gris répandus chez tous, et plus actifs chez les tempéraments rendus acariâtres, incisifs, autoritaires ou haineux, par la bile ou par le fiel influencés.

Mais il faut aux fibres, donc à tous les muscles chez les deux sexes, une endurance et une vigueur, que la galvanisation complète dès l'enfance ou la première jeunesse amènerait seule. L'action lente et hygiénique des sels haloïdes par la pile sèche suffirait-elle dans tous les cas? Devrait-on selon les natures et les métiers, sédentaires ou actifs, aller jusqu'à transformer d'abord le cuivre du couple ostéo-fibreux en laiton, combinaison avec le zinc négatif, puis en métal de cloches ou en doublage de casseroles? Ce procédé résoudrait peut-être les principes nuisibles du sulfate de cuivre en acétates et en lactates de soude et de potasse, directement désassimilés par le cœcum et par le rein. Il conduirait à l'emploi des chlorures, sel et fer, des chromates à doses infinitésimales, et atteindrait probablement le but chez les sédentaires plus exposés à la pénétration vitriolique, qui demandent la solidité de préférence à l'élasticité à leur réseau fibreux. L'expérience en déciderait. Désaimanter l'économie tel est le but.

A cette transmutation des métaux de la fibrine, à laquelle suffirait notre électricité interne, dirigée par des prescriptions sages, les marcheurs, les soldats, les chasseurs, les ouvriers et les paysans en bloc, devraient-ils préférer la carburation complète de leurs fibres musculaires? Sulfates de zinc ou de cuivre, oxyde de fer, tout cela disparaîtrait devant la trempe à donner à l'acier. Quelle que soit l'audace d'un tel procédé, nous avons la presque certitude qu'il réussirait chez la totalité des enfants, pour peu que l'on se conforme aux indications du thermo-multiplicateur humain, et que l'on cherche le degré de réaction interne qu'il peut supporter sans se fier aux expériences sur l'animal. De même que l'on cémente l'acier en le plongeant brûlant dans un liquide froid et en le combinant avec des métaux, de même en faisant passer un courant électrique instantané à tension faible dans l'oxygène du réseau fibreux, au milieu de l'acide carbonique froid, l'on arriverait peut-être à chromer électro-thérapiquement les muscles par la moëlle allongée ou de toute autre façon.

Tous ces progrès de demain, partis du principe de notre identité d'essence avec l'aréolithe, progrès qui exigeront de profondes études, mais qui dénoteraient chez nous une pensée supérieure aux activités mécaniques supérieures de la nature, ne vaincraient encore point la destruction. Ils prépareraient seulement les générations à venir. Celles-là se lègueraient pieusement avec l'héritage des âges de souffrance et d'attente, l'indestructibilité de leurs organes tant méprisés, poussière selon l'esprit de mort des uns, viscères d'animaux selon l'esprit mortel des autres. Elles conquerraient avec l'assainissement du globe, la vie pour leurs enfants, la résurrection de tant d'absents regrettés, la leur. Elles éveilleraient de leur sommeil ces âmes nées de la terre jusqu'alors triste, sorties de races péniblement formées à l'espérance par l'invincible foi, et au travail par la foi non moins invincible du progrès. Elles appelleraient le retour des âmes en d'autres âmes d'enfants qui vivraient par le cœur. Victoire pour le christianisme de son principe divin d'amour, sur la mort de son spiritualisme oriental. Pour la science, pour la raison, pour la pensée, libre de savoir, esclave dès qu'elle ignore, victoire sur les ténèbres de l'ancien temps. Pour l'enfant qui naîtra, passage des livres merveilleux au livre de la vie. Victoire dernière sur la nature muette et la parole, qui du silence de l'une, de l'éloquence de l'autre, ferait même état. Neutralité pour le bon sens et pour les simples entre le bien métaphysique et le mal animal.

# CHAPITRE III

# HARMONIES DE L'UNIVERS

## I

### L'âme et le cœur.

Déjà nous espérons faire admettre physiologiquement que la destruction de la cellule organique du corps humain tienne, d'un côté à ce que la base oxydante, l'oxyde, plutôt que de se comporter comme un oxyde indifférent; de l'autre, à ce que l'acide sature la base, plutôt que d'être neutralisé par elle. Nous espérons maintenant faire reconnaître que de lui-même tout corps social marche à sa ruine, à défaut d'équilibre et pour des motifs identiques. Si la lumière de l'âme en vain cherchée aux origines, autrement qu'à l'état de nature, plus familiale peut-être et plus simple, mais aussi passionnelle et certainement plus égoïste, oxyde peu à peu le cœur humain divinement créé par le christianisme, et se refuse à résoudre le problème social. Si l'esprit de mort fatale, ou celui qui conclut au néant des sciences, l'acide spiritualiste, saturant la raison de l'homme et gouvernant son libre arbitre, obscurcit son cerveau, plutôt que d'être neutralisé par lui, l'empêche d'étudier sa nature et de se connaître lui-même.

Et tout d'abord définissons l'âme et l'idéal humain qui serait Dieu, la psychologie et la théologie qui résulteraient des harmonies d'ensemble étudiées jusqu'ici. N'insistons pas encore sur ce principe futur de la doctrine biologique, que l'âme humaine, origine de la lumière, de la chaleur, du feu, du mouvement des mondes, s'enveloppant de phosphates et de carbonates de chaux, s'isolant dans les vapeurs bouillantes et l'eau, s'assimilant les principes organiques propres à sa substance, en est venue, par évolutions lentes à sourdre du globe, une quant à la lumière, en quelques premières races, dont par aucunes dégénérescences les races inférieures ne seraient sorties. Constatons seulement que la substance organique de l'homme dénote par ses sels ou ses oxydes, soumis à l'analyse spectrale, son identité d'essence et de constitution chimique avec le globe. Identité d'essence avec le règne végétal quant aux systèmes artériel et veineux et à l'appareil respiratoire. Identité de constitution chimique avec le règne minéral, quant à tous les sels du sang et au système nerveux. Identité avec le règne animal quant aux fonctions animales. Rechercher de quelle façon précise l'oxygène, l'hydrogène, l'azote, le charbon, l'électricité et l'électro-magnétisme sont intervenus dans les actions évolutives, n'est guère possible dans l'état actuel de la science Mais déjà cette définition s'impose : L'âme humaine est lumière et s'est faite race blanche de la terre par la terre avec la terre. L'âme par conséquent, ne serait autre chose que le principe lumineux qui communique à la matière pensante son activité moléculaire ; la sélection d'électricité intime qui emprunte à la terre et qui traduit par un mouvement du dedans au dehors à la matière parlante la pensée du cerveau ; la racine lumineuse insuffisante, le fil que jette en terre, lors de sa conception, cette lumière naturelle que l'enfant reçoit de ses père et mère avec leur propre substance.

Mais ce n'est là qu'une existence immortelle dans la mort, dont le principe profond de vie future, réelle, et supérieure ne peut sortir que par l'amour chrétien. Amour des pauvres, des humbles et des deshérités, source de lumière pure et divine qui jaillit du cœur du Christ, et devint la vie des âmes au delà de la mort, contre la mort. Antérieurement au Christ, ce fils d'un idéal humain qui sera l'avenir, hors de l'humanité qu'il fût, dont tout chrétien porte l'idéal. vivant en lui, il n'existe, il ne peut exister dans la mort, que le néant du rêve et nous allons le comprendre. Hors de l'homme d'abord, foyer de la lumière, ni pensée, ni intellectualité, ni sentiment, ni parole. C'est le sang, la quintessence moléculaire des hérédités du sang paternel et maternel, unies dans l'intimité de la substance vitelline, qui, tout autour du principe, de même que la nature accumulait autour du globe à l'origine, les terrains primitifs dont devait surgir la vie, accumulent les éléments constitutifs dont sortira le naturel de l'enfant. C'est encore le sang de la mère, le lait de la femme, qui à l'entour des rudiments d'une existence fragile, comme jadis la nature enveloppait la planète des couches du secondaire et du tertiaire, enveloppent de chairs, d'os et de tissus les innocents principes de vie, d'amour, d'humanité. Et c'est alors, de ces tissus si tendres, morbidifiés par le dehors, respectés par nos ignorances, qu'autres fossiles détruits, nés des souffrances du monde, s'envolent les premiers vagissements informes. Mais sur ces plaintes du mal, allées par l'inconnu, superstitieuses dans les ténèbres, viennent les premiers sourires du nouveau-né, flores boréales de l'ancien temps écloses à la chaleur du rayonnement maternel. Puis c'est encore le sang, la transmission de pensée, l'amour des père et mère pour ce premier progrès de la nature, l'espoir qui veille à l'avant-garde des âmes, qui lui font sa raison. Ce sont les sagesses maternelles et paternelles qui la dépouillent des instincts naturels et des poésies vagues d'un monde en proie à l'électrisation magnétique des eaux et des terrains, indifféremment en travail, du tigre ou des gazelles, du serpent ou du colibri.

Elles qui neutralisant les penchants de ses fils électro-magnétiques, arment pour le combat de la vie les ressorts de sa jeune âme. Cette âme faite de lumières, de patience au travail, ou d'endurance à la peine, d'honneur ou de chasteté, de patriotisme ou de générosité, d'héroïsme ou de dévouement, armée de toutes les armes du combat pour la vie, cette âme, sans le cœur, sa citadelle et son principe, et sans le cœur chrétien, sa foi dans la victoire dernière sur la misère et sur la mort, n'est donc encore que la nature aux forces aveugles.

Laissant même de côté toute donnée religieuse, nous reconnaîtrons que l'incrédulité, excusable en face des doctrines mortelles échafaudées sur le principe de vie du christianisme, accepte par les idées de philanthropie, de fraternité, de solidarité qui ne sont que l'idée chrétienne tombée dans le domaine public, la suprématie nécessaire du cœur dans l'organisme social, comme la physiologie l'accepte dans l'organisme humain. Et sans vouloir inquiéter les pensées libres à bon droit, ni décourager les cœurs faibles, nous sommes intimement persuadé qu'aucune victoire définitive sur la nature n'aurait l'éternité pour elle, quelle que puisse être un jour la science humaine, si le principe chrétien de l'amour fraternel et social pouvait cesser jamais d'être la vraie, la seule et la dernière lumière de l'âme. Un exemple va nous permettre d'en raisonner les causes. L'Eglise croit par tradition, et sa croyance s'explique, que la Très Sainte Mère du Sauveur fut exempte de l'infirmité qui frappe normalement les femmes dès l'âge de puberté. Mais elle en attribue l'exemption, comme de juste, à une grâce surnaturelle, à une immunité de mort, plutôt que d'admettre la pureté et la vie d'une lumière du cœur, victorieuse d'un phénomène physique.

Nous avons dit ailleurs que la force dépressive du courant positif de l'électricité solaire préparant les germinations terrestres, provoquait le sectionnement des cellules fécondées. La même cause a dû provoquer au principe la rupture des capillaires superficiels de la muqueuse utérine et la rupture consécutive des vésicules ovariennes, et voici, croyons-nous, pourquoi ce phénomène se répète mensuellement. Par suite des mouvements simultanés de la translation solaire, que nous avons représentée à l'échelle d'un millimètre en moyenne par mois, et de la gravitation terrestre correspondant à un arc de cercle proportionnel, conformément à l'équation du mouvement, il se produit périodiquement, par l'effet de la réaction de grand cercle stellaire un changement imperceptible de direction dans la mobilité des ellipses du système. Un aiguillage, en quelque sorte sur une nouvelle courbe elliptique, qui, suivant les positions de la terre, doit permettre de mieux apercevoir les chutes de matière cosmique produites par l'attraction du soleil et désignées sous le nom de pluies d'étoiles filantes. Cet aiguillage mensuel ou presque, sur 360°, qui dût avoir une durée primitive moyenne de 3 jours et quelques heures, soit de 43 à 44 jours au total par an, ne devait point s'exécuter sans affecter chaque fois le coefficient de résistance élastique de la terre encore faible, à la torsion produite sur les segments d'arc de son ellipse annuelle par la force dynamique de l'électricité du soleil. Il dût en résulter, et il en résulterait encore, en place d'un simple sectionnement de cellules comme chez les ovipares, et en l'absence d'une gestation, normalement comprise au principe entre un équinoxe de printemps et un perihélie déterminant parturition au plus près du soleil, une véritable torsion produite depuis l'origine dans les matrices féminines par le fluide nocif. Héréditairement transmise et d'ailleurs entretenue par l'action magnétique invariable, l'infirmité se répète de mère en fille. Non plus suivant la force dépressive première du soleil, mais suivant l'électricité interne de la pile cérébrale, laquelle excitée par la seconde vue imaginaire, exécute mécaniquement le mouvement reflexe de torsion dont les races humaines se sont transmises l'effet sans en connaître la cause.

Mais il est concevable qu'une sainte-lumière du cœur, purifiant la lumière génito-cérébrale ordinaire et traduisant une véritable manifestation vivante de la terre, horrifiée par l'esclavage romain, ait pu, sinon vaincre, du moins neutraliser par sa force inconsciente le phénomène naturel. Phénomène d'harmonie universelle, car si un saisissement, une impression vive le suspendent, c'est que la pile cérébrale cesse de fonctionner automatiquement, comme si, la force dynamique du soleil suspendant un moment son action constatée par la torsion elle-même, les âmes eussent ressenti jadis quelque mouvement d'inquiétude. Phénomène géogénique, car si une immersion d'extrémités dans l'eau le suspend, c'est que l'eau affaiblit ou annule l'intensité du courant, comme si l'accumulation d'océans ou de glaces aux extrémités polaires du globe, avait inquiété l'âme humaine aux premiers âges de la vie. Phénomène cosmographique, car s'il se manifeste plus ou moins tardivement selon les latitudes habitées, c'est qu'en vertu de la connexité du cerveau avec tout appareil de l'organisme, il a été ressenti plus tôt dans les zones équatoriales, plus tard dans les zones tempérées ou froides. Phénomène enfin de biologie universelle, car si la ménopause se produit, c'est que la sollicitation vitale, l'intensité du courant cérébro-génital s'affaiblissant, la dépression du fluide solaire mortel ne rencontre plus la résistance élastique, ou terrestre, ou féminine, dont résultait la torsion, et que la mort stérile étend dans les déserts ou sur la femme, sa loi de sable ou d'ombre.

De cet exemple, il ressort que, lors de la venue du Sauveur, pressentie par l'esprit de mort des prophètes, toute la vie du monde s'était concentrée, réfugiée dans l'âme du Christ. Que d'elle-même et sans la vie du cœur, « le feu de la charité » des textes, la nature affligée de ses misères, restera toujours incapable de conquérir son immortalité. En un mot chercher à vivre par la science seule, sans solidarité et sans amour social, serait poursuivre un rêve.

## II

### L'esprit et la raison

Si l'âme née des charbons des deux pôles de notre machine électrique humaine, entre lesquels éclôt, lumière et fleur du monde, rayon sur les pauvres logis, l'enfant dont le Sauveur est l'Enfant-Dieu, si l'âme vit dans le sang que l'oxygène a purifié et rendu rouge, l'esprit naturel doit se former dans les alcalins et l'acide carbonique du sang noir. Ombre et raie noire du spectre, et sans avoir rien d'électrique en lui, l'esprit semble représenter le sel d'excitation de la pile cérébrale, l'eau salée, acidulée, gazeuse dans laquelle baigneraient les éléments de la pensée, batterie du cerveau. Son régulateur serait une sorte de système différentiel fondé sur les attractions et les répulsions électro-magnétiques du réseau sensitif ou nerveux, et les affinités physiques et chimiques positives ou négatives des appareils auditif, olfactif, de la vue, du goût et du toucher. Ce régulateur pesant le pour et le contre, le vrai et le faux, rejetant plus ou moins l'oxyde ou l'acide, jugeant de son mieux du bien et du mal, produisant néanmoins une lumière déjà plus pure que la lumière naturelle, à laquelle se consumeraient, s'analyseraient, se transmuteraient ou se feraient jour les sentiments de l'âme avec les suggestions de l'esprit, constituerait la raison. Raison qui toujours semble sage et qui n'est jamais la dernière.

La raison qui juge en dernier ressort, ne saurait par conséquent dépendre du système initial des forces de la nature. Essentiellement transformiste, organe de sélection par excellence, mais subjectif, la raison suit l'évolution humaine. Ses fonctions dans l'organisme sont si peu définitives et si peu supérieures à celles du cœur, principe immuable de la pensée vivante trop souvent travestie, dénaturée par l'esprit captieux pervers ou mensonger, que tel progrès qui semblait sage la veille, semble insensé le lendemain, et que telle hypothèse paraissant raisonnable aux anciens, se trouve renversée par une hypothèse neuve, si la science la juge meilleure. C'est qu'en effet la raison humaine, pas plus que la raison d'État, ne sont appelées à gouverner ni les incitations puissantes de l'esprit qui préparent les grandes causes, ni les impulsions vitales du cœur qui les font triompher. Par malheur elles sont rares. La raison n'a la plupart du temps à s'ériger en juge qu'entre les mouvements passionnels et électro-magnétiques de la véhémence ou de la sensibilité naturelles de l'âme, pris pour des manifestations du cœur, et les mouvements nerveux tout aussi électro-magnétiques, provoqués par l'esprit faux, si facilement confondu avec l'esprit naturel. Plus les races déclinent avec les tailles, plus les caractères s'amoindrissent; plus la raison vulgaire se fait mesquine, en se refroidissant avec la terre, et plus le cœur humain, qu'elle ne peut suppléer, se contracte avec elles.

Il est malheureusement certain que le régulateur cérébral, notre pauvre raison, sujette à tant d'attaques extérieures et intérieures, a ses ennemis, et que les événements du monde sont de nature à la déconcerter plus encore. Avant d'examiner quels sont dans l'esprit même ses ennemis accidentels, examinons déjà quelles pourraient être les causes physiologiques principales d'obscurité, d'indécision ou de trouble dans les fonctions du cerveau. A notre avis, le grand obstacle à la mise en équilibre parfaite des mouvements électro-magnétiques intérieurs par la raison, proviendrait d'un excès de cholestérine dans le tissu cérébral, suite d'une neutralisation défectueuse de tous les tissus constituants, qu'il s'agirait de régénérer, de désarmer de leur pouvoir rotatoire, d'amener à la formule triatomique $C^6 H^8 O^6$. Il proviendrait ensuite d'une réfringence excessive de la substance médullaire blanche des tubes nerveux, récepteurs probables de la transmissibilité des indignations ou des penchants révoltés de l'âme, qui les dévierait insensiblement de leur rectitude native, pour les transformer en amertume ou en âpreté orgueilleuse, en colère ou en haine. Il proviendrait enfin d'une efflorescence anormale, onctueuse et lourde dans les circonvolutions de la substance grise, et de la nitrification constante des cylindraxes du système cérébro-spinal, siège à peu près certain de la douleur physique qui déséquilibre plus ou moins la raison. Etudier l'un après l'autre l'effet moral de chacun des sels qui concourent à l'excitation des éléments de la pile, exigerait des observations innombrables, et le seul exposé des observations personnelles nous entraînerait trop loin. Mais il existe des probabilités pour que le sulfate d'alumine et de potasse, l'azotate de chaux et l'azotate de potasse, alun, chaux, magnésie, salpêtre, réfractant fortement la lumière, puissent se former dans le cerveau. Il est à présumer que l'excès excrémentitiel de cholestérine provient d'une désassimilation continuelle de la névrine, agent vraisemblable du rêve par saponification ammoniacale dans les voûtes orbitaires. Il est à craindre enfin que la dyslysine, résidu de l'acide cholinique, ne soit aussi le résidu résineux de la lumière de l'électricité solaire, et que tous ces désordres physiologiques ne soient des fauteurs funestes, quoique indirects, du défaut d'équilibre dans les raisons les mieux assises. Ce sont ces agents de désorganisation intime, finissant par s'associer étroitement à toutes les fonctions du cerveau ; c'est l'efflorescence factice et la nitrière artificielle de notre économie, provenant d'un excès d'azote dans l'atmosphère, qu'il faut combattre. La triatomicité idéale et pourtant réalisable des tissus oxygénés, nouveaux, ne se limiterait pas à l'indemnité certaine de toute souffrance. Elle serait une garantie de dissolution de la cholestérine cérébrale par leur alcool. Elle provoquerait la formation constante de chlorhydrates et de carbonates neutres et basiques qui assureraient la précipitation régulière de ces sels d'alumine, de nitre et de magnésie salpêtrée dont la pesanteur ou l'excitation fausse exagèrent encore la chronicité ou l'acuité des maux physiques.

De ces obstructifs dans les organes du régulateur de la raison, passons aux ennemis autrement redoutables qu'elle rencontre dans l'esprit, après avoir bien établi que l'esprit n'est qu'une résultante mécanique de la machine humaine. En thèse générale le cœur vit d'oxygène, l'esprit d'acide carbonique ; le cœur réchauffe et l'esprit rafraîchit. Mais il faut distinguer entre deux sortes d'esprits. D'un côté l'esprit naturel formé, en suite des catalyses de l'économie, dans les principes cristallisables du sang, par désassimilation normale des substances organiques, autrement dit l'esprit inhérent à la nutrition et à la vie même de l'homme. De l'autre l'esprit accidentellement formé dans les substances nocives électrisables, magnétisables, puisées dans l'air ou l'alimentation, désassimilées par l'organisme, mais imparfaitement éliminées par lui, dont le siège semble surtout localisé dans le foie, le rein, les nerfs. Ce second esprit trop facilement identifié avec l'esprit naturel des alcalins du sang, aurait, à en juger par des observations hypnotiques, les mêmes organes de transmission du sel d'excitation, que l'esprit naturel, à savoir le courant électrique de la parole et le courant électro-magnétique du réseau nerveux; mais sa formule, si l'on peut s'exprimer ainsi, serait entièrement différente. L'esprit naturel, l'ombre de la lumière du cœur, mais l'ombre bienfaisante et protectrice, qui tempère les ardeurs du sang, se formerait de lui, entretenant avec la fraîcheur des sentiments la pensée vive et jeune. L'esprit dédoublé de l'imagination, au contraire, analogue à ces flammes bleuâtres, cyanogénées peut-être, du feu St-Elme, que les nuages chargés d'électricité allument à la rencontre des pointes métalliques, serait simplement similaire à un carbure d'hydrogène. Argon et méthane tout ensemble, sorte d'alcool mal rectifié, ce qui impliquerait intimité du mélange et dédoublement, l'esprit dédoublé, l'infâme nature se produisant dans nos causes de maladie, de misère et de mort, serait l'ennemie déclarée de nos raisons.

## III

### L'Esprit imaginaire ou dédoublé.

Chacun sait que dans toute action de la chaleur il y a vaporisation des corps soumis au calorique. Mais de ce fait même, il y a séparation entre les gaz comburants qui vaporisent le corps, et les gaz, tels que l'hydrogène carboné et l'azoture de carbone par exemple, qui, résultant de la combustion, entourent la flamme d'une sorte de halo bleu désoxygéné. Suivant la nature du corps soumis au calorique, et suivant le calorique employé, les gaz de la combustion sont plus ou moins mortels. L'incandescence électrique du soleil met en liberté dans son flux magnétique un gaz éthéré qui doit remplir l'espace en le bleuissant, et que nous pensons être soit un azoture de carbone par précipitation des oxydes de fer de la matière cosmique, en présence du potassium et du sodium, soit une combinaison cyanhydrique d'hydrogène et de cyanogène par décomposition de la potasse et de la soude, un désoxygénant énergique en tout cas. De même la terre, en ignition avec des éléments de combustion identiques, a mis en liberté en se solidifiant par le refroidissement, des gaz méphitiques putrides, désorganisateurs de tissus, magnétisables surtout, principes de toxiques et de septiques désoxygénants, qui, flottant sur les eaux du secondaire et du tertiaire, ne pouvant plus s'associer aux huiles, aux schistes, aux bitumes déposés, ne pouvant tous se combiner au zinc, à l'étain, au plomb, se sont souvent incorporés dans les terrains. Et lorsqu'ils s'en dégagent, soit sous forme de mofettes, soit sous celle d'aigrettes électro-magnétiques, analogues au feu St.-Elme, l'électricité terrestre négative, inutilisée partout où la végétation fait défaut, leur sert de véhicule et les enflamme. De même le corps humain doit posséder en millionièmes d'atomes son halo bleu, son principe septique ou son grisou, son esprit de mort destructeur, véhiculé par l'électro-magnétisme.

De là nous viendraient chimiquement élaborés par la pile, étiquetés dans les lobes du cerveau, toutes les superstitions de l'esprit faux : le mépris du travail, la soif des gains rapides, le goût du parasitisme et des sinécures, les partis-pris, les routines, les idées fixes, le besoin de paraître sans être, les platitudes devant la fortune triomphante. De là nous viendraient l'orgueil, l'insolence et la morgue fondées sur des admirations mutuelles antipathiques aux foules, le culte de la ruse, de la faveur et du mépris des libertés réciproques ; la conception du pouvoir fondé sur la parole, le savoir faire et la force, loin du progrès fondé sur la puissance morale des idées et des lois. De là surtout nous vient l'avilissante tyrannie de l'argent, la notion de plus en plus confuse dans les lois, les mœurs, les usages, les spéculations, l'emploi des capitaux, les entreprises et les affaires, du point précis auquel la liberté détruite fait place à la licence. Autant de superstitions. Tout cela sommeille dans l'esprit de destruction qui est en nous tous, et qui fascine la raison. Toute cette vermine magnétique, lumineuse semble-t-il comme l'étoile, entretenue par la désassimilation excrémentitielle des nerfs et du cerveau, vit en harmonie apparente avec l'esprit naturel, la simplicité, le bon sens, la franchise, la hardiesse, la gaieté, l'ironie fine, ou joyeuse, ou profonde, qui sont le partage des races d'Europe, *mens divinior* de leurs grands écrivains, sel dépolarisant produit par désassimilation des substances organiques et formation des alcalins du sang. Nos vices, défauts ou péchés, sont par conséquent des principes nocifs, toxiques, entrant dans l'organisme ; et l'incitation magnétique agissante qui s'en sert par nous, provient du dédoublement excrémentitiel en esprit destructif, de notre esprit personnel. Notre intérieur malpropre nous détruit aussi bien par le mal animal, que par la bile en vain sucrée de la métaphysique. Ceci tout en diminuant notre part de responsabilité, et en justifiant la mansuétude sans limites de l'idée chrétienne, n'entraîne cependant point l'irresponsabilité totale. Le bon sens vulgaire indique en effet que si les terrains cultivés sont exempts de miasmes, il peut, il doit en être de même chez l'homme, qui connaît parfaitement ses défauts. Mais si les plantes, les doctrines et les lois cultivées dans ces terrains sont de mauvaises herbes, plus miasmatiques que l'inculte, il est évident que pour le terrain comme pour l'homme, le remède devient plus funeste que le mal.

Pas plus que la philosophie du XX° siècle ne se contentera des anciennes formules : « J'existe donc je suis », son positivisme éclectique et progressiste ne se contentera des consolations d'un spiritualisme vague ou des encouragements d'un matérialisme incertain. Enseigner, même dans un esprit de discipline admirable, la soumission passive aux décrets de mort du passé, avec la lutte indéfinie contre ses passions ; rejeter, même avec l'autorité de la science traditionnelle, le progrès, victorieux de l'invisible, et n'accepter sous prétexte de déchaînements irrésistibles dans les activités réciproques de la matière, que la destruction fatale au terme de son évolution, n'est plus de notre temps. Ce sont là des doctrines de seconde nature trop en désaccord avec le cœur à tout ce qui souffre, et avec la liberté scientifique, rationnelle, émancipatrice du bon sens humain, pour n'être pas suspectes de paternité commune. Rejetées comme insuffisantes ou traitées d'incompatibles avec les harmonies universelles, elles feront retour à leur esclavagisme d'origine.

Nous avons dit qu'à notre avis, la transmission des sels toxiques d'incitation au cerveau par notre esprit de dédoublement, quelque chose comme un courant d'induction « *in tentationem* » s'effectuait au moyen du courant électrique de la parole ou du courant électro-magnétique du réseau nerveux. Qu'est-ce que la parole et qu'est-ce que la voix ? Il semble que la parole et la voix, originairement sorties comme l'eau qui chante dans la bouilloire, de la chaleur interne, soient devenues par le travail cérébral, une écriture électrique, une vibration amplifiée par le porte-voix du pharynx, dessinée quant aux voyelles par la glotte du larynx, dessinée, articulée quant aux consonnes, après occlusion partielle ou totale du conduit vocal, par la langue, les lèvres, le nez, les dents, le palais, l'arrière-gorge, suivant la forme chuintante, sibilante, labiale, nasale, dentale, palatale, palatodentale, gutturale, de chaque lettre. Il semble encore que le cartilage aryténoïde de la glotte fasse l'office d'un pivot de manette et d'un commutateur de courant, et que chaque vibration du courant positif et génito-cérébral de la voix, depuis les notes graves jusqu'aux plus aiguës, s'inscrive négativement de bas en haut dans le phonographe récepteur des rampes auditives sans lequel la voix est insonore ou fausse. Il semble enfin que le courant de la voix qui fonctionne même en l'absence de parole exprimée, ou pendant le sommeil, écrit également tantôt la réflexion, tantôt la voix intérieure, méditative ou semi-pensante, dans les voûtes orbitaires auxquelles, à l'incitation magnétique de l'esprit dédoublé, il enverrait la substance lumineuse, le principe de l'âme à l'état songeur ou endormi pour tout dire.

Ce fait expliquerait les demandes et les réponses que dans le dédoublement du rêve on croit entendre, les évocations créatrices de scènes animées parlantes auxquelles l'on croit participer, l'évocation constante mais parallèle de l'image des personnes et du milieu dans lequel elles se trouvaient, accompagnant le souvenir qui songe à elles. Il expliquerait également les principaux phénomènes, tous magnétiques, du spiritisme, de l'occultisme et de l'hypnotisme, apparitions, typtologie, levitation, bilocation, télépathie, prophéties, etc.

On sait que dans le système musculaire les cylindraxes des nerfs moteurs sont en contact intime avec la substance striée contractile des muscles, par l'intermédiaire de granules coniques ou de plaques, qui sont des concrétions fibrineuses crétacées impénétrables à la lumière qu'elles réfléchissent fortement en blanc. Ces granules microscopiques dont l'accumulation magnétisée ou la disposition malencontreuse dans le tronc du muscle auditif doivent être l'obstacle mécanique qui paralyse l'oreille des sourds-muets, toujours méchants s'ils sont livrés à eux-mêmes, seraient d'ancienne date. Ils pourraient, croyons-nous, céder à une alimentation neutralisante des tissus, aidée par la pile sèche, qui reconstituerait l'organisme molécule à molécule en l'espace de quelques années. Ces plaques doivent dater dans l'organisme des derniers temps du secondaire ou du terrain crétacé, soit d'un temps de vie végétative, qui semblerait avoir donné son nom au tissu musculaire gris de nos viscères, et d'un temps d'obturation de l'écorce poreuse du globe. Elles doivent aussi nous donner la date probable de la formation de l'esprit dédoublé dans le principe humain. Incertitude plus grande sur ce qui pouvait se passer à la surface de la terre ? Appréhension de mort de la planète par sa paresse ? Imagination en travail ? Intuition acquise par d'éternels enterrements, que la lumière stellaire se produisait alors d'elle-même ? Inconscience des gaz putrides portés sur les eaux au travers desquelles l'inquiète pensée se dédoublait magnétiquement ? Fil du pressentiment jeté dans l'inconnu ? Création subséquente et ignorée d'un esprit de mort qui s'unirait par les fibres nerveuses du globe à la substance propre ? Qui de créé par imagination ascendante se ferait créateur imaginaire au plus haut ? Telles sont sans doute les fibres géologiques et concrètes du berceau d'Israël porté sur les eaux du Nil à la lueur des étoiles, sauvé par la fille des Pharaons pour la mort du Sauveur.

## IV

### Occultisme.

Quoi qu'il en soit, les concrétions crétacées qui font communiquer le réseau nerveux et le système musculaire, ce qui fournit une explication plausible de l'activité musculaire dans l'état d'hypnotisme ou de magnétisation par influence, ces plaques fibrineuses paraissent être surtout formées de carbonates calcaire et magnésien et des écailles blanches nacrées de la cholestérine. Ce seraient des inducteurs spontanés du courant électro-magnétique de second ordre, développé par le courant primaire et cérébro-génital de la parole et de l'âme fascinées. En conséquence, tout phénomène manifesté au moyen de ce courant de seconde vie, laisserait de côté la lumière et l'ombre de la vie réelle et future, le cœur et la pensée, l'esprit et le bon sens naturels isolés par le sang, mais intéresserait avec l'âme naturelle et immortelle, pour le moment dans la mort, le système nerveux et musculaire tout entier. Nous admettrons si l'on veut que le phénomène des apparitions, perçu par le sens interne émané des centres nerveux, soit en quelque sorte la démonstration lointaine et grossière de l'existence de l'âme, par son fantôme, en apparence hors de son corps, sous cette réserve que c'est sa propre image, sa lumière personnelle que le sujet croit percevoir hors de lui, avec les traits et dans le costume qui lui est insinué de voir par son propre esprit dédoublé.

Le fait de voir, chez l'homme et l'animal, paraît consister en ce que la rotation des vibrations lumineuses, positives, du soleil, qui apportent le sens noir et renversé de l'objet vu, après s'être plusieurs fois réfractée, avoir traversé la lentille du cristallin, et s'être projetée à l'envers, en circuit positif sur la rétine, serait analysée par les milieux chromatiques de l'œil, puis négativement transformée par le nerf optique, dont le circuit négatif la remettrait en place et droite, suivant la couleur et le dessin de l'objet. Ce phénomène permettrait de conjecturer que des concrétions fibrineuses magnétisées obstruent le muscle du nerf optique chez l'aveugle de naissance. Il conduirait également à admettre que les opacités cataractées, chez la plupart des autres aveugles, résultent de travaux micrographiques, de lectures prolongées à une fausse lumière, ou d'un simple défaut d'hygiène. La reconstitution par le nerf optique des objets étudiés, des caractères lus, trop vivement sollicitée, l'analyse spectrale mal faite par un organisme insuffisamment pourvu des sels haloïdes propres à la pile, d'électro-négatifs : iode, brome, chlore, fluor, etc., neutralisants des électro-positifs de la lumière métallique solaire, tout cet ensemble de causes déterminerait la cataracte par prépondérance de la fibrine et du tissu fibro-plastique dans les catalyses de l'économie.

Chez les adeptes de l'occultisme, chez un sujet enclin au merveilleux, le phénomène est autre. Si par action inconsciente de son courant cérébro-génital sur le courant secondaire, l'extatique tombe en catalepsie psychique, l'induit multiplie son intensité magnétique par la force électro-motrice des muscles et du cerveau que prédisposent leur cholestérine et leurs concrétions magnésiennes. L'œil s'aimante, le sujet voit. Les fibres papillaires du nerf optique battent rapidement ; leurs contractions nerveuses produisant l'intermittence, assurent par leur fréquence la continuité du courant induit. L'image suggestionnée ne se présente plus dans les voûtes orbitaires, simplement colorée par irrisation des lamelles de la cholestérine comme dans le rêve. La suggestion, véhiculée par le nerf optique lui-même, se projette sur la face intérieure de la rétine, dans l'axe du cône optique des sensations visuelles. Et là, inversement au phénomène produit du dehors au dedans, la lumière magnétique traversant non plus des couches de plus en plus denses et des surfaces convexes, mais des couches de moins en moins denses et des surfaces concaves, ses rayons internes divergent au lieu de converger. Ils enveloppent et semblent éloigner l'image que le sujet croit voir en vision extraordinaire, du dedans au dehors, à une distance proportionnelle à la divergence produite, mais qu'il ne voit qu'en imagination et qui n'existe pas. Pas même autre étoile-soleil à l'état de lampe de nuit. Le phénomène extatique serait assez analogue à l'état de rémanence de l'électro-aimant, la voyante représentant le noyau et sa vision l'armature. Pour le constater par une expérience de physique, ce qui à cette époque de psychiatrie serait facile, il suffirait, croyons-nous, de relier la visionnaire à son insu, à l'aide de la pile, à un cercle de fil de fer placé dans le champ de sa vision.

Il en est de même de tous les phénomènes dits occultes : La faculté d'animer facticement, de substituer sa mort à sa vie, son magnétisme à son électricité, de prêter une seconde vie à l'esprit de mort qui se produit dans les désassimilations nervoso-cérébrales magnétisables de chacun, et dont nos défauts ou nos vices d'une part, nos excès de doctrines ou nos exaltations de l'autre, sont la preuve, doit dater d'un temps de paresse du globe, des putréfactions du secondaire et de l'illumination consécutive des étoiles au temps du crétacé. Le malheur est que l'esprit ainsi créé par dédoublement de notre faculté de transmission vitale, devient sauf s'il est démasqué, plus subtil que nous qu'il est hélas ! Ange et démon de l'imagination, il se fait tout ce que l'on veut qu'il soit. Mais son origine malpropre exige qu'il insinue sans cesse tout ce qui peut nous nuire ou nous détruire en bien comme en mal, pour cette bonne raison que l'électro-aimant de l'imagination est jusqu'à nouvel ordre plus fort que la pile cérébrale et le régulateur de la raison. Et l'ennemi est en nous, parce que tout en se développant sur les résidus de notre substance propre, il lui reste inassimilable et étranger comme quelque scorpionné lumineux à la lumière, ou l'étoile à la planète. Il serait d'ailleurs aussi facile à paramagnétiser par la pensée laborieuse, par la foi dans l'avenir et par l'hygiène de la pile sèche, dès qu'elle pourra être étudiée, qu'il serait facile à éliminer complètement, si la paramagnétisation de l'atmosphère et la conquête de la vie devenaient l'idéal du cœur humain.

Ce dédoublement de l'esprit influencé, évocation chez le médium, sommeil chez l'hypnotisée, produit néanmoins par transmission électro-magnétique d'idées, certains phénomènes de contact qui exigent l'analyse. Lorsqu'un médium typtologue s'interroge en interrogeant soi disant une table, le circuit électro-magnétique se forme par transmission d'idée fixe entre les personnes présentes influencées. La projection se ferait alors sur la chauve-souris, où l'os sphénoïdal, intéressant principalement les ganglions otique et de Gasser, et par suite tout le système ganglionnaire du grand sympathique, dont les filets nerveux aboutissent aux muscles de l'œil. Elle magnétiserait la pensée ou pour mieux dire se substituerait à sa lumière, dont le siège paraît devoir être plus élevé, établissant passagèrement la prédominance de l'activité musculaire ou de la névrine et de la fibrine sur le sang, dans l'organisme entier. Une fois le « corps astral » de chaque assistant, « extériorisé », le médium pose sa question pour la forme : A sa volonté, un extra-courant émané du circuit va solliciter la corde de chaque tympan. Puis, tandis que le circuit persuade aux extériorisés soit que la table, qu'ils sentent réellement tourner, tourne sous leurs mains, soit qu'un de ses pieds, qu'ils voient se soulever, se soulève réellement, l'extra-courant agissant sur le muscle du marteau qui résonne contre le tympan, frappe dans chaque oreille autant de coups qu'il convient au médium dédoublé de faire frapper. Les bruits dans les murs, sous terre, dans les meubles, aux portes, etc., proviennent également de deux induits agissant simultanément, et embranchés sur le courant génito-cérébral. L'un qui forme circuit entre les influencés, l'autre qui agit sur le ganglion otique et sonne la cloche. Quant à la transmission électro-magnétique d'idées, de chiffres surtout, et d'homme à femme, c'est en apparence le transport du nombre au pôle positif de l'homme par le circuit émané du pôle négatif de la femme et alternativement l'inverse, qui produit la « lucidité » des sujets.

L'activité musculaire surexcitée par le dédoublement du magnétisme animal, n'explique pas seulement la sensation de personnalité dédoublée ou de bilocation, elle explique d'elle-même les phénomènes de lévitation et la réalité des sensations éprouvées par le patient. Il se sent, il se croit transporté dans les airs comme le Christ et Saint-Paul, victimes avec tous de leur croyance extériorisée, transportés en esprit dédoublé sur le pinacle du temple, sur une montagne et au troisième ciel, comme le christianisme hélas ! tout entier, transporté lui aussi dans l'espace, sur les ailes magnétiques de la doctrine d'Orient. Image prophétique, qui sait? du temps où la pile sèche dirigée par la volonté aura nettoyé l'organisme ? Où les courants électro-magnétiques de sens contraire, emprisonnés, comprimés, tourbillonnant hélicoidalement dans le vide chimique des pièces d'acier, auront développé dans les aéronefs une force mécanique proportionnelle en volts aux cubes des temps employés par le gramme-masse à tomber? Ou la pesanteur sera vaincue ? ou les marins de la mer magnétique auront conquis les espaces interplanétaires ? La vie est un circuit captif et laborieux à transporter pareillement.

La sensation de parfums imaginaires, dite odeur de sainteté, se produirait par dédoublement d'esprit magnétisable et projection sur le nerf olfactif. Quant à l'évocation d'esprits, elle se réduit à un dédoublement d'esprit du médium, compliqué de supercherie.

Les voix intérieures sont des dédoublements de la voix personnelle par induit probable du plexus rénal et du ganglion semi-lunaire, amorcé par les nerfs splanchniques, sur le grand sympathique et le centre génito-spinal, soit sur le courant génito-cérébral primaire. Lors même que celui-ci communiquerait avec le fil psychique terrestre, d'ailleurs oxydant, mortel et inutile, son aimantation par l'extra-courant enlèverait à la révélation présumée tout caractère digne de foi, la lumière du cœur seule ayant pouvoir vital. Aussi lorsque, confondant avec le cœur militant et la pensée travailleuse, qui sont la lumière et la vie supérieures de l'homme, son âme, immortellement mortelle sans le principe du cœur, les théologiens croient après saint Thomas, que l'âme parvient sans influence surnaturelle à se dégager jusqu'à un certain point de l'influence du corps, ils commettent une erreur de mots. L'âme est la substance vivante du corps, et loin de l'extérioriser, de la dégager, les forces naturelles qu'elle a jadis mises en œuvre, et qui la plongent dans des états de tristesse, de pressentiment, presque invariablement funeste, de télépathie, d'extase, de prophétie, lui font durement sentir son esclavage d'attaches intimes avec les couches du globe et l'univers. Ce n'est pas l'âme qui se dégage, c'est l'état magnétique ou l'esprit de mort. Ces forces devenues son Dieu contre Jésus lui-même, restées Dieu malgré son cœur, souvent malgré les lumières de l'Eglise, ces forces sont les fibres nerveuses de l'âme, ses inquiétudes, ses visions, ses craintes superstitieuses, son ignorance, ses malaises noirs, la mort de ce qui l'enveloppe, la mort de ce qui lui est cher. Elles ont le passé, le présent ; le cœur et la pensée auront l'avenir. L'amour du peuple traité de haut par l'esprit de superbe, taxé d'humain, de banal, sera reconnu pour le principe de la vie des âmes et la nature divine du Christ.

Les phénomènes de télépathie, le plus souvent produits d'un sexe à l'autre, sont une démonstration brutale du lien électromagnétique de l'esprit humain, qui, sans tenir immédiatement au fil psychique, cordon ombilical persistant des attaches oxydantes de la matière, tient néanmoins par induction du courant génito-cérébral sur le réseau nerveux, au magnétisme terrestre et même universel. La parenté, la tournure superstitieuse de l'esprit, la sympathie, les croyances communes échangées, suffisent à établir le fil télépathique, qui dès lors, et, comme le dit saint Thomas d'Aquin, sans qu'il y ait influence surnaturelle, répète sur terre le phénomène naturel des courbes magnétiques du soleil et du globe. De même que les courbes magnétiques du soleil tournent d'Orient en Occident autour de l'axe de son méridien, et comme les étoiles, de même les courbes magnétiques terrestres tournent d'Orient en Occident, et d'un pôle à l'autre, en sens inverse de la révolution diurne et des courbes électriques paramagnétiques, c'est-à-dire parallèles à l'écliptique; et elles nous avertissent par les trépidations locales de l'aiguille, des états magnétiques correspondants de la terre et du moteur. De même la télépathie réciproque s'embranche positivement et négativement sur une des courbes magnétiques de la terre, dont les courants alternatifs lui transmettront tous les phénomènes sympathiques, mais ceux de nature afflictive seulement. Et, dès qu'ils intéresseront l'un des deux « corps magnétiques de l'astral » ils seront par voie de pressentiment ou même de vision interne, aussitôt ressentis par l'autre. C'est ainsi qu'une femme venant de perdre son mari au loin, peut en être avertie par rupture du fil télépathique. Qu'une somnambule extra-lucide en possession d'un objet imprégné du fluide d'un inconnu, peut, très rarement, par hasard, à l'aide de son esprit dédoublé, se substituer à la personne qui le connait, le retrouver, le voir et le dépeindre. C'est ainsi qu'un voyageur au moment de prendre un train — auquel il arrivera malheur — diffère son départ. Quelqu'un qui ne pense pas à lui, ce qui impliquerait éveil intellectuel, éveil qui, généralisé, éviterait jusqu'à la possibilité d'un accident, mais quelqu'un qui songe à lui, le précède en rêve, ou en esprit, au but de son voyage. Son fil sympathique, forcé par là même d'emprunter une courbe magnétique autre que celle sur laquelle leur mutualité télépathique s'amorce, rencontre une accumulation positive. Celle-ci le repousse, lui renvoie son rêve décomposé, effrayé, et la recomposition du fluide dans l'organisme donne lieu à un choc en retour négativement ressenti au même instant par le voyageur qui allait prendre son billet pour « l'astral ». S'il ne devait pas y avoir mort d'homme, la télépathie resterait muette. Mais s'il doit y avoir catastrophe, l'accumulation de fils magnétiques, brisés dans la courbe du sinistre, doit précéder les victimes suivant la loi des symptômes précurseurs de la nature, et suivant celle de la transmission des vitesses électro-magnétiques dans le vide, qui seraient aux vitesses électriques dans l'air, comme 9 est à 3 ou comme un million est à mille. Ce pronostic naturel ne préexisterait pas seulement en temps plus qu'utile pour la télépathie ; proportionnellement au nombre et à la grandeur d'âme des victimes, il préexisterait plus sensiblement. des mois, des années même d'avance. En effet, chaque fois que la courbe du sinistre fait une révolution complète autour du globe, les fils de la vie dédoublée dans la mort doivent normalement s'arrêter et résister au point où la rupture devra se produire. De là, pressentiment, prophétie, fatalisme, destin païen.

Dans la nature telle qu'elle, image de l'âme avant l'éveil

chrétien ou sans réveil chrétien, les tempêtes, les cyclones, les orages magnétiques sont, à défaut de l'assainissement du globe qui les supprimerait, présagés longtemps d'avance par la baisse du baromètre, la hausse du thermomètre, l'inquiétude des oiseaux, la couleur des nuages, providences du marin. Mais dans l'astral magnétique, superfétation divinisée de l'âme, il n'en va pas ainsi. Là, toute catastrophe a pour point de départ un sommeil d'intelligence dans un service quelconque dépendant de la traction, et elle est magnétiquement inscrite d'avance au-dessus du point auquel elle se produira, longtemps avant que la rotation du globe n'y conduise les victimes, magnétiquement pressentie, causée peut-être par l'esprit dédoublé de l'employé, auteur involontaire du sinistre.

Le block-system sur les chemins de fer est un léger progrès sans doute, mais quelle enfance de l'art pour tant d'argent englouti ? Quoi de plus simple sur les grandes lignes, et de moins coûteux en somme, que d'isoler le corps et les coussinets du rail à l'aide d'un badigeon épais, grossier, de matière cohibante paraffinée ? D'isoler les essieux des voitures, la plateforme des machines, par de l'ébonite ou ses analogues ? D'amorcer à chaque tête de ligne les rails sur des dynamos à transformateurs, qui électriseraient, à pression faible, les voies montante et descendante et tout le système de traction ? De trouver dans l'électrisation propre à chaque métal, à chaque cémentation d'acier, la formule d'une divisibilité indéfinie ? D'arriver à des trains alternatifs comme les courants, train positif, train négatif se succédant, pour plus de fréquence et plus de sécurité ? D'établir dans chaque station un tableau à aiguilles de la marche des trains qui les représenterait à chaque instant dans leur situation kilométrique ? D'éclairer les voitures et les gares, de chauffer les bouillottes comme aux Etats Unis, ou les thermo-siphons, au moyen d'un fil inséré sous les bandes, chaque train transformant lui-même ses kilogrammètres, son travail mécanique, en électricité, lumière et chaleur? D'installer sur la locomotive un tableau d'appel et de distances qui indiquerait au mécanicien sa situation vis-à-vis des trains qui le précèdent ou le suivent, tout en lui permettant d'attaquer chaque station d'aiguilles, de demander la voie, de conduire enfin sa machine? Quoi de plus facile que de remplacer les disques, les feux, les signaux, par des disques à manette, des interrupteurs automatiques qui rendraient les collisions ou les télescopages impossibles? Que de temps gagné, que de catastrophes évitées, que d'existences arrachées au destin, et quel éveil d'intelligences!

## V

### Ténèbres.

Quelle que soit la cause d'un accident et si fortuit qu'il semble, dès l'instant où il peut être prédit, il peut être causé. Assurément le jour se fait, le temps des grands prophètes nécromants n'est plus, mais la nécromancie prophétique existe encore et les foules auxquelles l'on a présenté le merveilleux comme du surnaturel, le dédoublement destructeur du moi comme de la révélation, la prophétie comme un don, la mort comme une porte ouverte sur un monde meilleur, et le néant obscur des origines comme pur esprit et Dieu, ont cru aux apparitions et aux voix, ont couru au miracle, se sont livrées à la superstition. C'est que tout cela repose sur un état de fixité magnétique du cerveau et d'influence universelle, inhérent à la pierre d'aimant météorique, identité d'essence, du fini et de l'infini. Assurément, des savants, des penseurs, savent, écrivent ou croient déjà que l'homme a son cœur et sa pensée, sa lumière donc son éternité sur terre, son refuge en terre après la vie, son imagination et sa mort dans le vide des cieux. Mais l'âge auquel l'on aura atteint les pôles, capté les sources du magnétisme terrestre et des aurores boréales, ou l'excès de flux nécessaire au synchronisme des mouvements, victoire définitive sur la mort, utilisé les courbes magnétiques pour la télépathie des « petits bleus interplanétaires », est sans doute loin. Jusque-là, mieux vaut s'instruire de soi et s'en défier.

Ici nous arrivons au pays de folie, serrons les rangs, efforçons-nous d'en sortir. Avant même de pousser l'investigation dans le mysticisme occulte jusqu'à démontrer qu'une sorte de réaction magnétique interne a fini par s'établir, à l'insu de chacun, par transport sur les racines des nerfs optiques des désassimilations magnétisables qui s'élimineraient sans cela, soyons persuadés que notre esprit dédoublé devenu notre imagination et notre ennemi, est en nous tous l'unique auteur de tous nos maux. Folie quand notre esprit naturel crédule cesse de l'équilibrer ; raison ordinaire quand notre esprit naturel surpris, identifié, trompé par les sens, trompé par la voix, ne parvient pas à la « révéler » par le cœur, elle est partout. Ce *substratum* de ténèbres ferait croire au mystère et à l'agitation humaine menée par son néant. Folie lorsqu'elle remplit la troisième page des journaux de vols, de crimes et de suicides, elle redevient raison vulgaire, lorsqu'elle suggère comme idéal humain, le repos du corps, de la pensée, de l'argent, avec la mort comme seul terme à payer. Car l'imagination, la folle, est surtout là : dans la mort comme un vice de nature, dans la paresse et dans la mort comme péché d'origine, en vain déguisé, dénaturé par la Bible. Et le Sauveur a bien arraché l'âme chrétienne à cette déification de la mort éternelle, puisque son cœur au moins en a brisé les fils. Il la sauve sans cesse, puisque sa pure doctrine d'amour, idéal et lumière, horizon lumineux de toute esquisse laborieuse d'ensemble des harmonies de l'univers, éclaire les routes de la vie. Mais toujours l'idée de soumission, de résignation qui s'en rapporte à quelqu'un, engendrera Dieu dans la mort. Dieu dans la mort et l'éternel passé, s'il est le néant de l'image, de la paresse, de la crainte, fantôme mystique disant à l'homme mystique : « Si tu manges la terre ou si tu crées l'enfant, tu te crées mort en te condamnant au travail, tu n'es plus l'idéal d'un Dieu de mort ; celui qui est sans être, qui s'imagine avoir créé et s'imagine pouvoir détruire ». Dieu dans la mort et l'éternel avenir de la raison commune, s'il a créé l'enfant, néant divin, divine paresse, auxquels l'amour ouvre les yeux que l'égoïsme fermera. Hier, demain, partout, l'imagination, l'idée du pur esprit théologique, conduit, par l'immobilité, la lettre qui tue et la phrase incertaine, le monde à la folie, et le ramènerait au néant. Pour expliquer comment l'imagination de l'homme, entretenue par des acides, des oxydes, des sels nuisibles à notre économie, acceptant avec le Christ, sur la foi de l'image, de la loi de mort et de prophètes nécromants, un Dieu créateur et pur esprit imaginaire, dont le symbole est un triangle Hindou, Juif, maçonnique, a pu en venir à se faire gouverner par sa propre abstraction magnétique, tout au plus par le dédoublement morbide de la parole de chacun, il faut entrer, précédé de projections, dans l'abime de Pascal, quartier des agités visionnaires d'un monde surnaturel.

Lorsqu'une suggestion se présente à notre raison, porte du ciel mystique en langage profane, elle provient d'un double emploi, c'est-à-dire d'un transport magnétique de notre esprit naturel. Les substances organiques nous forment par catalyses les principes cristallisables immédiats du sang, dits de la première classe qui sont tous minéraux et qui sortent à peu près totalement. C'est notre esprit, et c'est aussi l'origine de la légende du pur esprit dégagé de la matière. Mais si après avoir contribué au travail reconstituant, ces principes minéraux sont au service d'un désœuvré, d'une imagination suggestionnée, affamée de plus de merveilleux ou d'invraisemblable que son alimentation naturelle ne le comporte, ils s'éliminent incomplètement. Ils se magnétisent : pécheurs repentants d'avoir à suivre le péché dans sa chute, ils font retour sur eux-mêmes ; philosophes appesantis par l'ingrate analyse, ils broient du noir. Spiritualistes, matérialistes, ils forcent tous ensemble la porte de la raison. Sous leurs vêtements glorieux de cholestérine, ou leurs graves redingotes mordancées par l'alun efflorescent, soyeux, ils s'installent dans les cellules nerveuses des circonvolutions de la substance grise, autres jardins du paradis, d'où ils nous font la loi. Pour que le transport magnétique ait lieu, il faut, l'esprit naturel alcalin ne pouvant l'effectuer, qu'il se dédouble et se fasse substituer par une force naturelle aveugle qu'il actionne inconsciemment. En agissant de la sorte, il emprunte sans le savoir, la force du magnétisme terrestre qui est en lui. Comment l'hypnotisation par dédoublement magnétique de l'esprit humain tout entier, ou l'action de la mort sur la vie, peut-elle plus ou moins gouverner le monde, de façon incohérente à vrai dire, mais du fond des morbidités du corps ? Comment alors qu'aucune spéculation fondée sur la synthèse universelle, ne permet d'admettre l'existence d'une seule âme hors de son centre terrestre, d'un seul esprit dans l'espace ? Par une réaction magnétique muette d'âmes séparées, déchues, éteintes dans la mort, sur le dédoublement mortel qui s'effectue en chacun, nous le comprendrons plus loin.

Chaque être vivant tient du fait de sa naissance, par un fil électrique d'instincts spéciaux, naturels et sauvages, aux courbes électriques de la dynamique terrestre interne. Et il tient par un fil électro-magnétique de force et d'appétits animaux, aux courbes du magnétisme terrestre, sollicité qu'il est par les puissances brutales, dont l'âme, identique et de même lumière des premiers vivants, a en somme tiré son existence naturelle en quelques races aborigènes. En principe, selon les harmonies de l'univers, si nous les comprenons, nos âmes nées de la terre, rentrent au sein de la terre, foyer de clarté épuré par l'amour depuis de longs siècles de christianisme, de solidarité, de science, de travail, de misères et de progrès. Elles y rentrent évidemment plus éclairées qu'elles n'en sont sorties en quelques âmes simples aux premiers temps du paléolithique ou de la fin du tertiaire. Elles y rentrent meilleures qu'elles n'ont vécu puisqu'à leur mort humaine, les fils électriques et électro-magnétiques de leur vie animale et mortelle se brisent. Quant à leur lumière, le bon sens indique qu'elle est goutte de lumière dans l'Océan de lumière, tout en restant elle-même et à sa patrie d'origine en communion de souffrance avec nous tous. Mais d'autres lueurs éteintes, non plus chrétiennes, non plus de nos races initiales aborigènes d'Europe — cette donnée vient d'études philologiques dont l'exposé nous ferait sortir du cadre que nous nous sommes tracé — nous magnétiseraient en nous faisant croire que l'humanité est une et qu'elles tiennent à nous par d'autres fils que ceux de la vie animale communs à tous les hommes.

Ce seraient des influences d'Orientaux qui se sont transmises l'idée antéchristique de chute des races vers l'électricité de nuit et vers la mort, plutôt que l'idée chrétienne d'ascension vers le progrès humain et vers la vie future? Ce seraient aussi des esprits de ténèbres qui fascineraient les nôtres par les fils électro-magnétiques du merveilleux, pour nous faire un mystère de la nature divine du Christ sortie de son cœur? Qui le rattacheraient aux fils électriques d'une généalogie humaine étrange, sans savoir si de telles origines et un tel sang s'accorderaient avec le sacrement eucharistique? D'après des calculs très approfondis, il serait matériellement impossible d'évaluer à moins de quatorze mille ans la durée de la période géognosique antérieure à l'homme, et à moins de neuf mille ans comprenant le quaternaire et les terrains actuels, la durée de la période antérieure à N. S. J.-C. Or, l'énumération par saint Luc des ancêtres du Sauveur, les porte à 76, qui auraient dû vivre 118 ans et 5 mois chacun, depuis la création de Moïse, ce qui serait en contradiction avec toutes les données géologiques, anthropologiques et physiologiques. Une découverte relative à l'origine des Galiléens et à la signification en vieux langage franc, anglo-écossais et germain, des noms de Joseph et de Marie, permettrait d'affirmer que la Sainte Famille était étrangère à la Judée. Ce seraient enfin des âmes semi-païennes qui ne voulant être ni catholiques par la lumière du cœur, ni protestantes par celle de la pensée, ignorent que sans le christianisme, ce droit du misérable à la vie, les sources universelles de clarté de nos races vivantes d'Europe se seraient taries dans la mort ? Des âmes qui dédaignent d'hériter des pauvres esclaves de Rome, ou des barbares proscrits par Rome, dont les humbles lumières jetant dans l'âme du Christ le premier cri d'amour devenu fraternité, résumaient dans son cœur la plainte immense d'un monde encore barbare, toujours vivant ? Des âmes qui préfèrent hériter de l'avenir par des prophètes de mort ?

Les races prolifiques d'Asiatiques, d'Océaniens, d'Africains, d'Indiens d'Amérique, seulement branchées sur les courbes électriques de la terre ne sont donc pas vivantes à proprement parler. En dehors de nous Chrétiens, fils d'Europe, qui conservons le fil ombilical mortel des courbes terrestres, si simple à détruire, par ignorance, comme nous conservons le fil magnétique des courbes de l'espace hallucinant, par superstition, en dehors de la foi qui éclaire et de la race qui vit, le monde est dans la mort éternelle et la nuit. Si déjà l'être extérieur est obligé de décomposer, de reconstituer et de neutraliser la lumière blanche et noire du spectre, avant de saisir la couleur affectant chaque chose, à plus forte raison l'être intérieur dans la mort, qui n'a rien de nos clartés chrétiennes ou de nos sources initiales de vie intellectuelle christianisée, pour briser ou neutraliser les fils électriques et magnétiques mortels du globe, est-il inexorablement emprisonné par eux. L'un de ces fils le tient comme un cordon ombilical tient l'enfant, l'autre, qui magnétise le bouddhiste, lui rive les yeux au nombril. Produites sans doute hors de la génération vivante, par la terre dans la nuit australe, ces êtres exerceraient néanmoins une influence magnétique sur nous et sur nos idées religieuses, philosophiques, littéraires, archéologiques, anthropologiques, artistiques, commerciales et autres, par le seul fait de leur existence terrestre. Ils seraient par conséquent, à leur insu et au nôtre, en communication indirecte avec le dédoublement stercoral interne qui alimente et fausse nos imaginations.

L'idée trinitaire, qui n'est au fond, comme celle du triangle, que le symbole railleur de la famille, père, mère, enfant, a été vite inventée par l'Inde fainéante des Aryas. De même que du lien naturel qui attache l'homme à la terre, les brahmanes l'ayant deviné, avaient fait un lien surnaturel et mystique, de même ils se gardèrent de formuler une religion aussi naturelle et aussi banale que celle de la famille. Ils inventèrent le brahm parabrahm, la trinité indoue, le triangle, les livres sacrés. A leur orgueil de mâles, supériorité attestée par ce fait, que dans l'aimantation animale, l'électro-magnétisme du magnétiseur l'emporte sur l'électricité transformée de l'hypnotisée, le fixe sur le mobile et l'inducteur sur l'induit, il fallut les mythes, l'obscur mensonge, le souffle créateur. De l'invisible et du néant, les prêtres du Bouddha arrivèrent à faire une entité vivante : mais ils ne permirent point à leur Cakya-Mouni d'être seulement fils de l'homme et de la femme, comme tout ce qui jamais exista, ils le firent naître d'une vierge symbolisant la terre inculte, la mort par la forêt sauvage et sans la forêt d'hommes.

Et la Sainte Famille de Nazareth, dernier refuge de ce qu'il restait de vie au monde, ne réussit pas davantage contre le transport d'aimantation de l'univers, à mettre la famille, la vérité, l'Enfant Dieu même, qui devint fils unique du néant, dans ses vrais droits de nature un jour divine. Le mensonge créateur; le néant de la mort en haine de la lumière, sortis de l'ignorance orientale, sont restés Dieu, resteront Dieu dans toutes les conceptions délirantes de la divinité, passées, présentes, futures du globe. Elles n'ont été, elles ne peuvent être que du matérialisme spiritualiste, du paganisme abject, car l'idéal divin, l'amour, la guérison de tout ce qui souffre, qui seul est Dieu, et seul est l'idéal chrétien, n'a de nom, de forme, de père et mère, de trinité ni de triangle, de pur esprit d'existence réelle, de commencement ni de fin, dans aucune langue.

Pour rester dans l'analyse du déicide commis par l'esprit contre l'humanité dont l'idéal divin toujours victime dans la chair, n'eût jusqu'ici que la croix ou le bûcher en partage, il serait à la rigueur possible qu'une apparence de triangle se dessine dans le cerveau, entre les nerfs oculo-moteurs communs à la base, et le chiasme des nerfs optiques au sommet, enveloppant les tubercules mamillaires. Nous ne verrions là qu'un symbole païen de destruction, les père et mère figurant les deux côtés du triangle avec le ciel à leur tête et l'enfant établi comme base, étendu dans la mort à leurs pieds. A notre avis, la lumière du cœur et celle de la pensée, étroitement unies, ne se manifesteraient point de façon continue, et à telle place du cœur et du cerveau, mais dans le sang tout entier, isolées par lui des forces de la nature. A côté de ce principe de vie supérieure, il est probable qu'une source de clarté naturelle ne tenant en rien du triangle, affectant plutôt la forme d'une épée, dont le bulbe rachidien et les nerfs faciaux formeraient la garde, et dont la lame passant par les centres nerveux s'étendrait jusqu'à la scissure médiane, est localisée dans le cerveau. La moindre sollicitation de ce foyer lumineux du courant cérébro-génital à l'imagination, produirait par contractions interruptrices des papilles du nerf optique, l'induit développé au travers des filets sensitifs isolés par le réseau fibreux. Et la moindre communication d'une source d'induction aussi subtile que celle de l'organe glycogène, par exemple, avec une source électrique aussi sensible que celle de l'âme, jetterait évidemment tout l'être dans un état de bien-être spirituel, voisin de l'anesthésie, facilement pris pour une lumière surnaturelle, un état de grâce sanctifiante. Mais ce ne serait point le cœur vivant, le cœur chrétien isolé par le sang qui serait influencé. Ce serait, au contraire, la clarté intellectuelle de nos races, le résumé de l'évolution vitale du globe et de l'Européen qui se magnétiseraient. Ce serait notre nature semi-divine, restée en route, qui serait constamment magnétisée par la réaction excrémentitielle de ses désassimilations faisant retour en elle, grâce à son imagination, pour fausser la pureté de la lame et ternir son éclat. A force de chercher Dieu dans son passé, l'homme devait l'inventer. Et la civilisation arienne de l'Europe a dû troubler à tel point l'esprit de nos races autochtones avec l'idée superstitieuse ramenée d'Orient, que sans le Sauveur, incessant holocauste à la superstition, nous rentrerions encore dans l'ombre. Toujours est-il que l'influence arienne subsiste.

Un seul problème se pose, étant donné l'extériorisation inadmissible de l'âme et de la communion chrétienne autrement que par voie magnétique imaginaire. Les influences orientales ou semi-païennes qui arrivent à fasciner les nôtres, en proportion de l'action muette que leur nombre immense exerce sur les courbes électriques du globe et magnétiques du vide, ont-elles un centre ?

Ont-elles un Dieu ? En un mot le Père éternel de l'Eglise, l'Etre suprême du déisme, existe-t-il ? La nature, présumée par nous à l'origine quelconque des races inférieures, horriblement fécondes, a-t-elle soit en terre dans la mort, soit en chacun de nous dans l'imagination, une existence autre que celle que nous lui donnons facticement ? Nous sommes persuadés du contraire. La diversité des religions de l'orient, la ténacité des superstitions, l'exécration de certaines races les unes pour les autres, tout indique une cérébralité religieuse en harmonie avec les forces naturelles du globe, nullement avec un centre intellectuel, universellement dirigeant soit en bien, soit en mal.

## VI

### Lumière.

Malheureusement, même en sortant du pays de folie, nous sommes forcés de reconnaître que la vie est une et que le principe d'amour social de notre religion chrétienne a beau en être la pierre d'angle, l'édifice est à construire du fait même de ses attaches profondes avec la vie du globe. Le christianisme est influencé dans la clarté d'âme de chacun, par les ténèbres d'idées matérielles en vain spiritualisées, des trois grandes religions contraires. Ce qui explique l'immuabilité des dogmes de l'Église catholique, car dans l'univers tout évolue suivant les forces morales et matérielles auxquelles l'homme emprunte à la fois ses lumières et ses croyances. Tout s'enchaîne comme nous allons le voir.

S'agit-il de la doctrine Mosaïque, de l'unité du principe divin créateur et de l'unité des races, unités considérées comme l'arche sainte intangible des plus hautes spéculations du spiritualisme théologique ? C'est l'unité d'essence de la matière néantaire qu'elle symbolise, c'est à la pierre météorique de l'infini qu'elle emprunte sa lumière créatrice. S'agit-il du triangle soi-disant sacré ? C'est le triangle formé par la membrane thyréo-hyoïdienne en avant, l'épiglotte en arrière, où la voix peut se fausser, qu'il prétend figurer. Rien de plus réfractaire à la lumière morale, à l'idéal lointain d'un monde meilleur et d'un monde libre, que l'idée d'Être suprême, créateur prescient de catastrophes, omniscient contre la science, guidant l'humanité sur des voies mystérieusement autoritaires, dans des flots de sang, sous les éclairs de crimes sans nombre, par l'ignorance noire, par la nécromancie et la paresse stagnante, vers d'autres destinées que celles de sa mort éternelle. Rien de plus chrétien, rien de plus réconfortant ni de plus noble, que l'idée de lutte fraternelle d'intelligences contre le monstrueux fantôme autoritaire du rêve humain. Rien de plus réfractaire non plus à l'idée d'unité physiologique des races, impliquant, à l'origine, consanguinité destructive de cette sélection physique et morale si pure et si touchante qui est l'amour dans le mariage, et rien de plus nettement tranché, que les caractères distinctifs, langues, traits, coutumes, de nos grandes races militaires d'Europe, aborigènes d'Europe.

S'agit-il de la doctrine bouddhiste, de l'idée d'incarnation du Bouddha tout-puissant dans la personne du Dalaï-lama, de l'idée de lamaseries et de moulins à prières ? C'est l'idée de l'âme ensevelissant sa lumière au sein de la matière cosmolithique accumulée dont devait sortir la chair, que symbolise l'incarnation. C'est l'idée de théories d'étoiles, captives du colossal aimant solaire, l'idée de chœurs d'astres, prisonniers des forces gravitantes, évoluant sans mouvements individuels vers l'infini, que symbolisent les couvents thibétains. C'est la crainte superstitieuse, le sens vague, inquiet, de la rotation des courbes électriques et magnétiques du globe, de ses latitudes internes et de ses longitudes externes, provoquant l'attraction intérieure par répulsion extérieure, et la mutualité contre leur simultanéité ; c'est la frayeur instinctive de ces courbes, tournant en sens inverse autour de l'axe cérébro-spinal et actionnant mécaniquement les mains, que symbolise la roue à prières. Rien de moins dégagé non plus des forces de la nature, que toute cette doctrine fondée sur l'inconnu, de quelque spiritualisme, subtil en apparence, que l'esprit inventif des bonzes ait enveloppé le vide de sa matière pensante. Rien de plus chrétien que l'idée militaire de mutualité sociale pour la vie future, par l'assainissement du globe et la purification de l'atmosphère, contre la simultanéité de l'ignorance et de la mort.

S'agit-il de la doctrine mahométane, fatalisme, conquête religieuse à main armée, polygamie, fanatisme ? C'est le magnétisme terrestre qui est au fond de toute idée de prédestination. C'est la force attractive de l'électro-aimant lunaire, actionné par l'électro-aimant solaire, et s'exerçant sur les océans du globe, qui a poussé l'Islam de l'intérieur de l'Arabie et de l'Asie vers les rivages des mers. C'est l'idée de cornes et de griffes évoquée par le croissant de l'astre réglant l'année des Arabes, qui est au fond de leurs anciennes velléités dominatrices. C'est l'électricité positive du soleil, s'écoulant surtout vers l'automne, et ramassée comme avec des balais de dynamos par les cils vibratiles de l'épithéllium prismatique ovarien des femelles animales en folie, qui est au fond de l'idée de pluralité des femmes. Mais cette idée, élevée dans les aberrations bibliques jusqu'à la hauteur de l'institution du mariage patriarcal, tient pour quantité négligeable le péritoine protecteur de la véritable humanité féminine, et l'électricité négative de ses cellules prismatiques ovariennes, à peu près complètement dépourvues des cils vibratiles de la bête.

C'est enfin l'esprit bleu, l'azoture de carbone, l'auteur de tant de misères que nous retrouvons encore ici. C'est hélas ! lui qui serait l'agent primitif des cas de rage spontanée chez les animaux domestiques carnivores, chien et chat, par accumulation électro-magnétique en nous et transmission innervante du fluide de notre esprit dédoublé. Inassimilable à nous, mais associé quand même à notre sympathie pour les animaux, qui n'est comme l'amour vulgaire du reste, qu'une détente électrique des nerfs, le fluide animal, la superétation divinisée de l'âme, serait comme ailleurs véhicule de contagion. Ce débarras de notre fluide magnétique assassin sur l'animal, ne réussirait qu'à faire passer dans le corps du pauvre chien, assez d'un cyanide anhydre quelconque, tiré de la source d'induction de notre organe glycogène, pour transformer sa salive en bave filante, désoxygéner son sang par catalyse dédoublante, comme ferait la glycose dans la fermentation, lui faire horreur de l'eau, et l'étrangler en lui faisant pousser des cris qui tiennent de ceux du coq.

Chez l'Oriental il n'en va pas de même : L'esprit bleu s'assimile et c'est lui qui est au fond du fanatisme musulman, comme au fond de nos maux épidémiques. Le turban vert, l'étendard vert des fils du prophète ne sont eux-mêmes que des symboles de la verdure, de la chlorophylle verte des plantes que dédoublent en jaune et en bleu les influences solaires. Plus que jamais nous la croyons à l'origine de la plupart des fièvres : hectiques, ictériques, pernicieuses, par action sur la biliverdine verte, identique ou presque à elle. Cette substance inutile au foie, cet arsenal de notre esprit bleu, cette amorce aux fléaux, ne serait-il pas sage de l'éliminer lentement à l'aide des combinaisons lointaines de l'éther chlorhydrique, des chlorides et du courant de la pile dirigé sur le foie par la pile cérébrale de la volonté ? Quelle conquête sur notre Orient miasmatique interne, autrement utile que les conquêtes rêvées par l'Islam ! Rien de plus identifié, par conséquent, aux forces destructrices de la nature qu'une doctrine attirée par l'eau, fanatisée par la flamme morte des espaces bleus, hantée par les houris d'un songe insaisissable dans l'impalpable éther. Et rien de plus chrétien, que d'opposer la guérison, de notre nature par la pile, et celle de l'Univers, fût-ce par les armes, aux huit cents millions d'êtres, qui sous les noms de Jéhovah-Bouddha-Allah, nous attachent de leurs fils électro-magnétiques au concept trinitaire de leur folie sans nom.

Nous concevons que plusieurs personnes, mises en communication avec un même courant électro-magnétique, puissent, sans se parler, ni se connaître, ressentir les mêmes impressions : à plus forte raison concevrons-nous que nos fils psychiques, encore branchés sur les mêmes courbes électriques et magnétiques que ceux de tous les hommes, ressentent à des degrés divers, leurs influences mortelles, sauf à en neutraliser plus ou moins la répercussion moralement destructrice ? L'action, insensée à première vue, d'une accumulation excrémentitielle d'idées superstitieuses et fausses, venant d'Orient, sur la lumière de l'âme, ou, si l'on veut, sur le triangle optique fictif de l'imagination, si facile à guérir, n'est donc autre chose que celle de la mort sur la vie, l'action pour préciser de l'esprit de mort sur l'âme vivante. Et l'hypothèse la plus plausible est celle-ci. D'une part les sources de l'âme en terre se divisaient en sept races d'Europe qui transmettaient à leurs enfants l'âme elle-même et la clarté intellectuelle. D'autre part les espèces fixes d'Orient, sans autres lueurs naturelles que l'imagination, naissaient, selon les terrains, des forces terrestres mise *inconsciemment* en œuvre par l'imagination malade et tourmentée de l'âme, qu'elles devaient asservir par l'électro-magnétisme et l'esprit. Sans aller jusqu'en Orient, sachons bien qu'en nous tous il y a, non pas deux êtres, ni deux natures, l'une divine, l'autre humaine, mais un seul être, une seule nature, divine par le cœur qui tient la garde de notre épée, humaine par les attaches mortelles avec l'Univers de son électricité et de son magnétisme, éclairs de sa lame divinisés. Mais, en nous tous il y a deux esprits : l'un qui représente notre sang innocent versé, l'autre qui résulte sans existence propre, des désassimilations criminelles du sang : criminelles, parce que l'imagination qui les retient, les évoque, les rappelle, est complice de la mort, complice de l'assassinat du Christ. L'un qui est humain et naturel, l'autre qui est animal, surnaturel. L'un qui est faible et droit et veut être défendu par le cœur ; l'autre qui par l'imagination orientale nous met en contact avec toutes les excrémentitions fallacieuses et tortueuses d'esprit du globe et veut être détruit. L'un est la vie craintive, l'autre est la mort superbe.

Entrons dans une église où se chante le *Dies iræ*, qui pour être une prose chrétienne, est plus empreinte que n'importe quel psaume hébreu de l'esprit destructeur terrorisant. L'esprit dédoublé, la flamme morte de l'inconscient auteur, fût écrivain sacré, psalmiste, prophète, Esprit Saint à ses heures. Divin microbe, scorpionné de l'astral, il s'est cru au plus haut de tout ce qui existe, dans la lumière, pauvre lumière, celle-là, des imaginations humaines. Il a conduit son *Dies iræ dies illa* en invoquant en route le témoignage du roi David qui n'a sans doute jamais plus existé comme aïeul de Jésus qu'un seul des patriarches imaginaires, celui de la sibylle païenne, macabre autorité, reprenant à son compte la légende juive de la résurrection des « créatures » mortes de leurs sépulcres, amenant un fantôme assis de juge vengeur, un registre de forfaits, une ombre de royauté terrifiante, tout cela jusqu'à la neuvième strophe. Ici l'esprit humain du prêtre ou du fidèle craintif, — la mort est là devant lui, — le simple esprit de l'homme se parle en rêve. Il ne sait pas qu'il est la vie des mondes, il est l'humble ; et goutte de l'Océan de lumière où les épées se trempent, il est le sombre. Crucifié avec Jésus, victime de tout l'Orient avec le Christianisme, autre Christ, il ne sent pas sa vraie divinité sous son humilité, son amour et sa peine. Et il murmure à son fantôme : *Recordare Jesu pie, quod sum causa tuæ viæ ; ne me perdas illa die* ! Il ne croit sans doute pas au Christ vivant en lui. Il dort.

Mais nous, soldat du progrès, qui ne dormons pas, nous comprenons les harmonies de l'univers. De même qu'il existe deux forces contraires et réunies en apparence dans tous les corps de l'espace : l'une, l'électro magnétisme qui conduit les étoiles et les éclaire, mais qui, destructrice dès qu'elle pénètre notre atmosphère, veut être asservie, brisée, anéantie ; l'autre l'électricité qui réchauffe les planètes et les féconde, mais qui, lentement destructrice dès qu'elle est sans emploi, veut être connue, utilisée, comprise ; de même il y a deux religions d'attente chez le chrétien de tous les cultes, qui traduisent bien ses deux états d'esprit. L'une, l'Orient, toute hébraïque, faite d'amertume, de hauteur, d'orgueil, d'autorité, de mensonges, d'avidité des biens de la terre, de menaces et de crainte, à l'usage de l'esprit en double, dieu ou diable, ange ou démon au choix, la religion du mauvais riche : celle de la mort. L'autre l'Occident, toute chrétienne, faite de tendresse, de charité, de solidarité, de communion de souffrances et d'espoirs dans l'avenir, la liberté, la vie future : la religion du bon riche et du pauvre, celle de la vie.

## CHAPITRE IV

## LE MONDE MEILLEUR

### I

#### Superstitions. — La maladie.

Les phénomènes psychiques que nous venons d'analyser, les superstitions dont nous venons de déchirer le voile, avec la ferme volonté de guérir qu'apporterait à son opération un praticien soucieux de son art et respectueux de la vie du malade, peuvent laisser insensible ou incrédule la foule qui passe. La foule que ses attaches occultes avec la terre ou l'univers inquiètent médiocrement, et cela pour cause; elle sent son immortalité; la foule imagine peu, elle se contente de raisonner. Mais trois superstitions, si singulier que le mot semble, la touchent directement : la maladie, la misère, l'argent. Tout ce qui n'existe que par l'effet d'une ignorance, d'une convention bâtarde, d'une hypothèque sur la science et sur l'avenir, est une superstition. Du jour où il sera démontré clair comme le jour, que tout désordre affectant l'homme dans sa santé, son bonheur et son bien-être, peut être vaincu par la volonté, la face du monde changera. La génération qui vient, comprendra, d'une part, qu'il faut connaître et aimer la nature pour la guérir ; de l'autre, que le seul instrument d'échange humain, la seule lettre de crédit que l'homme puisse tirer sur l'avenir est son travail, suivant lequel il affranchira de la misère tout ce qui souffre autour de lui et répandra la foi, le crédit, sources de bien-être universel. Ce sont les trois termes d'une même proposition que nous allons essayer de démontrer rapidement.

Une fois de plus nous répéterons que les deux tiers des maux qui frappent l'humanité proviennent de la composition chimique de l'air, 79 parties d'azote contre 21 parties d'oxygène seulement. Nous insisterons sur l'absurdité du préjugé consistant à croire que tout est bien, admirable, irréductible, ou providentiel dans la nature, et que dans un air riche en oxygène nous vivrions trop et trop vite, comme si la respiration était une combustion. Nos poumons d'abord n'absorbent d'oxygène que leur content, et trop souvent bien moins que leur content. Ensuite ce n'est point d'une atmosphère d'oxygène pur qu'il est question. Dans l'oxygène pur seulement, dans l'ozone pur surtout, la vie serait surexcitée. Mais c'est justement parce que l'air est constamment électrisé, ozonisé, qu'il devient oxydant des métaux que sont nos tristes nerfs, au lieu d'être des métalloïdes, que nos os deviennent légers et cassants, que nos poumons s'usent relativement vite, et que nos cellules se dessèchent. Et c'est précisément la prédominance excessive de l'azote dans l'air, plutôt que dans les plantes désozonisantes, qui enlève l'ozone au sol et à son rôle actif de destructeur de miasmes et de stimulant de la végétation qu'il serait. De sorte qu'en l'absence de cultures et de plantations sur tant de millions d'hectares du globe, qui utiliseraient l'électricité et absorberaient l'azote, l'ozone est répandu partout, à tel point que sans ozonomètre, chacun peut constater sa présence à l'odeur quasi-phosphoreuse qu'il répand à la suite des orages. C'est qu'il est alors plus vivement sollicité par les plantes desséchées, brûlantes, phosphoreuses, avides d'oxygène, et que l'azote prédominant rafraîchit l'air.

Puis la décomposition ou la nécrose universelle reprend plus intense. L'atmosphère semble purifiée ? Superstition. Et quand même il en serait ainsi, l'accident réparateur n'est guère indice de perfection. De ce que nous vivons tant bien que mal, de ce que l'oxygène est seul fixé par les globules du sang et de ce que la nutrition gazeuse par l'azote nous apporte la plupart des principes de soude, de potasse, de magnésie, d'ammoniaque, de l'économie, sans compter la margarine, la stéarine, la cholestérine, la biliverdine et une grande partie de la glycose du sang, le tout assimilé par l'oxygène, il ne s'ensuit pas que tous ces sels et acides gras soient en proportion normale dans l'organisme. Nos maladies sans nombre sont la preuve du contraire. Nous n'en trouverons pas une dont l'oxygène soit cause : nous n'en trouverons presqu'aucune dont l'azote par ses radicaux ou ses dérivés ne soit directement l'origine. L'azote est nitrogène et par suite à la racine de toute douleur nerveuse. L'azote est septique et par suite à la base de toute affection ou complication microbienne. L'azote est plasmatique et reconstituant, mais au plus léger abaissement de la température du sang, il est agent de refroidissements, de rhumes et d'affections de l'appareil respiratoire. L'azote est diphtéritique, fauteur et répercussif des moindres déperditions désassimilatrices, il est au principe des érysipèles, des angines, du croup, du scorbut. L'azote est épithélial et par là même, à défaut d'équilibre entre l'inélastique et l'élastique, le froid et le chaud, l'extincteur et le carburateur, ce que l'électricité solaire, transformée par l'électricité terrestre, mais tartreuse vitriolique et mortelle quand même, est à l'électricité humaine, à défaut d'un nettoyage intérieur et d'une régénération complète par les méthodes étudiées et à étudier.

Quel est au fond le principe vital de l'être organisé ? L'électricité, l'oxygène et l'azote, l'aliment gazeux. L'oxygène produit la chaleur et assimile les électrogènes positifs de la pile. L'azote tempère la chaleur, procure le sommeil et alimente les éléments électro-négatifs des sels de pile. L'électricité produite détermine le mouvement, l'électro-magnétisme induit la force. Assimilé par la respiration, l'oxygène, après avoir concouru à l'assimilation des éléments basiques alcalins, qui neutralisent imparfaitement les acides alcalins négatifs de l'azote, s'électrise négativement. Sous l'influence de l'électricité animale, il se transforme en ozone lequel prévient la décomposition putride et élimine les microbes. Mais comme l'électricité humaine, engendrée par la pile cérébrale, est en contact incessant avec l'électricité terrestre, et avec l'électromagnétisme universel, dont l'animal tire son électricité, sa force brutale et sa vie, par l'air électrisé et les aliments naturels ou gazeux, nous mourons comme l'animal dans l'ignorance. Nous mourons d'abord et surtout à défaut de « toilette interne ». Nous mourons lentement minés par le tartre vitriolique de l'air électrisé, ozonisé, à défaut d'emploi par la végétation saine de l'électricité que n'utilisent ni les plantes nuisibles, ni les espaces déserts. L'emploi de l'électricité obligerait il est vrai, à donner une nourriture plus abondante à l'animal domestique. Mais les carnassiers : lion, tigre, loup, renard, que l'excitation factice de l'électricité terrestre fait longtemps vivre sur eux-mêmes, en l'absence de proie, mouraient rapidement dans une sorte de langueur ou de torpeur magnétique, l'induit de la férocité cessant de fonctionner. Nous mourons ensuite de maladie par l'azote et les hydrocarbonés miasmatiques, à défaut de production suffisante d'oxygène pur dans l'air, ce qui ferait à vrai dire, vivre les animaux domestiques et les espèces sauvages un peu plus vite, à moins de les nourrir fortement ou de leur procurer artificiellement leur nourriture habituelle d'insectes et de plantes végétantes qui deviendraient rares. Mais toutes les plantes vénéneuses ou parasites, tous les insectes nuisibles, mouches et moustiques surtout, tous les reptiles périraient. Hirondelles, pigeons, oiseaux vivants d'insectes et non chassés, se rapprocheraient des maisons. Nous mourons enfin des idées fausses magnétisantes qui nous attachant à nos superstitions, nous attachent à la matière et à la mort, à défaut de la captation du magnétisme aux pôles et de la diminution de l'azote atmosphérique, ce qui ferait disparaître les espèces nuisibles de l'Océan : requins, poulpes, lamproies, céphalopodes divers.

Laissons de côté la signification défectueuse du mot azote, vide de sens par ses racines grecques : αζωή « qui est impropre à la vie, ou, qui est sans vie » puisque l'azote est un aliment gazeux indispensable à l'existence. Soyons seulement certains que si ce gaz, surabondant dans l'atmosphère, était réduit par les cultures et les plantations sur une vaste échelle des essences les plus productrices d'oxygène, telles que les rhododendrons, les eucalyptus, les magnolias, bientôt acclimatés partout, à la proportion de 65 à 60 parties, contre 35 et même 40 parties d'oxygène, l'immense majorité des maladies disparaîtrait avec les glaces des pôles, les cyclones, les ouragans, les tremblements de terre et les inondations. Le sommeil serait un peu moins facile aux oisifs, et il faudrait provoquer l'accumulation d'azote, nécessaire au repos, par une déperdition un peu plus considérable d'énergie musculaire. Le gibier, poil et plume, obligé de manger plus de gland, de faîne, de grain et d'herbe, acquerrait plus de vigueur et d'instinct de défense, et il faudrait de meilleurs chiens et chevaux, du savoir faire, du tir à longue portée. Les pluies seraient moins capricieuses, moins persistantes, ou moins rares, et il faudrait assurer le régime des eaux, par des forêts proportionnées aux espaces en culture ou en pâture. Les saisons seraient plus tempérées sur toute la surface du globe, et il faudrait se résigner à la glace artificielle, ou se résoudre à aller chercher la glace naturelle, l'hiver seulement, dans les cercles polaires, la grosse chaleur de nos étés d'Europe, sous la zone équatoriale. Mais à mesure que les plantations et les cultures augmenteraient sur tous les continents, le volume d'oxygène produit et d'azote absorbé s'accroissant, la désoxygénation générale par l'azote diminuerait et la destruction des miasmes putrides du sol par l'ozone serait activée. Il serait plutôt utile qu'hygiénique d'incinérer les détritus végétaux et les débris organiques ou de les traiter chimiquement au profit des récoltes. Déjà la désoxygénation lente de nos cellules qui s'effectue surtout par les attaches électriques du corps, et peut-être par la seule ozonisation de l'oxygène assimilé, lorsque nous mourons de notre belle mort, serait enrayée. Déjà la décomposition putride qui s'effectue surtout par nos attaches électro-magnétiques, engendrant par les dérivés de l'azote, la plupart des maladies microbiennes, serait neutralisée. A l'électricité terrestre, après analyse de notre électricité de contact, on opposerait les sels haloïdes de la pile, qui auraient tôt raison des attaches animales et qui restitueraient à l'homme sa lumière propre et sa génération vivante, sans plus de liens mortels avec le globe. A l'électro-magnétisme, on opposerait la neutralisation des tissus. L'air élastique, vivifiant, résistant aux pressions du vide supérieur ferait mieux. Il ne se bornerait pas à rendre le corps humain et les objets moins pesants, tout en facilitant les transits aériens, il protégerait l'existence contre les fluides subtils. L'homme, celui de nos races au moins, s'il faut en juger par leur évolution intellectuelle, délivré des maladies qui deux fois sur trois le déciment, passerait progressivement de la vie mortelle à la vie réelle. Or, sans insister sur les besoins futurs de soutirer scientifiquement l'électricité solaire pour les usages industriels, d'ozoniser les engrais, d'attirer les acides de l'air, et l'ammoniaque abondant sur les villes pour les usages de la chimie agricole, de fixer les couleurs nuisibles du spectre par les cultures florales, pour les utilisations chimiques, autant de moyens d'activer l'assainissement de l'atmosphère, que manque-t-il pour atteindre au but idéal de la suppression des maladies? La volonté, le travail, l'entente définitive entre nations et religions de même lumière. Ne serait-ce là qu'une utopie lointaine, extravagante ? Nous ne le pensons point, sachant de quelle force sont animés les peuples qui sympathisent, et nous démontrons par conséquent le premier terme de la proposition : « La maladie, la misère et l'argent sont des superstitions ».

II

### La misère.

La suppression de la misère par le travail, entraînant la fin de la superstition de l'argent ou du capital, s'impose avec plus d'évidence encore, parce qu'elle doit, naturellement, résulter du progrès. Et il n'y a ici ni prophétie superstitieuse, ni spéculation chimérique, mais simplement étude raisonnée de l'évolution humaine. Plus l'homme travaille, plus les capitaux augmentent. Il s'ensuit que l'instrument d'échanges, l'or, sans parler du métal blanc, déjà déprécié de moitié, s'avilit continuellement du fait de son abondance attestée par la diminution croissante du loyer de cette marchandise qu'il est au fond. L'intérêt du capital, ou du prélèvement, économisé sur le rendement du travail, diminuant sans cesse par la force même des choses, tout le monde est amené à cette conclusion logique que dans un avenir plus ou moins éloigné, chacun devra faire fructifier lui-même son argent ou pour mieux dire son crédit. Les rentes sur les Etats ne rapporteront plus que un demi pour cent, parce que les capitaux, augmentant toujours, leur marchandise s'avariera de plus en plus. Les Compagnies d'assurances sur la vie, immensément riches d'ailleurs, devront se liquider et se partager leur actif entre actionnaires, puisque l'homme vivra. Les Compagnies d'assurances sur l'incendie, non moins riches mettront la clef sous la porte, parce qu'avec le progrès intellectuel, les incendies par malveillance ou négligence ayant disparu, il se découvrira des systèmes automatiques d'extincteurs économiques, que l'on s'éclairera sans risques de feu, que l'on ne construira et que l'on ne meublera qu'avec des matériaux, des bois et des étoffes ignifugés, chacun devenant son propre assureur. Les Compagnies minières ne trouvant plus d'ouvriers qu'à des prix élevés, vu la supériorité générale de l'offre de travail, sur la demande d'emploi, et la concurrence progressive de l'électro-dynamique comme agent mécanique, du bois comme combustible de chauffage, ne pourront plus rémunérer leur capital actions, qu'à des taux insuffisants pour que l'actionnaire vive de ses rentes. Les Compagnies de chemin de fer obligées de renouveler leur outillage, de suivre les impulsions du progrès, de lutter de confortable et de sécurité, sinon de vitesse, contre le trafic aérien, qui, même allégé par l'hydrogène, comme le paquebot par ses voiles, restera toujours coûteux; tout en assurant largement leur existence et celle du personnel employé, cesseront d'être des placements de tout repos.

Par contre, la valeur de la terre augmentera, mais son loyer diminuera sans cesse. La production générale en céréales s'accroissant avec la facilité des échanges, les cultivateurs devront de plus en plus lutter par les nouvelles méthodes de culture intensive exigeant des capitaux, contre l'envahissement des marchés, suffire à la consommation du pays, opposer la qualité à la quantité. Prendre chimiquement à l'air et par l'électricité ses acides phosphorique, nitrique ou azotique, sulfhydrique même, au moyen de cerfs-volants électriques à demeure, d'étincelles spéciales éclatant dans les hautes couches, de fils conducteurs spéciaux. Faire jaillir l'eau en tous pays par les puissants moyens de l'électro-dynamique. Engager une lutte scientifique, à un bon marché relatif, qui mettra la terre française en état de tenir tête aux régions les plus fertiles du monde. En un mot, le travail de la terre plus productif, mais aussi plus absorbant de mises de fonds, ne pourra plus, quoique assuré contre les forces destructrices de la nature et les intempéries de la gelée, résister au drainage d'un loyer si minime qu'il soit, lequel d'ailleurs ne suffirait plus à tous les besoins nouveaux de l'existence, surtout de l'existence sans travail. Le métayage pourra tenir quelque temps, mais on ne tardera pas à préférer travailler pour les siens et pour soi, et le fermage déjà difficile, disparaîtra. La terre reprendra ce qu'elle nous a donné. Les propriétaires, parfois impayés, dès maintenant, ne vivront plus de leurs terres, mais sur leurs terres, obligés de s'instruire, de cultiver eux-mêmes d'initier leurs enfants, d'autant plus nombreux et plus utiles, que l'existence familiale et la domestication familiale de la jeunesse seront plus en honneur. Les fermiers et les petits cultivateurs qui ne pourront tous se syndiquer et auxquels le collectivisme apparaît comme un prodrome de malaise général, l'hypothèque sur la petite culture comme un prodrome de malaise particulier, devront aliéner leurs champs, aller chercher la grande culture en Afrique, dont le climat sera devenu celui de la France et fonder une France nouvelle, à quelques heures de Paris par les nouveaux moyens de locomotion rapide. Avec la réforme du système hypothécaire, les propriétaires fonderont le crédit agricole, concuremment ou parallèlement à l'établissement privilégié, surtout institué par le dernier régime pour mobiliser la fortune publique. Devant l'avilissement du capital et la difficulté, pour lui, de se loger en toute sécurité, les petits agriculteurs inspireront bientôt confiance dans leur travail pratique, leur expérience, leur probité connue. Ils trouveront, sans chercher même, à des conditions hypothécaires très modérées, tout l'argent nécessaire tant à l'exploitation des concessions, qu'à l'achat du matériel agricole.

Les immeubles de rapport des grandes villes diminueront

partout de valeur immobilière et de rendement. L'extension des familles, des industries, des commerces, entraînera, soit leur dispersion en province soit, l'occupation totale et l'achat d'un immeuble. Elle amènera la disparition de la petite industrie, du petit commerce végétants, qui trouveront, non moins facilement, que la petite culture, les capitaux nécessaires à l'implantation d'un travail plus lucratif dans les grandes villes, bientôt fondées, de la France africaine. Chacun devant faire prospérer son avoir, l'accroître par conséquent, puisqu'ici la demande des marchandises l'emportera sur l'offre, le locataire proprement dit disparaîtra de plus en plus. Il deviendra impossible de vivre sans travail. Impossible de vivre sur l'Etat, forcé de renoncer aux deux tiers de son personnel de luxe, obligé de compter avec la justice sociale qui finira par pénétrer les mœurs, obligé de travailler lui-même, faute d'arriver jamais à une péréquation irréalisable de l'impôt.

Si l'Etat veut maintenir l'impôt sur le capital représentatif du bien-fonds, l'assiette actuelle, on ne se contentera pas de lui démontrer, par l'avilissement progressif du numéraire, la fausseté du principe. La science, déjà près de transmuter électriquement l'argent, armée de fours électriques puissants, d'oxygène en présence d'une base à trouver, sable, ocre ou autre, ou d'un colorant quelconque tiré d'un chromide ou d'une rubiacée, lui prouvera que l'or, le capital capitalisé, improductif d'utilité publique dans les caisses, fascinant par l'électricité, est une superstition. Un peu d'oxygène pur, solide, combiné par l'électricité au principe colorant du sable peut-être ? On concevra alors que l'instrument d'échange réel, soit la signature le crédit par la clientèle ; le papier garanti, non pas l'encaisse avilissable, mais par le travail intangible, et que les nations laborieuses, économes, intelligentes, loyales comme la nôtre, celles qui inspirent la foi et sauront se défendre des aventuriers d'argent, seront toujours riches et prospères. C'est le chiffre d'affaires qui est la garantie. La véritable garantie de la signature de la Banque de France n'est pas son encaisse métallique qui est une fiction. C'est le papier qu'elle escompte ou qu'elle échange avec le monde entier, c'est le travail immense qu'il représente qui sont ses garanties.

Si l'Etat veut établir l'impôt sur le revenu, qui, nulle part alors, n'existera plus que sous la forme de capital-travail, on lui démontrera qu'en tarissant les sources de la production, en touchant aux instruments du travail, déjà contraints à suivre le progrès et à renaître d'eux-mêmes, il tire sur ses propres troupes, tout en aggravant l'iniquité sociale acceptée sous le nom d'impôt. Mais comme l'Etat devra vivre, amortir sa dette, protéger par une armée coloniale et une marine puissantes, l'expansion voulue de la race, entretenir, même en se déchargeant le plus possible sur les communes, la centralisation et la surveillance de l'outillage économique du pays, il lui faudra travailler et régler son budget comme celui d'une société industrielle. Devra-t-il faire face à une partie de ses charges par l'exploitation commerciale un jour lucrative des grands services publics, avec obligation pour tous d'y passer comme sous les drapeaux, le temps de service militaire utile à maintenir à tant de points de vue ? Devra-t-il conserver, développer même le régime des contributions indirectes, y adjoindre de nouveaux monopoles, déplaisants en principe, mais souvent exigés par les fraudes, les attentats contre la santé morale des travailleurs et les monopolisations privées, qui ont envahi le commerce des pétroles, des alcools et des sucres ? Deviendra-t-il propriétaire domanial, suffisamment riche par les plantations militaires progressives de forêts dans le sud algérien, pour pouvoir gager sur elles quelque emprunt occasionnellement voulu ? Sera-t-il obligatoire de conserver, longtemps peut-être, une sorte de taxe proportionnelle sur les capitalisations inactives persistantes ? Autant de questions dont l'avenir décidera. Ce qu'il y a de positif, c'est que l'évolution économique n'attirera plus vers le fonctionnarisme quiconque sera surtout soucieux de faire prospérer son bien et de développer l'esprit d'initiative chez ses enfants, plutôt que d'en faire des indécis dans l'existence, astreints par le préjugé des éducations de luxe à l'oisiveté chétive. Les carrières publiques, l'armée, les deux marines, les divers services de l'Etat, la profession religieuse, elle-même, militante, libre, et transformée en apostolat régulier de la vie, seront considérées, non plus comme des carrières, des sinécures ou des vocations mystérieuses, mais comme des dettes d'honneur, de cœur et de jeunesse, à payer au patriotisme et à la promesse du Christ.

Les affaires industrielles et commerciales, dont le mouvement prendra d'autant plus de développement que la France s'agrandira vers le sud, resteront évidemment le débouché naturel de tous les capitaux que l'esprit d'entreprise n'inquiète point, et que le tempérament prêteur ou casanier de notre génie national, n'attire pas de préférence vers les exploitations agricoles. Mais quels que soient les bénéfices nets de la fin d'un exercice, trois nouveaux facteurs d'activité interviendront qui ne permettront plus guère aux chefs de maison de « se retirer des affaires après fortune faite ». La famille s'agrandissant, il faudra pourvoir des ressources premières ceux des enfants qui se sentiront l'esprit d'initiative, plus tard, peut-être, qui sentiront « pousser leurs ailes », les marier, les doter si la coutume persiste, les établir au moins. Les progrès industriels, les procédés perfectionnés exigeront un fonds de réserve à prélever sur le capital travail. La main-d'œuvre expérimentée deviendra chère. Tous les travaux pénibles se feront alors à la machine électro-dynamique, élévations de pierres, de fardeaux, excavations, manutentions, pliage et dépliage d'étoffes, emballages, expéditions, blanchissages, comptabilité. Les allumoirs électriques remplaceront le phosphore nécrosique. L'électro-dynamique et la transmutation de presque tous les métaux à radical d'hydrogène, feront remonter bien des mineurs du sous-sol. La disparition des arbres et courroies de transmission, des engrenages, des roues, des travaux de force, de la vapeur en général, entraînera celle des accidents du travail.

Les courants fulminants ou fulgurants, comprimés dans le vide de la chambre des projectiles ou dans les tubes excavateurs, se substitueront peu à peu à la manipulation dangereuse des explosifs. Les aéronefs, armées d'engins, pouvant faire tomber les forteresses les plus imprenables, rendront les guerres à peu près impossibles entre peuples de même origine et de même croyance, et obligeront nos armées d'Europe à combattre au loin pour de meilleures causes. De grandes confédérations s'établiront à la longue, basées, tantôt sur les délimitations naturelles, tantôt sur la communauté d'idées, de langues, de religion, d'intérêts, tantôt sur l'utilité de repartir par voie de Congrès entre les groupes Européens les colonies existantes, les points d'accès, les côtes des continents qui nous tuent. Jérusalem deviendra le siège des Églises chrétiennes réunies, le berceau, la crèche fondés par tous les peuples chrétiens, d'un apostolat militant protégé par leurs troupes et dont le travail des trappistes est l'esquisse. L'ozonisation au moyen de herses ou d'appareils portatifs à inventer, c'est-à-dire, l'électrisation oxygénée des terres neuves fraîchement remuées, serait un préservatif certain contre les miasmes. Travail purifiant des terres mortelles, avant-coureur des fondations coloniales et de la vie future.

Le prolétariat aura cessé d'être. Le développement généralisé de l'instruction, mécanique professionnelle activera puissamment l'affranchissement tant souhaité des classes laborieuses. De l'entente définitive entre le capital et le travail, de l'association, motivée dans bien des cas par un véritable apport intellectuel du travailleur, de l'intérêt sur le chiffre d'affaires, justifié par leur essor prodigieux, naîtra le monde nouveau. Qu'ils seront loin les souvenirs de notre temps, surproductions, réductions d'heures, chômages, socialisme de parti, collectivisme et grèves ! Les patrons avisés n'auront pas attendu la génération qui vient pour s'assurer, par un accord équitable, contre l'augmentation continuelle des salaires provoquée par l'accroissement de l'embauchage et la diminution du débauchage. L'ouvrier de l'avenir deviendra l'ami, le conseiller toujours écouté, le levier du crédit, le bras droit de la maison. Son émancipation discontinue, prudente, souvent encouragée par des offres de capitaux, l'enverra sous toutes les latitudes porter le renom de l'industrie française.

Elevant, peu à peu, jusqu'à elle les classes les plus déshéritées du peuple, en leur donnant l'instruction technique, ouvrière et agricole, puis en créant, par souscriptions et dotations, des fermes écoles, des ateliers modèles pour les deux sexes, puis en établissant dans des villages coloniaux, dans des exploitations coloniales et par des ouvertures soutenues de crédits, leurs meilleurs apprentis mariés, les classes favorisées par la fortune, travailleront à leurs intérêts en travaillant à la prospérité générale. Reconnaissantes, ici des profits survenus par quelque découverte nouvelle, plus loin de la guérison d'un des leurs, ailleurs de la paix d'âme qui suit toujours la solution d'un problème inquiétant, elles ouvriront des débouchés nouveaux à toutes les branches de l'activité française, en émancipant ses pauvres inactifs. Elles affranchiront ces humbles de leur misère matérielle par le travail, et ces patients, de leur misère intellectuelle, par l'enseignement de la science sociale réelle et du crédit; et ces impatients même, de leur misère morale, par la promesse chrétienne et par la preuve d'un monde meilleur. Elles affirmeront enfin le plus véritable amour du pays qui soit au fonds d'un cœur français : celui du pauvre, souffrant de la France, restant pauvre et sans travail, faute du travail de l'argent. Et ce faisant elles se chargeront, elles-mêmes de démontrer le second terme de la proposition : « La maladie, la misère et l'argent, sont des superstitions ».

## III

### Le capital.

Avec l'irrésistible évolution des découvertes du progrès scientifique et des besoins nouveaux qu'il crée, la stagnation des capitaux disparaîtra. L'impropriété superstitieuse du mot « revenu » démonétisé par le travail, le danger social de l'inactivité des grosses capitalisations improductives d'utilité mutuelle, le néant des garanties contre la force vitale du crédit et l'immense expansion évolutive de la fortune publique, apparaîtront à tous les yeux. Assurément le principe économique de la nécessité d'une fixation considérable des produits de la richesse d'un pays par la propriété individuelle et la propriété d'Etat restera toujours debout. Mais on comprendra que les véritables fixations individuelles doivent être la terre et le crédit, assurances contre le jeu. Devant l'extension prodigieuse des affaires et leur individualisation croissante, l'immoralité financière de la spéculation tombera. On verra bien alors que les capitalisations centralisantes, prélevées sur le travail, et enfouies en construction de rapport colossales, l'excessive mobilisation de la fortune, en titres, d'une valeur souvent factice et précaire, l'éparpillement des capitaux sur tous les points du globe, en emprunts souvent avariés, l'attrait des valeurs de spéculation, le jeu sur les denrées, sont des sophismes. L'intelligence sociale se dira à la longue qu'une telle civilisation à l'envers, paralyse l'essor national, couvre de sans-travail le pavé des grandes villes, les remplit de regrattiers d'affaires, de commerces minables et de débits de poison. Sans chercher ailleurs que dans la pléthore de l'épargne, les causes d'un fourmillement parasitaire, qui, du Paris fin de siècle, fait le caravansérail du monde, nos législateurs préféreront conduire les événements, plutôt que d'être conduits par eux et préparer l'avenir.

Leur transformisme d'idées, qui refera la loi hypothécaire, qui supprimera, comme autant de miasmes émanés des civilisations mortes, l'impôt originaire de la contribution de guerre, la rente originaire du tribut, ne touchant pas aux sources profondes de la richesse mobilière, ne touchera pas davantage aux moyens multiples, d'en fixer le trop-plein et de s'assurer dans la sécurité générale de la nature, sinon contre elle, du moins contre une perte imprévue ou une erreur de calcul. Il se bornera à substituer un principe vrai d'expansion nationale par le crédit, au principe faux de stérilité nationale par l'encaisse métallique et l'extériorisation du crédit. Le propriétaire, l'industriel et le commerçant, l'armateur et le banquier, l'entrepreneur, l'artiste, l'ouvrier d'art, l'épargniste quelconque, qui ne savent la plupart du temps comment faire fructifier, les rendements de leur propriété, les bénéfices nets de leur travail, les économies de leur médiocre existence, raisonneront enfin. Ils se rendront compte qu'en capitalisant leurs profits, en en faisant un capital-métal dont l'avilissement se traduit et se traduira sans cesse par une diminution de revenu, ils agissent comme s'ils les enfouissaient, ils obéissent à un préjugé électrique des attaches de l'homme idolâtre à la matière dont il meurt. Quelles que soient les espèces sonnantes et trébuchantes du métal ayant cours, jamais les preneurs de ces espèces : Etat, Sociétés, lesquels s'empressent, l'Etat d'en affecter les trois quarts à l'utilité publique et de dépenser le reste en fils de famille ; les Sociétés, de les convertir en papier, en crédit, en emprunts dépréciés aussi, ne pourraient, en aucun pays, faire la représentation en numéraire de tous les titres gagés sur le travail produit ou sur le crédit développé. En exiger la représentation totale en or, serait tuer le crédit. Par conséquent, faire reposer le crédit sur l'encaisse métallique plutôt que sur la justification publique du chiffre d'affaires, exiger plus de numéraire en caisse, que les besoins du service ne le comportent, alors surtout que la suproduction peut venir, comme pour l'argent, n'est qu'affaiblir le crédit.

Le métal, dont il ne s'échange pas cent millions par an entre les banques, est donc une idole. La foi dans un placement de tout repos, comme la plupart de nos croyances superstitieuses du reste, n'est que la foi peut-être exagérée dans la victoire du métal sur le crédit, et de la matière sur l'idée. Tandis que si, par voie d'association ou par l'intermédiaire d'une banque, soit agricole, soit industrielle, inspirant confiance ou directement s'il y a lieu, après renseignements pris sur la moralité, l'expérience, la faculté de travail surtout, des ouvertures de crédit, dont l'hypothèque resterait la formalité plutôt que le gage, étaient consenties à une foule de bons travailleurs, fermiers, petits cultivateurs, petits industriels et commerçants, l'argent hier enfoui, renaissant crédit, une prospérité incalculable dont toutes les affaires profiteraient, s'ensuivrait. Que l'or, l'argent, le bronze, conservent, le plus longtemps possible leur pouvoir libératoire et leur cours légal, même à défaut d'une valeur intrinsèque qui va toujours s'avilissant, nous n'y trouverons rien à redire. Que ces instruments d'échange puissent au gré de chacun lui être immédiatement comptés dans une banque, s'il est porteur d'une signature négociable, rien de plus simple. Que vis-à-vis de l'étranger et surtout des pays à papier avarié, le change conserve son plein effet et les métaux leur puissance d'achat, peu nous importe. Ce n'est pas d'une question monétaire qu'il s'agit ici, mais d'une question de principe et d'une question sociale. Ce que nous voulons faire toucher du doigt, c'est l'évolution mécanique du travail de l'argent que la superstition capitaliste ignore. Ce que nous espérons, c'est la sauver de sa prudence imprudente et lui ouvrir les yeux.

Prenons deux personnes possédant chacune une marchandise d'un million en or ; l'une qui n'ayant confiance qu'au placement de tout repos et aux bonnes espèces en or, placerait son argent en rentes, immeubles, bonnes valeurs, l'autre qui n'ayant confiance qu'au placement de toute activité et au bon papier, placerait le sien une moitié en terres, un quart en valeurs de banques et d'Etat industriel nouvelles, un quart en prêts hypothécaires à la petite culture ou à la petite industrie algériennes à créer ? Admettons qu'en 1950 le préjugé du monométallisme or ait gardé l'or en tant qu'étalon, mètre ou mesure de la valeur des choses ? La première personne, qui, ses revenus étant tombés de 30.000 fr. à 5.000 fr., voudra réaliser, recevra, si elle l'exige, 50.000 pièces de 20 fr., valeur nominale de son million. Mais en fait, comme marchandise, elle ne recevra guère que 150.000 fr. valeur intrinsèque probable d'un million d'or à cette époque. L'assignat révolutionnaire du XXe siècle est depuis longtemps sans doute émis en or par la nature. La seconde personne se sera bien gardée de réaliser. Sans compter sa première mise de fonds dont la valeur marchande, échappera par le travail de l'argent aux spéculations, à la hausse et à la baisse factices des valeurs de tout repos, elle aura augmenté son avoir d'environ deux millions dont douze à quinze cent mille francs liquides en bonnes signatures négociables dans le monde entier.

Il ne se sera pourtant rien passé d'anormal. La rente n'aura pas baissé, et les porteurs se seront bien gardés de la vendre, certains qu'après la dernière conversion, ils recevront des titres qui seront une fortune. Les immeubles vaudront toujours leur prix d'achat, les bonnes valeurs, encore debout, auront gardé leurs cours moyens. Mais le crédit se sera partout substitué aux espèces métalliques. Fort à juste titre de son crédit, l'Etat aura successivement converti ses rentes, prêt à rembourser en espèces les porteurs inconvertissables au progrès. Il sera bientôt maître des chemins de fer dont les moindres lignes, insuffisantes au trafic, seront en plein rapport. Il sera grand industriel en tabacs, en alcools et en sucres, s'il le veut. Producteur peut-être d'une huile moins infecte que le pétrole, si quelque procédé économique a su traiter l'argile et l'hydrogène ou le charbon et l'eau par l'électricité. Amener les éléments à la formule $C^{12}H^{14} = 4$ vol. vapeur, n'est pas au-dessus des moyens de la chimie moderne. Fixer ce gaz oléifiant et volatile non plus. En résumé le pétrole n'est qu'un produit de la distillation par le feu central de substances organiques combustibles. Aux postes, aux télégraphes, aux téléphones, l'Etat aura sans doute alors joint le service aérien, et s'il a le sens du progrès véritable, il aura converti en rente amortissable, amorti par voie de tirages près de moitié de son énorme dette, converti le surplus en parts bénéficiaires des industries d'Etat. Rompant avec le préjugé de « faillite de la science » l'enseignement sera scientifique et littéraire, mais par les langues vivantes et la sociologie. Rompant avec le préjugé d'une gymnastique imaginaire de l'esprit par les langues mortes, pour la splendeur des formes courtisanes, mais la misère des pensées libres, l'Etat l'aura peut-être abandonné dans quatre lycées sur cinq? Auquel resteront les plumes des oies du capitole « *majores pennas nido* »? * Cessant d'être « la carrière » exploitée, pour exploiter par le service obligatoire, le concours, l'école spéciale, toutes les activités des pays dans l'armée, la flotte, les finances, l'enseignement, l'industrie, le commerce, il verra diminuer peu à peu, dans la guérison générale des esprits, ses services diplomatiques et judiciaires. Ecole nationale militaire, ne relâchant rien des liens qui, par la discipline et le respect, préparent les peuples libres, l'Etat sera devenu riche, si le pays le

* Des recherches scientifiques venues d'Allemagne, établissent que les Gaulois occupèrent Rome plus d'un demi-siècle après sa prise, contrairement au récit de Tite-Live. Ce serait alors, que des idiomes italo-grecs et de l'idiome gaulois, se serait fait l'ancien latin plus haut d'intonation, prononçant d'abord *om* pour *um* comme nous dans aluminium et plus tard *oum* pour *um*.

veut ainsi. Mais l'avare timoré, en proie aux vieux errements, qui n'aura cherché qu'à mieux enfouir son capital pour le laisser dormir en repos, le monométalliste dogmatisant, et le spéculateur gêné par le travail, qui nous ayant traité de fou, auront obstinément résisté à la transformation industrielle de l'Etat, et lui auront retiré leur crédit, seront devenus pauvres.

Les immeubles, le terrain même, auront gardé leur valeur en espèces, mais leur locataire, ce métal vivant, se sera éloigné, à mesure que la famille aura augmenté et que les communications seront devenues plus rapides. De leur rang d'entassement de matériaux alignés, qui centralisent le métal et qui lui imposent un tribut, ils auront passé au grade de local de commerce, fait sortir de leurs flancs les entassements de marchandises qui décentralisent le métal et qui émancipent du tribut. Du rang de matière qui tue par l'entassement d'enfants, ils seront passés au grade de propriétés ouvrières par l'épargne collective. Du rang de matière qui tue par l'entassement sans enfants, ils auront passé aux grades supérieurs de la maison familiale. Devenus l'abri d'une idée déjà vivante par le travail pour les enfants, ils auront à servir d'abri à l'idée plus vivante de la famille éternelle par l'éternel travail. Ceci aura tué cela. L'idée se sera dégagée de la matière idole, comme l'enfant de ses langes et le Christianisme de ses mystères. Le travail aura vaincu l'argent.

Les bonnes valeurs fondées sur la mort et le sinistre, et celles des pays noirs, se seront liquidés dans la richesse. Leurs actionnaires auront suivi d'un œil tranquille l'évolution du progrès. Les autres, celles des sociétés de crédit, des banques d'émission, des compagnies de diverses sortes, auxquelles de tous côtés l'argent improductif aura été offert, que leurs statuts obligent, que l'idée capitalisante, le vieux fantôme des intérêts capitalisés tient en tutelle, et qui auront vite senti leur puissance de crédit, auront réduit le taux du loyer de l'argent.

Rien d'anormal ne se sera donc produit du côté des placements de tout repos.

Mais du côté des placements actifs, quelle différence ! Le second possesseur d'un million d'or, aura acheté moyennant 400.000 fr. soit un domaine de 4 à 500 hectares en France, ou même plus étendu dans un pays d'apparence pauvre, soit un domaine de mille à 1.500 hectares en Afrique. Qu'importe ? Partant le matin de Paris, on sera à Marseille à une heure, à Alger pour dîner, le soir chez soi. Dégrevé de tout impôt, sauf de sa quote-part d'entretien des routes et de taxes communales ; ayant divisé son domaine en trois parts : bois et vignes, pâtures, céréales et cultures florales ou industrielles, il aura conservé par devers lui cent mille francs de fonds de roulement. Avec les procédés nouveaux : l'ozone, la chimie de l'air supérieur, le matériel perfectionné, il aura facilement produit 40 hectolitres de blé superbe à l'hectare, le reste en proportion. Électricien, chimiste, mécanicien, il aura fait rendre à son domaine 10 0/0 nets en France, et de 11 à 12 0/0 en Afrique, où l'ozonisation sera d'autant plus profitable que l'on se rapprochera peu-à-peu des terres moins travaillées donc plus oxygénées mais plus désoxygénantes du tropique.

En ce temps, tous les problèmes de la chimie agricole seront résolus. On sera parti du principe suivant : L'oxygène comburant, mais peu actif par lui-même, acquiert par l'électrisation qui le transforme en ozone, les propriétés antiseptiques et antiputrides qui en font un stimulant de premier ordre de la végétation. Or, si l'ozone antiputride était utilisé en culture au moment des façons : soit au moyen de herses et de charrues électrisantes, soit, par les syndicats agricoles, à l'aide d'une sorte de grand grillage à pointes pénétrantes, démontable, qui se transporterait de champ en champ ; si l'ozonisation des engrais était reconnue pratique pour les prairies artificielles, les prés, les vignes et les jardins, tous les parasites seraient détruits et la végétation, prodigieusement encouragée, exigeant plus d'électricité, désozoniserait l'air. L'oxygène, intimement uni à la substance germinative azotée des graines, qui, sollicitée par l'électricité terrestre, pousse une radicule et une tige dès que l'attendrissement de la cellulose enveloppante aide à cette autre expansion humaine de la terre, est obligée de travailler le sol. Il végète dans la désoxygénation de tout ce qui l'entoure et qui se dispute le gaz comburant, tout en menaçant, provoquant, protégeant tour à tour la graine qui l'enveloppe. Il arrive enfin à se dégager de la plante à la lumière, mais il y arrive péniblement et ne l'essaie même point dans les terres froides. Par conséquent ozoniser les terres, activer par l'électricité l'oxydation lente des germes putrides du sol qui se fixent par oxygénation, ce qui permet au phénomène vital des plantes oxygénantes, utiles, de se produire, les plantes parasites vivant de la désoxygénation, ce serait réaliser, sans précipitation de la maturité résultant du climat, un grand progrès en chimie agricole. Un progrès comparable à celui de la chimie organique, qui, de l'élimination journalière naturelle, mais périlleuse, de millions de microbes par notre organisme, ou de leur oxydation ruineuse et insuffisamment préventive des maladies, passerait à leur destruction totale au moyen de l'immunité des tissus. Soutirer avec des ballons ou des cerfs-volants captifs, et les éléments de pile voulus, par l'étincelle électrique, sous un parachute ignifugé, les acides de l'air, afin de les convertir en phosphates, en nitrates, en azotates, en sulfates de fer désinfectants, serait, par la chimie agricole, mettre tous les terrains pauvres en valeur et les deux Frances en état de suffire à leur consommation même doublée. L'air supérieur, fauteur de désordres, est un réservoir inépuisable d'acides perdus, émanés du globe, qui rougissent l'horizon soir et matin, autres hontes de la nature, et vont se brûler au soleil dans l'hydrogène planétaire. Nous pensons toutefois que ce prélèvement sur « l'aurore aux doigts de rose », risquerait, sauf en temps calme, de porter préjudice au voisin, puisque la pluie fertilisante apporte toujours une certaine quantité de ces engrais aériens aux terres immédiatement au-dessous, et donnerait de meilleurs résultats sur les rivages de la mer où les impuretés atmosphériques des continent vont se jeter dans l'évaporation oxygénée et la dissolution hydrogénée.

Notre propriétaire aura donc tiré environ 2.750.000 francs de ses 500.000 francs de première mise foncière en cinquante ans. Ses valeurs mobilières : actions des banques d'émission anciennes ou nouvelles, qui renseignées par la science vulgarisée d'alors, n'auront que l'embarras du choix entre les bonnes affaires industrielles, et ses actions de banques agricoles, industrielles, nouvelles, qui toutes feront du papier de commerce, lui auront rapporté, à 5 et 6 0/0 de dividende moyen, 343.750 fr. pour 125.000 fr. de première mise. Ses parts bénéficiaires d'Etat industriel feraient mieux. Admettons que le pays veuille faire triompher l'idée de monopoles consentis jusqu'à extinction de la dette sur les alcools, les sucres, les pétroles, pour se débarrasser de l'impôt ? Supposons qu'il accepte l'idée du service obligatoire de deux ans dans tous les rouages publics, idée dont la principale économie serait d'initier au travail, d'instruire et de souder intimement ensemble les éléments virils et la fortune publique des deux Frances? Les parts bénéficiaires d'Etat pourraient rapporter, chemins de fer encore en dehors, de 5 à 10 0/0. Soit à 7,50 en moyenne 468.750 fr. en cinquante ans pour 125.000 fr. d'argent engagé. Mais ce ne serait point de la rente établie sur une dette, ce serait une part d'intérêt variable dans le travail national. Quant aux 250.000 fr. qu'il aurait fait travailler lui-même en prêts hypothécaires industriels, ou agricoles à 3 0/0, nets de frais, et consentis pour des périodes de cinq ans, ils lui auraient donné en cinquante ans par la dispersion du crédit, avec une moyenne de 10 0/0 de déchet, et une moyenne de 5 0/0 de réduction d'intérêts en faveur des apprentis des œuvres de bienfaisance, 61.3231 fr., capital en dehors. Il se trouvera dès lors avoir entre les mains en plus de sa première mise d'un million, 4.175.731 fr. S'il avait conservé son million en valeurs à 3 0/0, il n'aurait ni touché 1.500.000 fr. en 50 ans, ni pu vivre, impôts déduits, sur le pied décroissant de 25.000 fr. de revenu. Le faisant travailler, ayant vécu sur le pied de 50.000 fr. par an, ayant même consacré successivement, s'il s'est fixé en Algérie-Tunisie, 475.000 fr. tant à la construction des bâtiments d'exploitation qu'à l'établissement, à raison de 80.000 fr. chacun, de cinq ou six de ses enfants, astreints comme lui au travail de l'argent, il lui sera resté : 1º Son domaine de 400.000 fr. qui aura acquis une plus-value de 200.000 fr. — 2º Son capital-exploitation de cent mille francs, alimenté par le rendement brut du domaine, et pour mémoire ses constructions de 175.000 fr. à déprécier de 10 0/0 tous les dix ans. — 3º Ses 250.000 fr. de valeurs qui vaudront de 5 à 600.000 fr. — 4º Son capital de banque de 250.000 fr. — 5º Ses bénéfices nets et liquides s'élevant à 1.200.000 fr. de bon papier. Près de 3 millions contre un million de première mise. Il n'aura pas eu de flibusteries ni de mauvais coups de bourse à se reprocher. Il n'aura tenté d'éblouir personne de son désœuvrement, ni dédaigné le négoce comme mauvais genre, ou le travail comme dégradant. Il aura vécu libre par la pensée qui affranchit et combat, heureux par la famille qui vivifie les armes du cœur et les forme en faisceaux, généreux par la foi dans le travail et la fraternité chrétienne qui fondent l'avenir. Il aura répandu le crédit dont lèvent les peuples libres, semé le bienfait durable, autre monnaie du cœur, moins humiliante que l'aumône hélas ! vaine, détruit l'esprit secret d'orgueil qu'elle peut entretenir, et stimulé le bon esprit de probité. A raison de prêts de 25.000 à 3 0/0 pour 5 ans, il aura pu émanciper 180 familles de travailleurs honnêtes, logés, établis sur 30.000 hectares de concessions africaines pouvant leur rendre à chacun de 12 à 15.000 francs par an ; lesquels auront tout remboursé capital et intérêts en cinq ans. Servant la France, lui prouvant qu'il l'aimait, honorant l'ouvrier de la confiance qu'il accordait au riche, et laissant dire, il aura méprisé le capital-idole pour les passions qu'il éveille et les mauvais souvenirs qu'il rappelle, et démontré par là le dernier terme de la proposition : « La maladie, la misère et l'argent, sont des superstitions ».

## IV

### La vie.

De l'étude des forces universelles, qui tendent d'elles-mêmes à se mettre en équilibre, depuis les forces mécaniques et lumineuses des corps de l'espace, et les forces créatrices ou destructrices de la nature, jusqu'aux forces sociales du capital et du travail, il résulte avec évidence qu'elles ont besoin de l'humanité pour arriver à l'équilibre parfait. L'homme seul pourra régler leurs organes, réduire la mort au minimum, associer les deux activités qui lui sont propres, le cœur et la pensée, l'un à l'ouvrage, l'autre au progrès. Sur ces réalités positives et suivant le calcul des probabilités déjà fournies par les données du problème social, il faut encore échafauder des hypothèses.

Que sera la seconde moitié du siècle qui vient ? Beaucoup de carrières et de professions auront peut-être disparu ? Que feraient des magistrats après la guérison des maladies, entraînant celle de l'esprit, sans crimes, ni vols, et sans procès civils pour ainsi dire ? Et des notaires sans successions à liquider ? Sans contrats de mariage à dresser, vu les apports minimes de jeunes époux qui s'éviteraient tant de frais ? Sans actes de vente à rédiger alors que l'on s'établira à jamais en un lieu, les jeunes allant toujours plus loin ? Sans actes en masse à faire enregistrer, lorsque les droits de mutation auront rejoint le timbre sans esprit de retour ? Et des avoués sans clients, des avocats sans causes, que feraient-ils dans cinquante ans ? Et des huissiers sans frais et sans saisies, saisiront-ils la terre d'une plainte en dommages-intérêts ? Un juge de paix par arrondissement et à compétence élargie, un tribunal d'arbitrage par ressort de cour, une cour suprême à Paris, ne suffiraient-ils pas au tempérament chicanier de la race ? Guérie de son esprit, ne sera-t-elle point devenue son avocat, son avocate plutôt, au barreau du « triangle ary-épiglottique » où se font les échanges de voix ? Ou son avoué en chambre « palatine » du conseil ? Son arbitre et son juge au tribunal de sa raison ?

Que de médecins de chirurgiens, de pharmaciens seront devenus riches ! Mais qu'il en restera peu ! Hormis les professeurs qui fixeront la science, devenue monnaie courante, et les majors, aide-majors, tous à leur poste de combat, quelle faible quantité de professionnels, combien peu de dentistes trouveraient à vivre en exerçant ! Plus d'hôpitaux, ni de cliniques, d'asiles, ni de maisons de retraite, plus de phtisiques ni d'aliénés ! Plus d'infirmes et plus d'aveugles ! Dans la patrie des Vincent-de-Paul et des de L'Epée, plus d'orphelins et plus de sourds-muets ! Moins de cimetières et toujours moins ! Sur l'emplacement de la sinistre morgue, des roses et des lilas, les oublis du printemps sur l'abîme du suicide. Sur ceux que dans sa folie naturelle, ou sa raison civilisée, l'indifférente nature avait ou produits, ou perdus, la pieuse couronne de l'idéal humain : la croix chargée de fleurs sur ceux qui dans la vie n'ont pas pu la porter sans fleurs ! Et dans ce champ de la déroute enseignée par la mort, ainsi que parmi d'autres tombes, les roses et les lilas de la terre, les enfants viendront jouer :

*Le lieu désert sera*
*Joyeux comme une rose.*

Que ferait de nos diplomates de carrière la fin du xx<sup>e</sup> siècle ?

Déjà les télégraphes et les chemins de fer leur ont pris leur initiative, leur distribuent le mot d'ordre et les rapprochent du ministère dont les meilleurs traités ne vaudront jamais ceux que dans un siècle peut-être, les peuples frères n'auront plus à signer. Et des consuls qu'en ferait-elle ? Quel de nos nationaux, quel négociant, établi n'importe où, n'en remplirait l'office ? Dans les finances que de transformations, si l'Etat supprimait l'impôt, amortissait sa dette, passait du luxe à l'industrie ? Quel personnel financier nécessité par le crédit, s'il succédait au capital ? Quelle sage réforme que d'instituer le crédit privé de l'agent de change, à la faveur du privilège fortifié par des garanties personelles ?

Que de modifications, sinon dans le train de vie des classes plus riches, restant ou redevenant luxueux et artistique, devenant scientifique et confortable, du moins dans leurs idées? Elles auront liquidé leur personnel de luxe, hommes d'affaires et régisseurs, gouvernantes et précepteurs, gérants d'immeubles et receveurs de rente. Elles sauront les affaires, elles auront les enfants, les filles principalement, sorties de leurs cours en ville pour comptables, le compte en banque, le carnet de chèques, le crédit, la signature de la maison. Les fils, tout en suivant leurs cours d'externes, s'apprendront dès l'enfance au métier de chefs d'exploitation, d'agriculteurs et de mécaniciens sous l'œil du père. Puis ils seront soldats, marins, financiers, industriels, agronomes eux-mêmes. Où l'on ne voyait que des mondains, des chasseurs, des hommes de sport et de plaisir, des Parisiens bibelotiers, artistes à demi, lettrés à leur façon, des riches devenant pauvres, à moins de mettre genou-terre devant l'idole, on verra des hommes libres et travailleurs, devenant riches. Mondains, mais par la bonne grâce et le charme des manières : Chasseurs, mais entre-temps : Hommes de sport, mais éleveurs, producteurs, sélectionneurs de races : Hommes de théâtre et de plaisir, mais d'un théâtre moins analytique de nos misères, moins complaisant pour nos ridicules ou nos travers, et qui as ainsi ssé l'esprit : Hommes de plaisir, mais qui, sachant qu'un fil d'aimant nous tenait les yeux, fil de la bête humaine magnétisée, et du mirage imaginaire qui court les rues, chercheront, l'ayant tranché, plus que le plaisir ou la convenance personnelle dans le bonheur à deux, plus même que la famille ou l'égoïste chez soi ; et dans le bonheur humain, devenu le leur, trouveront l'idéal-Dieu. Artistes et bibelotiers, mais sans regrets d'un passé de conventions, de styles heurtés, de modes douteuses, de goûts massifs ou décadents parfois, plus épris de l'idée dans la matière, et de l'art pur, qui deviendra grand art, s'ils l'encouragent et s'ils le veulent. Lettrés, écrivant même, mais évitant les ornières, et l'arisiens, les distances seront nulles, mais pour être au courant par les réunions bienfaisantes, sociologiques, scientifiques, littéraires, agricoles, artistiques, financières, les cercles, les dîners, le monde, des moindres progrès dans la conquête et la défense de la vie.

Les femmes seront alors l'âme des familles, qui sont leur raison d'être, en possession d'égalité parfaite, en puissance de leurs droits naturels, civils, et si l'on veut, politiques, la politique sera si peu ! Prouvant qu'elles sont nos mères, nos sœurs, nos femmes, nos filles, le dévouement fidèle dans le cœur, la tendresse consolante dans la pensée, la résignation patiente dans le travail, la simplicité des formules et des moyens dans la vraie science, elles auront prouvé ce qu'elles sont. Elles sont la base alcaline des sels du sang, l'électro-positif neutralisant des acides de l'esprit, l'ovule segmenté des règnes de la nature, le pôle négatif de la pile universelle, sans lequel point de lumière au monde. Elles sont par là, la clarté d'âme de nos vieilles races d'Europe, et la pureté du cœur chrétien, la générosité, la vie. Cessant de voir, d'imaginer dans les ténèbres du globe préogénique, se guérissant alors d'elles-mêmes des afflictions de leur sexe, et du tribut de leur maternité, aux douleurs de leur mère chrétienne, elles auront écrasé le serpent dans la mort, le scorpionné de l'astral-Dieu : leur imagination.

La maison familiale d'une grande famille d'alors changera sans doute aussi. Là, revivront au cœur des petits-enfants les âmes aïeules et proches, revenues dans ce sang d'innocents de leurs erreurs hélas! mortelles. Là, dans les ombres de l'aurore, s'effaceront leurs ombres, superstitieuses et grandissantes au soir. Absents chers et bénis, là s'oublieront vos peines.*

De larges baies de style, reconnues hygiéniques pour laisser pénétrer ou l'air, ou la lumière à flots, dans les appartements, des plafonds moins élevés ou des ventilateurs, pour éviter les accumulations d'air vicié, supprimeront les étroites fenêtres, l'air confiné, le pièces hautes de plafond de nos pères. Le froid, la sensation du froid, plutôt, disparaîtront avec l'excès d'azote. De grands feux de bois, des cheminées à manteau, la proscription des poêles, les calorifères munis d'un tambour de ouate pour stériliser l'air, achèveront d'assainir les habitations. Partout la « pièce de canon », l'électricité électro-dynamique à peu de frais par courants comprimés, d'où la force dont la lumière et si l'on veut la chaleur, pour les ascenseurs, les monte-charges, les locomobiles, les instruments agricoles, les usages industriels, les lampes, les bougeoirs rechargés à la source, les lustres, les girandoles aux jours de fête, les fils de chauffage des serres, les bains, l'eau dans les chambres et les fourneaux. La communication téléphonique même distincte atteste l'insuffi-

---

* Lorsque l'on tient à se rendre compte de ce que signifie langue morte et langue vivante, il faut comparer deux textes. Le latin qui est mort expectant, dit : *Expecto resurrectionem mortuorum*. Ce qui veut dire avec la croyance venue d'Orient : J'attends que les morts ressuscitent de leurs tombeaux. Le français qui est vivant dit : « *Je crois à la résurrection de la chair* » c'est-à-dire : Je crois que la chair morte ressuscitera chair vivante.

sance des électro-négatifs de la voix qui se portent à la lamelle de charbon positif de la boîte. Au téléphone merveilleux qui pourra servir de dynamomètre de la parole, d'autant plus claire que la diminution de ses attaches avec l'électricité naturelle lui donnera plus de clarté supérieure, s'ajoutera quelque appareil fondé sur le magnétisme terrestre si l'on atteint les pôles. De ville à ville, d'un lieu à l'autre, à toute distance, nous allions presque dire d'une planète à l'autre, ce « magnétographe » transmettra instantanément sur terre au moins, et au carré des vitesses électriques, soit une conversation écrite, soit une transcription de lettre, à laquelle le destinataire pourra répondre à loisir ou sur place. On communiquera rapidement sans trépidations ni disgracieux véhicules; on adoptera quelque forme de traîneau, de gondole ou de patin à roues basses, avec pression sur le point d'appui par courants alternatifs agissant comme sur le levier des meules à repasser. Mais les labours tranquilles, profonds, les charrois, les moissons, l'exploitation des coupes, exigeront toujours des chevaux et des bœufs.

Le cheval qui s'en passerait sans regrets ? Le chien est notre ami, sans doute ; « bon chien, gros chien », disent les enfants; à bas les pattes ! disent les parents, car il est goinfre et familier, sans cesse mendiant. Le cheval a plus de tenue, il est plus réservé, plus comme il faut; et nous apprend d'ailleurs à bien nous tenir. Voyez-le comme il mange son foin, sa paille ? Il sélectionne, il est artiste, on dirait cuisinier. Et dans la ville-lumière, il est si malheureux ! Mal pansé, mal nourri, mal logé, mal ferré, boitant bas, lamentable et sur son devant, blessé au garrot, s'abattant sur l'absurde asphalte, brutalisé, trop lourdement chargé dès qu'il gravit une pente, notre « noble conquête » souffre de sa misère. Rarement méchant, il est maussade et parfois se renfrogne si l'on fait mine de le flatter. Mais la nature a ses reprises, même quand il s'agit d'animaux. A la « roulotte ignoble », elle oppose déjà les tramways, les bicyclettes et les tricycles, puis les automobiles, bientôt le métropolitain. On résiste au progrès ? Sous apparence de liberté, dès lors licence, il sort n'importe quel hideux fiacre ? Qui sait ce qu'elle opposera demain ? L'électro-dynamique, la voiture confortable et propre ?

Et ce qu'elle opposera dans un avenir d'immense travail ? Chemins de fer légers, élégants, électriques, entre barrières à claire-voies coquettes dans les rues ? Trains toutes les cinq minutes ; passages à niveau automatiquement fermés sur charnières mobiles par les rapides eux-mêmes, mille mètres ou une minute, avant qu'ils ne passent entre deux stations ? Automatiquement rouverts aussitôt après, soit environ 12 minutes seulement par heure, de circulation interceptée à chaque porte, et de flâne, si chère au Parisien ? Pour plus de sécurité, sonnerie protectrice au passage, frein dans la machine elle-même : instantané ce frein ? Le commutateur fonctionne les étincelles éclatent dans la dilatation du vide produit, et entretiennent les courants parallèles et de sens contraire, qui déterminent la rotation rapide de l'air observée dans les trombes ? Admettons que l'on cherche la force dans cet ordre d'idées ? Théoriquement, là ou à l'air libre, on devait développer 736 watts pour un cheval-vapeur, on obtiendrait avec la même intensité de courant, soit dans un piston d'acier, soit dans un tube mobile, soit autrement, un choc en retour ou un travail électrique maximum, qui, multipliant les ampères par les volts, se chiffrerait par environ 7 kilowatts ou 686 kilogrammètres à la seconde. De là, arrêt immédiat sans secousses grâce aux tampons à étudier. Puis, dans le sens des courants redressés ou de la marche en avant, on développerait avec une machine d'un cheval-vapeur, une puissance minimum d'environ 3 kilowatts 500 à la demi-seconde, suivant calcul à vérifier. De chaque côté des trois à quatre mètres nécessaires aux doubles rails étroits, circuleraient les voitures, astreintes à ne traverser qu'à certains passages, à la croisée des grandes rues ?

De grand matin, de 4 à 7, des trains de marchandises, des colis groupés, des glissières disparaissant dans la journée, allant de l'immeuble à la voie, des plates-formes mobiles débordant sur la glissière, un déclanchement, un crochet à assujettir, un tour de roue donné de la maison de commerce, et le colis monte à l'étage ou en descend? Plus d'octroi si la ville sait exploiter elle-même la force nouvelle dans toutes ses applications urbaines et résilie ses traités? Plus d'attentes sans fin aux stations d'omnibus, plus d'hommes de peine, moins de livreurs, moins de trafic encombrant, moins de camionnage et plus de travail pour moins de misère? Une seule famille française, une solidarité de toutes les classes, un progrès incessant, la vie réelle?

Loin de nous pourtant cette pensée attristante d'un travail sans repos et sans rires, sans joies, et sans jouissances intellectuelles. Français dans l'âme, nous cesserions de l'être. Mais l'heure est à la mort et l'on étouffe. Laissons à l'ingéniosité de notre race future et au goût du public, le soin de ses plaisirs, celui d'un transformisme lent de la matière pensante; de la matière chansonnée, en esprit naturel; de la matière explorée par nos jeunes, « dans leurs œuvres », en découvertes de leur cœur, leur meilleure œuvre. Quel horizon d'études intellectuelles nous découvrons déjà! Philosophes, psychologues, théologiens, sociologues, économistes, penseurs de la jeunesse qui vient et qui nous presse de déguerpir, quels infinis dans l'âme et les profondeurs muettes de la nature ou des problèmes sociaux, vous révélerez un jour en vous frappant le cœur! Qui oserait affirmer, par exemple, que dans l'avenir, l'homme connaissant son âme, et gouvernant ses forces intérieures, ne deviendra jamais le maître de sa génération? Que le mari, la femme s'aimant, ne sauront point par un simple acte de volonté, doter l'enfant à naître de telle ou telle qualité ou de telle aptitude utile à tel ou tel état? Par un simple souhait simultané, lui donner tel type préféré, d'accord toutefois avec les lois de l'hérédité? Force mécanique assurément, transmission de pensées à une circonvolution du cerveau à avantager plutôt qu'une autre ; individualisation des cellules embryonnaires à conformer électriquement, par la pensée de l'âme, autre écriture parlée, au type voulu? Qu'importe si le but est atteint? Amis, vous riez? Ne riez pas. L'homme a une âme éternelle. Mais il se croit créé, comme l'électricité et l'électro-magnétisme ont automatiquement créé la bête, selon la structure moléculaire des terrains, par évolutions infiniment lentes. Et il le croit parce que ses attaches au globe l'assimilent à l'animal, tandis que par le fait, il s'est produit de la terre, et qu'il est le principe mais non l'égal des animaux. Il a pensé peut-être pour en approprier certains à ses besoins humains : il a eu tort. Mieux valait avoir à dompter et à raser la bête, que de s'exposer à être un jour tondus, rasés, enchaînés à la Bible par son esprit. Il a rêvé, imaginé en terre : et si nous nous transmettons par trop de paroles, un fluide magnétique mensonger, c'est que l'âme a rêvé de sa parole prochaine, et la pressentant fausse, elle a imaginé son esprit de mensonge. Elle a eu tort.

L'homme et la femme des races primitives d'Europe se sont perdus par là. Ils sont tombés sous la loi d'influences animales et orientales mortelles, qui ont inventé Dieu, que l'âme indivisible par la lumière des races d'Europe était, si Dieu, pur idéal, peut avoir existé, en n'existant même pas encore en nous tous qui sommes l'âme. De là, le Christ Sauveur, la communion de nos souffrances, de nos malheurs et de nos plaintes. L'intimité plus étroite entre nos maux physiques et notre peine morale; entre la chair meurtrie de l'âme vivante, le sang divin du cœur blessé. De là, le sacrement, symbole de la douleur humaine que la vie sans fin effacera. De là et en même temps, hélas! l'idée autoritaire, l'imaginaire invention d'un Etre suprême, venues d'Orient. L'idée idole, qui pour nos libres pensées de Français, et pour nos cœurs fraternels de chrétiens, n'est plus qu'objet d'indifférence ou de dédain, mais l'idée, cause aussi d'exécration, dans certain peuple, d'horreur instinctive secrète du culte actuel, qui, dans son holocauste au néant, assemble la haine et l'amour, et n'offre même pas la vie à la mort, puisque la mort n'est qu'ignorance.

Supposons-la détruite ? Supposons que dans un demi-siècle, l'être, désormais dangereux, qui aura voulu rester à l'état de nature, de mort, de maladie, de vice, sans régénération atomique et électro-chimique, nettoyage interne gratuit et obligatoire, dûment certifié, sera fui comme un pestiféré, volontaire, incapable d'exercer aucun grade, privé de ses droits civils et politiques, déchu de la famille chrétienne ? Parmi les penseurs sociologues, économistes de demain, qui n'envisagerait sans quelque appréhension, bientôt réconforté, espérons-le, par la science astronomique et ses équatoriaux de plus en plus puissants, le formidable problème de l'avenir que nous allons poser ?

## V

### L'avenir

L'homme de nos races vit, occupe, assainit, peuple le globe. Il fait mieux : maître de la pesanteur, il se décide après essais réitérés sur le satellite, à franchir en aéronef hermétiquement étanche, la distance qui le sépare de Mars ? Nous admettons qu'à cette époque, il aura tout trouvé. Une forte pile, une machine à influence de quelques chevaux lui suffira. Il emportera sa provision d'air solidifié, il saura renouveler son oxygène et son azote, expulser l'air vicié. Déjà nous comprenons que dans la mer magnétique du vide interplanétaire, la résistance soit nulle et la vitesse de travail mécanique énorme ? Travail pouvant développer une force de 50.000 kilogrammètres par cheval-vapeur à la seconde, et se chiffrer par

700 kilomètres franchis à la minute, hors des zones d'attraction? Il atteint Mars, Jupiter, Saturne, Uranus, Neptune même. Il évite les fils moléculaires des courants comburants d'attraction directe. Il calcule la force attractive, électro-magnétique du soleil pour maintenir en réserve une force constamment supérieure, ou il utilise les répulsions, pour électriser sa coque, positivement le jour, négativement la nuit. Il accoste la planète dans ses océans. Le trafic interplanétaire est devenu celui de nos paquebots. L'aéronef en a les dimensions, sinon le poids : elle manœuvre comme une gymnote militaire, ou une torpille marchande, dans l'océan fluide ; elle illumine à volonté l'espace comme une comète, on suit sa route, on reconnait ses feux. Les accidents sont rares, puis nuls. Prévoyons-les? Que devient l'âme? Les anciens fils d'attache électrique animale sont détruits, le nouveau fil est pur, il est lumière, elle est divine. L'âme revient-elle en terre pour renaître aussitôt? Ou descend-elle dans la planète où l'accident s'est produit? Premier mystère.

L'expansion continue néanmoins, car toutes les planètes sont désertes, livrées à l'animal, soyons-en sûrs. Les phénomènes évolutifs de la terre : Peuples chasseurs, pasteurs, nomades, règne de la bête et de la force, asiatiques et romaines, christianisme, évolution scientifique, libératrice, progressive, règne du cœur humain, vie éternelle, sont de ceux qui indiquent l'éternité des routes de l'homme et ne se reproduisent pas ailleurs. Les moindres planètes se peuplent, l'univers est conquis, nos races se fixent éternellement, le soleil suit son chemin dans l'infini néant. Considérablement allégé par les atmosphères oxygénées des mondes, qui diminuent de plus en plus les résistances à la traction, il accélère d'autant sa marche, qu'il a plus de matière première à engloutir et à élaborer, plus d'électricité et d'électro-magnétisme à fournir aux planètes. L'équilibre est alors fait, et son offre ouvrière n'est plus comme aujourd'hui supérieure à la demande patronale.

Nos races d'Europe augmentent toujours dans l'univers, que va-t-il se passer? S'exterminera-t-on pour vivre entre frères de même lumière? Non, sans doute. L'homme aura-t-il le moyen d'agglomérer toute une région d'étoiles et de les rendre incandescentes? Le temps d'attendre plusieurs milliers d'années la formation de mondes nouveaux? L'imprudence d'affaiblir cette cuirasse stellaire qui protège son immense navire contre l'infini traversé? Non plus, sans doute. En ces âges lointains, les astronomes de Mars, de Jupiter, d'Uranus, de Neptune, auront-ils découvert d'autres planètes toujours plus loin? Second mystère.

Deux traces de lumière obscurcie, aboutissant également au mystère, nous feraient volontiers pencher pour l'affirmative ; 1º Le soleil peut entraîner dans sa course, non-seulement un système comme le nôtre, mais des systèmes analogues à perte de raisonnement. A toute distance, les diamètres conjugués de son ellipse géométrique fictive, et de l'ellipse réelle d'un corps planétaire ou solaire, gravitant quelconque, forment entre eux un angle de 90º. L'angle de propulsion maxima de l'hélice d'un système solaire est également un angle de 90º. Enfin le soleil est la source électrique des courants verticaux ascensionnels et descensionnels qui déterminent la trombe universelle dans laquelle nous vivons mortellement, le cyclone qui nous emporte dans l'éternité, et, par conséquent, les abimes de l'inférieur passé, peuvent renfermer des millions de mondes gravitant sous nos pieds. 2º Il est rare qu'une croyance aussi généralisée que celle qui, sur les dires du monde scientifique, fait des astres les plus éloignés, autant de soleils et autant de systèmes semblables au nôtre, ne repose pas sur une donnée véritable de l'esprit humain. A cette différence que l'imagination inséparable des croyances sans rapprochements synthétiques préalables des harmonies d'ensemble, mettrait le soleil à la remorque et la charrue devant les bœufs. D'après nos recherches sur les réactions de grand cercle astronomique, qui troubleraient l'équilibre mécanique du globe, et d'après nos calculs, les astres seraient simplement des cosmolithes ou des pierres d'aimant illuminées par l'électromagnétisme du soleil, irradiées par leur translation rapide. Mais d'après nos hypothèses, établies sur la raison d'être des choses et sur la vérité latente des croyances générales, il se pourrait que les mondes et les systèmes des savants, fussent sous nos pieds, au Sud Sud-Est cosmogonique.

Il est en tout cas, pour ainsi dire certain, que la longue marche du soleil au Nord-Est, avant que l'Amérique n'eût établi l'équilibre sur son disque, est attribuable à une attraction vers l'Orient. Ces mondes antérieurs sont-ils déserts ou habités ? Troisième mystère.

Comment l'homme immortel, principe de vie et de lumière, s'est-il dégagé du passé ? Comment toujours contraint sans doute à rallumer un soleil de plus en plus énorme, n'a-t-il jamais brisé ses fils d'attache mortelle, dont seule la mort sans rémission pouvait renaître ? Comment, apparu tel qu'une source humaine sur sa planète, cuit à l'étuve dans les vapeurs souterraines, agglomérant par voie gazeuse et par identité d'essence, la substance même de sa nature toujours identique à elle-même, n'a-t-il jamais par sélections, volonté, savoir, su réformer les causes qui toujours l'ont perdu ? Comment, sans cesse réduit à la mort de ses os, rongés par les fluides terrestres, sortis de sa lumière individuelle et égoïste, comment, sans cesse à la poursuite du bonheur, impuissant à l'atteindre sans la purifiante clarté du cœur chrétien, assurera-t-il par la fraternité sans fin ni trêve, proclamée par le Christ, son expansion au delà des mondes connus de l'astronome ? Autant de mystères.

Autant de travail pour les savants et les penseurs. Et dans ce monde futur, autant de sujets d'étude pour les intellectuels de toutes les branches : philosophes, psychologues, sociologues, économistes, écrivains de revues et journalistes, littérateurs, romanciers, sculpteurs, peintres, librettistes et musiciens, pour le théâtre et la chanson, le vaudeville et le drame, pour l'opérette et l'opéra. Car dans l'espoir et dans l'amour seulement, ainsi que dans l'air pur seulement peut vivre l'homme, la plume, alerte ou grave, avare de ses cris sans mesure, prodigue de son rayonnement intime aux plumes frileuses nées sous sa flamme, peut prendre son vol large et toujours jeune. Mais dans l'air empesté des siècles morts, ou l'atmosphère viciée des maux de la nature, la plume, en vain superbe ou chatoyante, servile à la matière ou révoltée : en vain railleuse ou moraliste, réaliste ou prenante, trahit plus que jamais de nos jours, par quelque plainte d'oiseau blessé, la plaie d'une âme inquiète et striée d'ombre ; le rêve. Et comme l'hirondelle, qui veut des cieux plus chauds, déploie ses ailes quand vont tomber les feuilles, sur les rimes du poète ou sur les ailes du rêve, toute la souffrance humaine s'envole aux pays bleus.

Les explorer par la pensée, aborder la question de notre vie future, sans se demander ce que deviendrait la multiplication sans fin de nos races, eût été plus déraisonnable que l'apparente folie de vouloir conquérir la vie elle-même. Loin de nous la présomption de songer à résoudre un tel problème à nous tout seul. A tout hasard, voici notre sentiment. Eternité signifie n'avoir ni commencement ni fin : nous pensons donc être proches du temps auquel, si l'homme conquiert la vie où tous nous reviendrons, nos enfants auraient un « *drang nach östen* » éternel en perspective : éternellement à refaire le chemin du passé. C'est-à-dire que le soleil continuerait sa route au nord, mais que de système en système, il nous faudrait explorer, combattre, conquérir les anciens mondes d'Orient ou d'autres hommes mortels comme nous actuellement par la lueur interne infecte, divinisée, mais sans âmes, vivraient encore quelquefois à notre avis. Le faible mouvement d'angle du soleil permettrait de conjecturer que ces systèmes seraient diagonalement entraînés par le nôtre, comme une chaine de montagnes ou un chapelet de trombes sans fin, de telle sorte que chaque soleil s'alimenterait du néant comme le nôtre et que chaque système aurait son blindage d'étoiles comme le nôtre. Cette hypothèse plausible, est la seule qui nous paraisse devoir concilier l'activité du travail et l'esprit militaire de sa défense, sans lesquels tout décline, avec le divin idéal de bonheur et de paix auquel tend l'homme. Il serait du reste juste, loyal, intelligent, d'admettre, qu'après avoir tant combattu et tant souffert nous-mêmes, pour arriver à la lumière, nos enfants, sachant tout, armés de toutes les forces de l'Univers, certains de l'avenir, aient à leur tour, non plus comme nous, le mal à vaincre, mais seulement à détruire. Et, suivant leur tempérament d'anthropologistes-archéologues, ou d' « ironistes », soldats quand même, ils feraient l'étude de l'être animalisé préogénique, ou lui signifieraient la fin des mondes par le feu du ciel, ce jour de Dieu vengeur, qui est au fond de toute croyance populaire ignorante, que nous avons eu tort de prendre pour nous « mes frères », et qui n'est que l'expression de notre croyance au mal ou aux forces perdues sans amour, sans espoir et sans remède. D'autres égrèneraient un chapelet de voyage, un *pater* sur chaque soleil, un *ave* sur chaque planète. Quoi qu'il en soit, savants, soldats, marins aérostiers, pionniers, explorateurs, électriciens qui devraient rallumer peut-être par projections certains soleils, armée du combat pour la vie, thaumaturges même s'il en reste, reprendraient tous ces mondes produits par l'homme, perdus par l'idéal dans sa divine ascension vers la vie.

On nous rendra cette justice que nous avons exposé les résultats de nos études et des harmonies d'ensemble qui en découlent, sans autre souci que celui de travailler, après tant d'autres chercheurs, à notre bonheur à venir, et de dire la vérité telle quelle, à travers toutes les opinions. Ce serait mentir à nous-même que d'avouer un respect quelconque pour l'opinion. Opinion, préjugé, superstition, imagination ou maladies de l'esprit quand il en fait sa foi, valent pour nous ce qu'elles valent pour ceux qui les nourrissent, l'oubli. Esclaves elles-mêmes, elles ne peuvent que faire des esclaves. Il en est une cependant, qui semble loin de nos idées modernes, positives, c'est-à-dire respectueuses des principes d'ordre social, mais progressistes, qui reviendrait sans cesse en cause, si nous ne formulions nettement notre pensée. Il s'agit de l'opinion, car c'en est une, reçue dans l'enseignement de la doctrine chrétienne, d'après laquelle le Sauveur serait mort, non pas seulement pour nous sauver, nous chrétiens, de la mort indéfinie, ce qui ressort de ce travail lui-même, mais pour racheter de la mort éternelle quiconque croirait en lui : « *Quicumque credidit in me etiamsi mortuus fuerit vivet* ». N'oublions pas que le Sauveur, né en Judée (de parents de nos races, amenés, d'après des recherches philologiques, à Acco de Galilée, puis à Nazareth, hors de l'ancienne « Terre-Sainte »), fût élevé sous la loi juive, et se pénétra de son esprit. Conduit par cet esprit dédoublé du sien, trompé par la Bible et les prophètes, il prit pour sa nature divine, le merveilleux imaginaire des fils d'attaches ou de servitude de notre humanité avec l'univers ; auréole électrique du soleil en haut, couronne stellaire magnétique des anciennes ténèbres en bas, mort et folie. Et il prit pour sa nature humaine, qu'il nous donna sans réserves, dans la parole, et dans l'Eucharistie, ce qui était sa vraie nature divine, son cœur. Le principe de la vie ordinaire de l'âme, son immortalité, est la lumière naturelle transmise des parents aux enfants. Le principe de la vie supérieure de l'âme, sa divinité, est sa lumière surnaturelle, son amour du prochain, cette fraternité compatissante, charitable et chrétienne, qui est en nous tous aujourd'hui. Jusqu'à régénération, la première lumière, génito-cérébrale, humaine, et familiale, amoindrie sans le combat, est sujette aux pires fascinations, par son idée fixe d'autorité immuable et suprême basée sur la mort, le testament, l'hérédité, les traditions, l'histoire, et ne garde au delà de la tombe qu'une immortalité d'âme, dérisoire sans la vie totale. La seconde lumière au contraire, liberté rayonnant sur tous les esclavages, émancipation resplendissante des âmes, flamme d'or séchant les pleurs, principe de régénération, fermant les plaies sociales, est déjà fondée sur la vie, et sur la vie entière, sur notre éternité chrétiennement humaine. Voulons-nous continuer à vivre naturellement dans l'insouciance de ce qui ne nous touche point directement, attablés autour du veau d'or ou prodiguant notre inutile aumône ? Mourons avec hier. Voulons-nous serrer les rangs, nous discipliner, nous instruire, émanciper quiconque végète, et guérir quiconque souffre ? Avoir des cœurs d'apôtre et d'ambulancière de la charité, de praticien bravant la contagion et de servante du pauvre ou du malade, de soldat prêt à se jeter au feu, de marin prêt à se livrer à la mer, d'écrivain livrant toute son âme ? Voulons nous sauver le grand navire de l'Univers en détresse, héros obscurs, sans poursuite d'aucune gloire ? Vivons avec demain.

Mais avant de travailler il faut apprendre, et l'idée, même reléguée dans nos oublis que tout être ayant forme humaine, est notre frère par unité d'origine, ou notre prochain, par rédemption, est de nature à paralyser ou à faire dangereusement dévier le travail. Déjà les succès presque nuls des missionnaires de différents cultes en pays d'autres races, montrent bien que la transmission d'âme ou de lumière ne se fait point et, qu'elle se borne à l'esprit. Scientifiquement parlant, comment un foyer de lumière supérieure transformerait-il l'induit en source ? Évangéliser, instruire, évoquer le libre arbitre chez des êtres, qui, dans la mort, le possèdent à un degré infiniment moindre, que nous dans la maladie, leur promettre la vie, les menacer de peines éternelles, alors que, ne croyant qu'à des inepties, ils seraient trépassés sans souffrance morale, est travailler à la gloire de la propagande chrétienne, pour la gloire. Le missionnaire sublime, dévoué, n'est donc utile que comme pionnier de l'Europe et combattant de l'esprit, qu'il adoucit ou qu'il irrite. Que le christianisme, foyer d'une lumière plus pure, neutralisant les attaches universelles de l'âme, ait divinisé en les transformant en lui, tout ce qu'il restait des sources de cette clarté naturelle des races d'Europe qui avait allumé les mondes, nous le concevrons. Mais qu'il puisse transformer en lui l'électricité et l'électro-magnétisme, fils obscurs d'attache d'êtres éteints, animalisés, originaires des raies du spectre, retournant instinctivement à l'esprit de la bête ou à la rage copulative, à l'esprit de mort ou à l'ignorance, et à l'esprit de vol et de mensonge ou aux fables hiératiques, nous ne pourrions le concevoir. Si pénible qu'il puisse être de se dire qu'un être semblant être vous, né de la terre, peut-être comme vous, n'est pas vous, alors qu'un autre Européen chrétien, est vous par la lumière, il faut se résigner à voir clair. L'idée d'unité d'origine, est devenue fausse dès l'instant où des types, invariablement distincts les uns des autres par les caractères internes du cerveau et par les caractères externes de la réaction du globe sur l'épiderme ou sur les lignes, différents par les mœurs, les sentiments moraux et surtout les idées de vie future, se sont répandus sur la terre. Ils n'auraient pu d'ailleurs se marier à l'origine entre frère et sœur, sans détruire le principe de la sélection : l'amour dans le mariage. La Bible elle-même, prise au piège par ses propres mensonges, dit que Caïn prit femme au pays de Nod. L'idée de rédemption du soi-disant genre humain, devient fausse, dès l'instant ou dans la théorie, il est impossible de faire briller immortellement et humainement une lueur morte dans l'espèce fixe dès les premiers temps. Où dans la pratique, il sera impossible de régénérer l'organisme et de briser ses fils d'attache animale : mort, maladies et vices, sans tuer l'Asiatique ou l'Africain. La ruse, le crime, ou la folie de l'esprit dédoublé, transportant une source de vie dans le ciel fictif et magnétique de l'imagination, voulant se faire dieu à travers l'Asie, l'Inde, la loi de Moïse et Rome conquérante, les a laissés mortels. Pour préciser, le christianisme a pu régénérer la clarté d'âme de nos pauvres races barbares si méprisées, parce que les racines lumineuses des sentiments de fraternité ne s'étaient pas éteintes chez elles, sous l'oppression romaine, d'autant qu'en une génération l'âme doit renaître claire et rester telle. Mais à moins de croisements périlleux de races et d'espèces, parce qu'en sept générations seulement, la race se substitue à l'espèce, comme le Franc-Gaulois s'est substitué au Gallo-romain, et l'Espagnol au Maure, le christianisme laisserait toujours dans l'ombre spectrale des couches du secondaire, l'existence électro-magnétique d'un anthropophage, ou l'existence électrique d'un fumeur d'opium chinois. Cette règle néanmoins pourrait souffrir des exceptions et réserver des surprises, soit chez les Abyssins, soit en Asie Mineure dans les anciennes colonies grecques, soit ailleurs en Orient.

Quant à nous tous, nous vivons dans l'âme sur nos aïeux chrétiens par la fraternité transmise, à laquelle s'ajoute la préoccupation sociale que rarement ils avaient. Mais encore un siècle d'individualisme et de règne exclusif de l'or, de croyance vague à un Etre suprême dans l'Infini, d'aveuglement de nos cœurs inconscients, de querelles politiques, de culte stérile des deux premiers principes de la Révolution, et d'abandon du troisième ; Liberté, Egalité, Fraternité, seraient dans la tombe, le Christ serait un inconnu presque oublié. Il serait mort pour rien. A cette loi de chute inévitable, nous ne voudrons jamais croire.

Lorsque chez un peuple ami, l'on voit, en moins d'un demi-siècle, ses souverains émanciper les serfs ; au moment d'entrer en campagne, verser de pieuses larmes sur leurs soldats, leurs enfants, qu'ils peuvent perdre en Bulgarie ; acheter des terres aux boyards pour répartir la propriété foncière sur plus de paysans, rédemption de l'ignorance, mère des misères du monde, par la prescience sociale, et des petits par les grands, on sent une vague profonde de l'océan de lumière des âmes traverser notre humanité. On sait et l'on espère. Lorsque chez nous, d'admirables exemples d'encouragement à l'ouvrier, de solidarité sociale et de bienfaisance poussée jusqu'à l'imprudence, nous font entendre les battements réguliers du cœur français, en marche vers l'idée, nous croyons en sa vie. Dans ce sang de soldats, les uns, rêvant encore des jours du cœur de Jeanne, rayonnement divin de l'âme française, les autres, trahis par leur vieux rêve latin de gloire, de césarisme et de dictature, nous voudrons vivre, nous avons l'éternel espoir en lui.

Alors de tous côtés jaillira la lumière. Les sources de clarté, que, faiblement encore, l'on voit sourdre du monde, resplendiront au jour. Philanthropie saine, sollicitude à l'égard du paupérisme, du *County council* de Londres, discipline solidaire des classes laborieuses anglaises ; soucis de monarques Allemands pour la question sociale ; institutions clairvoyantes de prévoyance et de secours de l'Amérique ; cohésion nationale de l'Espagne dans ses épreuves ; sympathie chrétienne, et dès la grande Grèce, sympathie nationale, de l'Italie, pour ses frères Hellènes; fraternité témoignée par l'Europe savante aux héroïques tentatives norvégiennes et suédoises vers le pôle; de tout cela se fera l'avenir. Et les nations militaires de l'Europe, toujours victimes du passé, armées pour la conquête de la vie, moins qu'elles ne l'étaient pour la conquête de la mort, se diront qu'il y a plus qu'attendre et croire. Il y a savoir, il y a vouloir. Elles sauront ce qu'il faut entendre par « Dieu » parce qu'elles l'auront, pur idéal, en elles, dans leur espoir de vivre, et elles voudront tenir la promesse faite par l'Eglise au nom du Christ, parce qu'elles le seront elles mêmes, «*Christianus alter Christus* », dans leur amour des humbles, des simples, et des petits.

FIN

# TABLE

|  | Pages |
|---|---|
| AVANT-PROPOS | 1 |

### CHAPITRE PREMIER. — Cosmologie.

| | |
|---|---|
| La lutte pour le progrès | 3 |
| Le soleil | 6 |
| Eres primaire et secondaire, âge chimique | 20 |
| Ere tertiaire, âge de transition | 31 |
| L'Electro-magnétisme universel. L'âge des actions mécaniques | 39 |
| Le refroidissement terrestre et le quaternaire | 51 |
| La lumière | 59 |
| Le système mécanique | 72 |

### CHAPITRE II. — La recherche du vrai dans la nature.

| | |
|---|---|
| Les travaux de la biologie | 87 |
| Activités chimiques de la nature | 101 |
| Activités décomposantes de la nature | 108 |
| Activités mécaniques élémentaires de la nature | 125 |
| Activités mécaniques supérieures de la nature | 144 |

### CHAPITRE III. — Les harmonies de l'Univers.

| | |
|---|---|
| L'âme et le cœur | 160 |
| L'esprit et la raison | 166 |
| L'esprit imaginaire ou dédoublé | 170 |
| Occultisme | 175 |

Ténèbres. . . . . . . . . . . . . . . . . . . . . . . . . . . . . 184
Lumière. . . . . . . . . . . . . . . . . . . . . . . . . . . . . 193

### CHAPITRE IV. — Le monde meilleur.

Superstitions. La maladie. . . . . . . . . . . . . . . . . . 200
La misère. . . . . . . . . . . . . . . . . . . . . . . . . . . . 206
Le capital. . . . . . . . . . . . . . . . . . . . . . . . . . . 214
La vie. . . . . . . . . . . . . . . . . . . . . . . . . . . . . 224
L'avenir. . . . . . . . . . . . . . . . . . . . . . . . . . . . 233

---

Laval. — Imprimerie parisienne L. BARNÉOUD et Cie.

Documents manquants (pages, cahiers...)
NF Z 43-120-13

www.ingramcontent.com/pod-product-compliance
Lightning Source LLC
Chambersburg PA
CBHW070634170426
43200CB00010B/2023